戦国史研究叢書14

戦国大名武田氏の領国支配

鈴木将典　著

岩田書院

戦国大名武田氏の領国支配　目次

第四編　武田領国下の民衆と軍事動員

凡例

本書で引用した史料集のうち、頻出するものを以下のように略記した。

柴辻俊六・黒田基樹・丸島和洋編『戦国遺文武田氏編』(東京堂出版)　↓　戦武・史料番号
杉山博・下山治久・黒田基樹編『戦国遺文後北条氏編』(東京堂出版)　↓　戦北・史料番号
久保田昌希・大石泰史・糟谷幸裕・遠藤英弥編『戦国遺文今川氏編』(東京堂出版)　↓　戦今・史料番号
『山梨県史』資料編　↓　山・巻数・史料番号(資料編6のみ頁数)
『信濃史料』　↓　信・巻数・頁数
『静岡県史』資料編　↓　静・巻数・史料番号

引用史料中の傍線、丸記号は、引用者による。

序章　戦国期研究・武田氏研究の動向と本書の課題

一　戦国期研究の動向

日本の十五世紀後半から十六世紀、室町幕府の衰退から織田権力・豊臣政権の成立に至る時期は、一般的に戦国期(戦国時代)と呼ばれる。また十七世紀前半までを含めて、日本の中世から近世への移行期としても位置づけられ、その評価をめぐって、現在までの間に様々な見解が提示されている。ここでは、戦国期研究の主要な論点と武田氏研究の動向を、本書の視角に関わる部分を中心にまとめておきたい。[1]

1　戦国大名権力論の進展

一九四〇年代以前の歴史学において、日本の戦国期は中世と近世の過渡期として評価され、守護大名と戦国大名の質的断絶、戦国大名と近世大名の連続性などが重視されていた。[2]このような「戦国・近世連続説」に対し、一九五〇年代に「太閤検地＝封建革命(封建的変革)説」を提唱したのが安良城盛昭氏である。[3]安良城氏は中世を奴隷制社会と位置づけ、豊臣政権が実施した検地(太閤検地)によって農奴(小作農)が解放され、近世社会が誕生したと評価し、中世社会と近世社会の間に明確な相違があったことを主張した。戦国期を「古代的奴隷制権力＝中世荘園制の最末期」

と見る安良城氏の学説は、その後の中近世双方の研究に大きな影響を与え、中世史（戦国期以前）の側では安良城説の否定、近世史（織豊期以降）の側では安良城説の継承（批判的継承も含む）という形で研究が進展した。(4)

その後、一九六〇～八〇年代前半は『戦国大名論集』(5)の刊行に代表されるような、戦国大名研究が進展した時期として評価できる。特に菊池武雄(6)・宮川満(7)両氏の論考を嚆矢とする、戦国大名の在地支配と権力編成に関する議論は、永原慶二氏(8)が戦国時代を在地領主制の最高の発展段階である「大名領国制」の時代と位置づけるまでに至った。永原氏は戦国社会、特に戦国大名権力の評価として「①国政の形式としてともかく日本国の統一政権としての形を整えていた室町幕府―守護体制からの離脱・自立に踏み出し、②独自に多数の旧荘園・公領などを含む広いまとまりのある地域の支配権を主張し、③その中に割拠する国人・地侍など中小領主層の多くを、その在地性を否定しないまま家臣化するとともに、④検地や段銭・棟別銭・夫役などの賦課を通じて土地・人民に対する「公儀」＝公権力として上級領主権の掌握を目指したもの」と定義づけている。

永原氏の学説は、その後の戦国大名研究にも継承され、現在では広域的な領域支配を行う大名権力を普遍的に「大名領国制」と表現するまでになっている。また、小田原北条氏（後北条氏）・駿河今川氏・甲斐武田氏など、東国を中心に大名領国の研究が進められ、軍事・税制などの諸政策が明らかにされた。それとともに、戦国期を独自の時代区分と見なし、戦国大名を近世大名とは異なる権力編成として評価する動きも見られるようになり、戦国期は単なる中世から近世への過渡期ではなく、独自の時代区分として評価され、「戦国大名」の呼称も定着するに至った。

ただし、この時期の研究は、安良城説への反論を発端としたこともあって、戦国大名の権力構造が中心的な論点とされた。(9)特に、在地支配や財政基盤を把握するための手段として検地が注目され、多くの研究成果が発表された。勝俣鎮夫氏と安良城氏(10)の間で行われた「戦国大名検地論争」や、今川氏の「公事検地」をめぐる論争(11)が、その最たるものである。この他にも戦国大名の領国支配をめぐっては、村落共同体内の有力者であり、在地剰余を集積して領主化を志向する階層＝「小領主」[12]を権力の末端に編成していくことで、戦国大名が如何に領国支配を貫徹させ、在地の生産力（特に名主加地子得分）を如何に把握しえたかという点が重視された。また、ここで議論されたのは戦国大名の民衆支配の強弱にあり、戦国期の村落は基本的に兵農未分離で、戦国大名の在地掌握が不完全であった点については、ほぼ共通理解とされていた。これに対して、「戦国期守護」[13]論などのように戦国期の地域権力を再評価する議論も提唱されたが、東国の戦国期研究では低調なままに終わっている。

このように、一九八〇年代前半以前の研究動向は各分野の実証研究が進められた反面、個別の戦国大名や織田権力・豊臣政権の歴史的意義を強調し、他の時代・地域の研究成果を顧みることが少なかった。その結果、中近世相互に関わる研究は「断絶」の状況に陥り、双方の議論を制約させることにもなってしまったといえる。

2　地域社会から見た戦国大名像の相対化

一方、一九八〇年代後半を境にして、戦国期研究は新たな展開が見られるようになる。一つは勝俣氏[14]が提唱した「村町制」や、藤木久志氏[15]が提唱した「自立的村落論」などを端緒とした、地域社会の動向を重視する議論である。ここでは中世が自力救済の社会と位置づけられ、「被支配者」「戦争の被害者」とされてきた中世の民衆像を一変させた。特に藤木氏[16]が提起した地域社会のあり方は、中近世双方の研究動向に多大な影響を与え、戦国大名をはじめとする地域権力も、領内の農民をただ「支配」「搾取」するだけではなく、百姓の結合体＝村落と対峙し、その動向に左右される存在として評価されるようになった[17]。

もう一つは、戦国大名領国を各地域に成立した「国家」と評価する議論である。このような見解は一九七〇年代から既に提示されており、特に石母田正氏[18]は戦国大名が戦国法の制定権（司法権）を掌握していたこと、イエズス会宣教師から「国王」と見なされていたことを挙げ、「戦国大名は領国内において最高の軍事指揮権をもち、徴税権と検注権をふくむ行政権および裁判権を掌握し、より上級の権威または法規範によって拘束されない独自の法制定権を行使し、未熟ながら家産制的官僚制をつくりあげることによって、一種の公権力として成立した」と評価している。また勝俣氏も[19]、戦国大名と領民との間に平和維持をめぐる一種の契約関係が存在した点を基に、戦国大名領国を「地域国家」と評価し、近代「国民国家」の前提に位置づけている。さらに近年では、戦国大名の登場から豊臣政権による「天下一統」に至る過程を論じる中で、戦国後期に広域的な範囲を領国化した勢力（北条氏・武田氏・織田氏など）を「地域国家」として評価する見解もある。[20]

その他に、近年の戦国期研究で取り上げられている議論としては、①村落上層＝土豪層を村落運営の主体と評価し、その動向や役割を明らかにした侍身分論、[21]②戦国社会において既に武士（兵）と百姓（農）の身分的分離が行われていたとする中世的兵農分離論、[22]③戦国大名領国の周縁で排他的・一円的支配を行った地域権力（国衆）と家中構成員に関する研究、[23]④地域社会の動向を踏まえた公権力の正当性や存在意義に関する研究などが挙げられる。[24]さらに、最近では戦国大名の戦争と「境目」[25]の地域、「国役」[26]や徳政が注目されるなど、[27]主に関東の北条領国を事例として、新たな戦国大名像が構築されつつある。[28]

このように、近年の戦国大名研究は、従来の在地領主制論で重視されてきた「権力による在地掌握（個別百姓支配）の強弱」ではなく、「地域社会から見た権力のあり方を相対的に評価する」視点で進められており、「戦国大名」という呼称は同じでも、その実態は大きく様変わりしている。

また、従来の議論では中世と近世の「断絶」が強調され、戦国期を中世社会の最終段階と評価していたのに対し、近年の研究動向では戦国期から近世前期までを一つの時代として捉え、その連続面や共通性を見出そうとしている。[29]しかしながら、織田権力・豊臣政権の革新性や兵農分離の達成を強調する論者は未だに多く、中近世双方の間で活発な議論が行われているとは言い難いのが現状である。

二　武田氏研究の動向と本書の課題

1　武田氏研究の動向

武田氏の領国支配に関する研究は、北条氏・今川氏など主要な戦国大名の個別研究が進められた一九七〇～八〇年代を中心に行われ、甲斐の恵林寺領検地を題材にした一連の論考[30]をはじめ、分国法[31]や棟別銭の徴収[32]、貫高制と軍役[33]、人返法[34]、伝馬制度[35]、職人統制[36]など、基礎的な事項が明らかにされている。[37]また上野晴朗氏の『甲斐武田氏[38]』のように、戦国期の武田氏（信虎・信玄・勝頼）の諸政策や家臣団編成をまとめた著作も刊行された。

ただし、この時期は前述の戦国大名研究と同じく、武田氏による在地支配の強弱が主要な論点とされていた。その代表的な例が、笹本正治氏[39]と柴辻俊六氏[40]の間で行われた「棒道論争」であろう。この論争は武田氏の軍用道路とされる「棒道」の存在の有無に留まらず、天文年間（一五三二～五五）末期の武田氏の権力構造に関わる問題が議論されたが、次第に典拠となる史料の真贋に論点が移行し、平山優氏[41]の総括的見解を経て現在は終息している。

さらに、この時期には各地で自治体史が編纂され、『信濃史料』や『新編甲州古文書[42]』等の史料集が刊行されるなど、戦国期に関する史料が多く活字化されたことにともなって、武田氏とその領国に関する個別研究が進められた。しかし、その一方で論点が細分化され[43]、武田氏による支配や「富国強兵」策が強調されたために研究が制約されて、近世史や他の大名領国における研究成果と「断絶」の状況に置かれたことは、前述の通りである。
これに対して、近年では平山氏の研究成果に代表されるように[44]、戦国大名の支配（在地掌握）の強弱を論じるのではなく、地域社会の動向を踏まえて戦国大名領国の権力構造を究明する方向へ大きく転換している。また、『戦国遺文武田氏編』や『山梨県史』の刊行によって関連史料が翻刻・整理され、各分野で武田氏に関する新たな基礎研究が進められている[45]。

最近の武田氏研究において、本書の論点に関わる部分で注目されるのは以下の二点である。

一つは貫高制に関する平山氏[46]の研究成果で、戦国期の甲信・東海地域（武田・今川・徳川領国）で貫高・俵高制がどのような基準で成立し、機能していたかが論じられている。ここでは、各戦国大名が領国内の尺度基準とした枡と、各地域で多様に存在していた枡との換算値を設定した上で、貫高制による統一的基準に基づいて軍役・知行役の賦課や年貢収取を行っていたことを明らかにしただけでなく、織豊期・江戸初期における石高制の問題にまで言及されており、武田氏の領国支配体制に関する重要な論考の一つとして評価できる。

もう一つは、戦国大名領国の内部や周縁に存在した地域領主＝国衆の存在を明らかにすることで、戦国大名の権力構造を相対的に評価する議論である。東国の国衆については黒田基樹氏[47]の一連の研究成果があり、国衆は戦国大名と同様の権力構造を有する地域権力として、戦国大名は国衆領を含む各地域を包括的に支配する「領域権力」として捉えられている。この議論は丸島和洋[48]・柴裕之[49]両氏の論考に反映され、丸島氏は「前代からの地域的まとまり」を継承・再編した「郡」と「領」が武田領国内で編成され、室町期以前の国郡制とは異なる支配構造が形成されたことを指摘している。また柴氏は、戦国大名領国を本領国（大名が直接支配する領域）・支城領国（一門・重臣領）と国衆領（地域「国家」）で構成された重層的複合「国家」＝惣「国家」と評価している。

このように近年の武田氏研究では、戦国大名による支配のあり方だけを強調するのではなく、戦国期社会や大名領国の基礎構造をめぐる議論の中で、様々な角度から重要な研究成果が提示され、新たな進展を見せているといえよう。

2　本書の課題

前項でまとめたように、武田氏に関する研究成果は以前から多くの蓄積があり、近年でも議論が進められている。特に武田氏の権力構造を分析した丸島氏(50)は、戦国大名を「①室町幕府・鎌倉府をはじめとする伝統的上位権力以外には従属せず、②政治・軍事行動を独自の判断で行い（他の権力の命令に左右されない）、③自己の領有権を超えた地域を支配下に置いた権力」であったと述べ、「地域国家」と評価している。①の室町幕府と戦国大名の関係については、神田千里氏(51)によって、近世の徳川政権（天下）と藩（国家）の関係と同様に、戦国期には室町将軍（足利氏）の支配領域（畿内）が「天下」と称され、各地の大名領国（国家）と併存したことが指摘されている。その一方で、今川氏が天文二十二年（一五五三）に制定した「今川仮名目録追加」(52)で「自力」による「国」の支配を宣言したように、戦国大名が支配領域（領国）の最高権力者として君臨したことは重視されるべきであり(53)、②は戦国大名と国衆、あるいは室町幕府体制下の守護や、織田権力・統一政権（豊臣・徳川政権）下の大名を区別する指標になり得る。また③についても、武田氏は甲斐の守護家を出自とするが、甲斐を軍事力で統一した後、信濃・西上野・駿河などへ侵攻し、国郡の範囲を超える支配領域を形成した点で、前代の地域権力であった守護と明確に区別することができる。さらに、武田氏は自らの支配領域を「国家」「分国」「惣国」と呼称しており(54)、先行研究に従って戦国大名領国を「地域国家」と評価することに、何ら問題はないと考えられる。

そこで本書では、上記のような近年の研究動向を踏まえて、二つの課題を設定する。

一つめは、武田氏の領国支配の状況を解明することである。従来の研究で小田原北条氏（後北条氏）が「典型的な戦国大名」として評価されてきた背景には、関東に旧来の地盤を持たない「下剋上の典型」と見なされていたこと、現存する民政関係の史料（村落宛の発給文書）が比較的多いこと、戦国初期から最末期まで存続したことなどが挙げられる。また、地域社会との関係で戦国大名を再評価する近年の議論も、北条氏とその領国を中心に行われている。

しかし、戦国大名研究は近年に至っても個別事例の範疇に留まっており、他大名の研究成果に対して十分な理解がなされているとは言い難い。さらに、戦国大名は甲斐武田氏・駿河今川氏・安芸毛利氏などのように数ヶ国を領有した勢力から、近江浅井氏・奥羽伊達氏などのように郡単位の地域を支配した勢力まで多岐にわたり、権力の成立過程や地域社会のあり方などが大きく異なるため、どの大名を「典型」とするかは評価が分かれている(55)。

従って、戦国大名をめぐる議論の中で武田氏を評価するためには、武田氏の領国支配に関する基本的な事項を明らかにした上で、他の大名領国や地域との比較検討を行うことが必要と考える。特に本書では、周辺の戦国大名である北条氏（南関東）・今川氏（東海地域）との共通点や相違点を見出すことで、戦国大名としての普遍性や、武田氏独自の支配方式について明らかにしていきたい。

二つめは、武田氏が領国とした甲信・東海地域を事例として、前代（甲斐守護の段階、あるいは武田氏侵攻以前の信濃や今川氏の領国支配）・後代（五ヶ国領有期の徳川氏や豊臣・徳川政権下の大名）との比較を行うことである。この点については、甲斐国内で武田氏の遺制（甲州枡・甲州金など）が近世まで存続したことが以前から指摘され(56)、徳川政権（江戸幕府）や親藩・譜代大名に仕えた武田旧臣の動向に焦点が当てられている(57)。また久保田昌希氏は、戦国大名今川氏によって地域的統一が行われ、形成された領国（地域的軍事国家）が徳川氏・武田氏に継承され支配が進められていったことに着目し、その政策志向と実態を検討することが必要であるという展望を述べている(58)。

本書でもこれらの視点を踏まえて、武田氏が何を基にして領国支配の体制を確立したか、そして後代の地域権力が旧武田領国の支配を行う中で、武田氏の領国支配の体制をどのように継承していったか、という点を重視する。本書の主要な課題は、戦国大名武田氏の領国支配に関する基礎研究であるが、戦国期あるいは武田氏という個別事例だけに留まらず、同時代(戦国期)の周辺勢力や、同一地域(甲信・東海地域)における前後の時代も俯瞰することで、中近世移行期の権力、あるいは社会構造をめぐる議論に対する筆者の見解を提示したい。

3 本書の内容

上記の論点を踏まえ、本書では戦国大名武田氏の領国支配に関する、以下の論考を収録した。

第一編「武田氏の検地」は、武田氏の検地に関する基本事項をまとめ、戦国大名検地をめぐる議論に対して、新たな視角の提示を試みたものである。まず、第一章「武田氏の検地施行原則」で武田氏の検地事例について網羅し、その基本原則を明らかにした。続いて個別事例に関する論考として、第二章「「上原筑前御恩御検地帳」の分析」では永禄十一年(一五六八)、第三章「「神長殿知行御検地帳」の分析」では天正七年(一五七九)に作成された検地帳の分析をそれぞれ行い、戦国期の村落構造と武田氏の在地支配について考察した。また、第四章「武田領国における蒔高制」では、武田氏が検地を実施する際に土地の面積を把握するために使用した「蒔高」を取り上げ、その基本事項を考察するとともに、信濃国小県郡の国衆真田氏や近世の信濃国上田領における事例の検証も行った。

第二編「武田領国における公事」では、戦国大名としての武田氏を評価する素材として、武田氏が領国内に賦課していた公事(諸役)に関する基礎研究を行った。まず第五章「武田氏の税制」で、武田氏の諸役賦課体制と棟別役の展開について考察し、次いで第六章「武田氏の田役と段銭」と第七章「武田氏の普請役」で、田役(田地役)と普請役に関する基本事項を確認した。

第三編「武田氏の経済政策」では、近年の議論で取り上げられている中世の金融経済や富裕層、徳政などの問題について検討した。第八章「武田氏と「借銭法度」」では、武田氏の分国法「甲州法度之次第」（以下「甲州法度」と略記）に見られる借銭条項（借銭法度）の評価を通して、「甲州法度」制定の歴史的意義についてまとめた。第九章「武田氏の徳政令」では、近年の徳政研究に対する論考として、戦国期の武田領国における徳政令について考察した。第十章「武田氏の徳役」は、武田氏が寺社や富裕層に賦課していた「徳役」に関する基礎的研究である。

第四編「武田領国下の民衆と軍事動員」は、第一編～第三編までとは異なり、戦国大名の領国内で活動した民衆の実態と動向を、武田氏の発給文書を中心に考察したものである。第十一章「武田領国下の軍役衆と惣百姓」では、以前から検討の対象とされてきた軍役衆と惣百姓について、村落内部や領主との関係を軸に再検討を試みた。第十二章「武田領国における民衆動員」では、近年注目されている中世的兵農分離論や民衆動員の問題を、永禄末～天正年間の武田領国を素材に検討した。第十三章「被官の安堵」では、天正十年三月に武田氏が滅亡した後、徳川氏が武田旧臣に対して発給した安堵状に見える「被官」文言の意味について、武家奉公人の帰属と人返しをめぐる問題と関連させて論じた。

最後に終章「領国支配から見た戦国大名武田氏の歴史的意義」では、本書で明らかにした基本事項を確認し、戦国大名武田氏の領国支配に関する本書の結論をまとめた。ここでは、武田氏が甲斐から信濃・西上野・駿河などへ領国を拡大していく中で、「戦国大名としてどのように支配を確立していったのか」という点に加えて、「地域社会から見た戦国大名武田氏」に対する評価も示したいと考えている。

註

（1）本書では、畿内とその周辺地域を支配する領域権力として「織田権力」「豊臣権力」、各地の諸大名を従属させた統一政権（上位権力、中央政権）として「豊臣政権」の語を用いる。

（2）中村吉治『近世初期農政史研究』（岩波書店、一九三八年）、同『日本封建制再編成史』（三笠書房、一九三九年）等。

（3）安良城盛昭「太閤検地の歴史的前提」（『日本封建社会成立史論』上、岩波書店、一九八四年。初出一九五三年）、同「太閤検地の歴史的意義」（『幕藩体制社会の成立と構造』増訂第四版、有斐閣、一九八六年。初出一九五四年）、同『太閤検地と石高制』（日本放送出版協会、一九六九年）。

（4）太閤検地の研究史と論点については、平井上総『長宗我部氏の検地と権力構造』（校倉書房、二〇〇八年）、谷口央『幕藩制成立期の社会政治史研究』（校倉書房、二〇一四年）の、各「序章」を参照。

（5）『戦国大名論集』全十八巻（吉川弘文館、一九八三〜八六年）。

（6）菊池武雄「戦国大名の権力構造―遠州蒲御厨を中心として―」（永原慶二編『戦国大名論集1　戦国大名の研究』吉川弘文館、一九八三年。初出一九五三年）。

（7）宮川満「戦国大名の領国制について」（『宮川満著作集3　中世社会の諸問題』第一書房、一九九九年。初出一九六七年）。以下、宮川氏の見解は本論による。

（8）永原慶二『日本封建社会論』（東京大学出版会、一九七四年）、同「大名領国制の史的位置」（『戦国期の政治経済構造』岩波書店、一九九七年。初出一九七五年）。

（9）勝俣鎮夫「遠江国浜名神戸大福寺領注進状案について―戦国大名今川氏検地の一事例―」（『戦国法成立史論』東京大学出版会、一九七九年。初出一九七五年）、同「戦国大名検地に関する一考察―恵林寺領「検地帳」の分析―」（『戦国期の権力と社会』東京大学出版会、一九七六年)、同「戦国大名検地について―安良城盛昭氏の批判に答える―」(『史学雑誌』九二編二号、一九八三年)。

(10) 安良城盛昭「戦国大名検地と「名主加地子得分」・「名田ノ内徳」―勝俣鎮夫『戦国法成立史論』によせて―」(前掲『日本封建社会成立史論』上。初出一九八一年)、同「戦国大名検地の分析方法とその具体化―大山喬平・勝俣鎮夫氏の大福寺領分析の再検討と勝俣「反論」についての再批判もあわせて行なう―」(歴史学研究会中世史部会報告、一九八三年)。

(11) 下村效「戦国大名今川氏の検地」(『戦国・織豊期の社会と文化』吉川弘文館、一九八二年。初出一九六九年)、同「有光友學氏今川検地論批判」(前掲『戦国・織豊期の社会と文化』。初出一九七四年)、有光友學「戦国大名今川氏の歴史的性格―とくに「公事検地」と小領主支配について―」(『戦国大名今川氏の研究』吉川弘文館、一九九四年。初出一九七四年)、同「今川氏公事検地論」(前掲『戦国大名今川氏の研究』。一九九四年)、山中(山室)恭子「中世のなかに生れた「近世」―戦国大名今川氏の場合―」(有光友學編『戦国大名論集11　今川氏の研究』吉川弘文館、一九八四年。初出一九八〇年)、小和田哲男「戦国大名今川氏の検地方針」(『歴史学研究』五二九号、一九八四年)、古宮雅明「有光友學「公事検地論」の批判的検討」(『日本史研究』四三〇号、一九九八年)、同「戦国大名今川氏の検地についての一考察」(『戦国史研究』三六号、一九九八年)。

(12) 村田修三「戦国大名研究の問題点」(前掲『戦国大名論集1　戦国大名の研究』。初出一九六四年)、同「兵農分離の歴史的前提」(『日本史研究』一一八号、一九七一年)を参照。

(13) 「戦国期守護」論の概要と論点については、丸島和洋「室町~戦国期の武田氏権力―守護職の評価をめぐって―」(『戦国大名武田氏の権力構造』思文閣出版、二〇一一年)を参照。

(14) 勝俣鎮夫「戦国時代の村落」(『戦国時代論』岩波書店、一九九六年。初出一九八五年)。
(15) 藤木久志『豊臣平和令と戦国社会』(東京大学出版会、一九八五年)。
(16) 藤木久志『雑兵たちの戦場』(朝日新聞社、一九九五年)、同『村と領主の戦国社会』(東京大学出版会、一九九七年)、同『戦国の作法―村の紛争解決―』(平凡社、一九九八年)等。
(17) 歴史学研究会日本中世史部会運営委員会ワーキンググループ「「地域社会論」の視座と方法―成果と課題の確認のために―」(久留島典子・榎原雅治編『展望日本歴史11　室町の社会』東京堂出版、二〇〇六年。初出一九九五年)を参照。
(18) 石母田正「解説」(『中世政治社会思想　上』岩波書店、一九七二年)。
(19) 勝俣鎮夫「戦国法」(前掲『戦国法成立史論』。初出一九七六年)、同「戦国大名「国家」の成立」(前掲『戦国時代論』。初出一九九四年)。
(20) 久留島典子『日本の歴史13　一揆と戦国大名』(講談社、二〇〇一年)、有光友學編『日本の時代史12　戦国の地域国家』(吉川弘文館、二〇〇三年)、池享「戦国期の「国」について」(『戦国期の地域社会と権力』吉川弘文館、二〇一〇年。初出二〇〇五年)等。なお、「地域国家」をめぐる議論については、柴裕之『戦国・織豊期大名徳川氏の領国支配』(岩田書院、二〇一四年)の序章で詳細にまとめられているので参照されたい。
(21) 久留島典子「中世後期の「村請制」について」(『歴史評論』四八八号、一九九〇年)、稲葉継陽「中世後期村落の侍身分と兵農分離」(『戦国時代の荘園制と村落』校倉書房、一九九八年。初出一九九三年)、黒田基樹「大名被官土豪層の歴史的性格」(『中近世移行期の大名権力と村落』校倉書房、二〇〇三年。初出二〇〇一年)等。
(22) 藤木久志「村の動員」(前掲『村と領主の戦国世界』。初出一九八八年)、稲葉継陽「中世後期村落の侍身分と兵農分離」(前掲『戦国時代の荘園制と村落』。初出一九九三年)、同『日本近世社会形成史論―戦国時代論の射程―』(校倉書房、二〇〇九年）等。

(23) 黒田基樹『戦国大名と外様国衆』増補改訂（戎光祥出版、二〇一五年。初版一九九七年）、長谷川裕子『中近世移行期における村の生存と土豪』（校倉書房、二〇〇九年）等。これに対し、池上裕子氏は土豪の上昇転化や個別の活動を評価し、村落内部における土豪の役割を強調する見解に疑義を呈しているが（池上裕子「日本における近世社会の形成」〔『日本中近世移行期論』校倉書房、二〇一二年。初出二〇〇六年〕、同「中近世移行期を考える―村落論を中心に―」〔同上。初出二〇〇九年〕、同「中・近世移行期を考える」〔『駒澤大学大学院史学論集』四二号、二〇一二年〕）、「土豪」の定義をめぐる双方の見解が相違していることもあり、現在のところ議論は行われていない。

(24) 久保健一郎『戦国大名と公儀』（校倉書房、二〇〇一年）、黒田基樹『中近世移行期の大名権力と村落』（校倉書房、二〇〇三年）、同『戦国大名の危機管理』（吉川弘文館、二〇〇五年）等。

(25) 稲葉継陽「境目の歴史的性格と大名権力」（前掲『日本近世社会形成史論』。初出二〇〇四年）を参照。

(26) 黒田基樹「戦国大名の「国役」とその性格―安全保障と「村の成立」の視点から―」（前掲『中近世移行期の大名権力と村落』。二〇〇三年）。

(27) 阿部浩一『戦国期の徳政と地域社会』（吉川弘文館、二〇〇一年）、黒田基樹『戦国期の債務と徳政』（校倉書房、二〇〇九年）等。

(28) 戦国大名に関する最近の研究動向は、黒田基樹『戦国大名―政策・統治・戦争―』（平凡社新書、二〇一四年）で平易にまとめられている。

(29) 戦国史研究会編『織田権力の領域支配』（岩田書院、二〇一一年）では、織田信長と各地域領主（一族・重臣・国衆など）の関係を中心に考察し、織田権力と戦国大名権力との共通性を指摘した。

(30)　高島緑雄「東国における戦国期寺領の構造―永禄六年・甲斐国恵林寺領について―」(柴辻俊六編『戦国大名論集10　武田氏の研究』吉川弘文館、一九八四年。初出一九五八年)、勝俣前掲註(9)「戦国大名検地に関する一考察」、村川幸三郎「戦国大名武田氏の恵林寺領検地について」(『研究と評論』三六・三七号、一九八六年)、同「戦国大名武田氏の恵林寺領検地について―勝俣鎮夫氏の「検地施行原則」に関して―」(『日本史研究』三二三号、一九八九年)。

(31)　柴辻俊六「甲州法度の歴史的性格」(『戦国大名領の研究―甲斐武田氏領の展開―』名著出版、一九八一年。初出一九七八年)。

(32)　柴辻俊六「戦国期の棟別役」(前掲『戦国大名領の研究』。初出一九七三年)、同「武田領の反銭と棟別役」(『戦国大名武田氏領の支配構造』名著出版、一九九一年。初出一九八二年)、同「武田領の諸役体制」(同上。初出一九八七年)。

(33)　湯本軍一「戦国大名武田氏の貫高制と軍役」(前掲『戦国大名論集10　武田氏の研究』。初出一九七七年)。

(34)　柴辻俊六「武田領の人返し法」(前掲『戦国大名領の研究』。初出一九七六年)。

(35)　柴辻俊六「武田領の伝馬制度」(前掲『戦国大名領の研究』。初出一九七四年)。

(36)　笹本正治「戦国大名の職人支配―武田氏を例として―」(『戦国大名武田氏の研究』思文閣出版、一九九三年。初出一九七八年)、同『戦国大名と職人』(吉川弘文館、一九八八年)。

(37)　一九七〇年代以前の武田氏研究の動向は、柴辻俊六「武田氏研究の概要」(前掲『戦国大名武田氏領の支配構造』。初出一九八四年)でまとめられている。

(38)　上野晴朗『甲斐武田氏』(新人物往来社、一九七二年)。

(39)　笹本正治「棒道についての一考察」(前掲『戦国大名武田氏の研究』。初出一九八九年)、同「再び棒道について―柴辻俊六氏の批判に応えて―」(同上。初出一九九一年)。

(40) 柴辻俊六「武田信玄の「棒道」関連文書」(前掲『戦国大名武田氏領の支配構造』。初出一九九〇年)、同「天文二十一年段階の武田氏権力」(『戦国期武田氏領の展開』岩田書院、二〇〇一年。初出一九九二年)、同「「棒道」論の問題点」(同上。初出一九九二年)。
(41) 平山優「戦国期権力論の課題―いわゆる「棒道」論争によせて―」(『甲斐路』七五号、一九九二年)。
(42) 荻野三七彦・柴辻俊六編『新編甲州古文書』(角川書店、一九六六～六九年)。
(43) 柴辻前掲註(37)でも、武田氏研究における論点の個別化・細分化が指摘されている。
(44) 平山優『戦国大名領国の基礎構造』(校倉書房、一九九九年)。
(45) 『山梨県史』通史編2中世(二〇〇七年)、平山優・丸島和洋編『戦国大名武田氏の権力と支配』(岩田書院、二〇〇八年)。
(46) 平山優「戦国期東海地方における貫高制の形成過程―今川・武田・徳川氏を事例として―」(『武田氏研究』三七・三八号、二〇〇七・二〇〇八年)、同「戦国期武田領国における貫高制の形成について―甲斐・信濃・西上野三国を事例に―」(柴辻俊六編『戦国大名武田氏の役と家臣』岩田書院、二〇一一年)。
(47) 黒田前掲註(23)、同『戦国期東国の大名と国衆』(岩田書院、二〇〇一年)等。
(48) 丸島和洋「戦国大名武田氏権力の特質と構造」(前掲『戦国大名武田氏の権力構造』。二〇一一年)。
(49) 柴前掲註(20)。
(50) 丸島和洋『戦国大名武田氏の権力構造』序章(二〇一一年)、同『戦国大名の「外交」』(講談社選書メチエ、二〇一三年)一一頁。
(51) 神田千里「中世末の「天下」について」(『戦国時代の自力と秩序』吉川弘文館、二〇一三年。初出二〇一〇年)、同「戦国期の「国」概念」(同上。二〇一三年)。

(52)　前掲『中世政治社会思想　上』二〇五頁。
(53)　黒田前掲註(28)。
(54)　池享「戦国大名領国における「国」について」(前掲『戦国期の地域社会と権力』。初出二〇〇五年)。
(55)　池上裕子「戦国時代の位置づけをめぐって」(『戦国時代社会構造の研究』校倉書房、一九九九年)。
(56)　安達満『近世甲斐の治水と開発』(山梨日日新聞社、一九九三年)。
(57)　村上直編『八王子千人同心史料―河野家文書―』雄山閣、一九七五年)、服部治則『農村社会の研究―山梨県下における親分子分慣行―』(御茶の水書房、一九八〇年)、早川春仁『武田氏遺臣の研究』(私家版、二〇〇九年)、小宮山敏和「戦国大名家臣の徳川家臣化について―戦国大名武田家家臣を事例として―」(『譜代大名の創出と幕藩体制』吉川弘文館、二〇一五年。初出二〇〇四年)等。
(58)　久保田昌希「戦国大名今川氏と領国の歴史的意義」(『戦国大名今川氏と領国支配』吉川弘文館、二〇〇五年)、同「今川領国から武田領国へ」(『武田氏研究』四六号、二〇一二年)。

第一編　武田氏の検地

第一章　武田氏の検地施行原則

はじめに

戦国大名による支配に重点が置かれた従来の研究動向では、戦国大名の権力基盤を解明するための手段として検地が着目され、戦国大名が如何に耕地（増分）を把握し、百姓支配を貫徹し、年貢・諸役を搾取したかが重要な論点とされた。これは、安良城盛昭氏(1)によって提唱された「太閤検地＝封建革命（封建的変革）」説の中で、戦国大名が在地不掌握であったと評価されたことへの反論が起点になっており、今川氏・北条氏・武田氏等の有力戦国大名を事例とした検地研究が行われた。今川検地については「公事検地」に関する論争が行われ(2)、その後も古宮雅明氏(3)によって取り上げられている。また北条検地については、佐脇栄智氏(4)による基礎的研究が現在でも定説として評価されている。

武田領国では、高島緑雄氏(5)・勝俣鎮夫氏(6)・村川幸三郎氏(7)などによる恵林寺領検地の研究成果がある。特に勝俣説では、永禄年間の検地政策によって「兵」（軍役衆）と「農」（惣百姓）を峻別したとする点と、検地によって増分を検出し、増分に賦課される税の免除によって農民層を軍役衆化したとする点が強調され、戦国大名検地の施行原則としての評価が行われた。その後、安良城氏(8)と勝俣氏(9)の間で行われた戦国大名検地をめぐる論争の争点は、事例とされた恵林寺領検地の評価、あるいは踏出・隠田・内徳と呼ばれる検地増分の問題、貫高制の評価などであった。また、村川氏(10)によって勝俣説に対する批判的意見が出されてはいるが、現在の研究は停滞している状態にある。

これに対して、近年の研究動向では、郷村による「郷請」「村請」を前提として、大名・領主と郷村の収取関係が如何にして成立するかという点が重視され、また中世社会における村請・地下請の在り方をめぐって、指出と検地の再評価が行われている。(11)特に池上裕子氏(12)は、戦国大名・織田政権の検地は指出検地、太閤検地以降は丈量検地という通説を批判した上で、戦国大名以降の検地は基本的に丈量検地であり、指出や検地が大名・領主と郷村の間の支配・被支配の合意の形成によって行われたと述べている。則竹雄一氏(13)も、北条氏が丈量検地によって郷単位の耕地面積を把握し、郷請による定納高（年貢高）の決定を行っていたことを明らかにしている。

また、安良城氏と勝俣氏の論争では「名田の内徳（内得）は加地子か隠田か」という二者択一の問題が争点の一つとされてきた。これに対しては、近年、中口久夫氏(14)が領主得分に対立する私的利得の総称であったと結論づけており、武田領国でも平山優氏(15)が中口説を踏まえて、「増分は、新開（隠田）や農業集約化による収穫量の増大など、様々な事情の結果を武田氏が把握した際に、包括的に呼称した上位概念」として評価した上で、武田氏による増分の把握を軍事力強化と密接に結びつけている。

ただし、これらの検地研究は畿内近国や関東の北条領国の事例を中心に展開されており、近年の研究動向を踏まえて武田検地の全体像を取り上げた論考は皆無である。また、近年刊行された『山梨県史』通史編の中で、平山氏が武田氏の検地についてまとめているが、従来の研究で検討されたのは恵林寺領検地が中心であり、他の事例から見た、武田検地の施行原則について再検討が必要である。そこで本章では、これらの研究成果に学びつつ、武田氏の検地に関する基礎的研究を行いたい。

一　武田検地の事例検出

武田氏の関連文書を見ると、指出と検地の相違、また後者には「検使」「改」「検地」等の文言の相違があることに気づく（表1）。従来の検地研究ではこれらの相違点が捨象され、全てが検地の事例として取り上げられてきたが、ここではそれぞれの事例について検討を行いたい。

1　指出

指出は、武田氏の領国に編入された際、国衆・軍役衆・寺社等が自らの領地について申告したものである。

永禄十二年（一五六九）正月、前年に駿河へ侵攻した武田氏の下で、奉行の吉田信生が駿・遠両国内の末寺も含めた臨済寺領の指出を作成している（「臨済寺文書」戦武一三五七）。この時は臨済寺が年来所持してきた「所務帳」を戦乱で失ったため、天文二十年（一五五一）七月に今川義元が発給した寄進状の写に続いて、「此内米方四石四斗九升、此は河成引、代方壱貫六百文長楽寺へ渡、又六貫二百四文皆河成引」とあるように、寺領がある郷村名や、そこからの収取状況についての詳細な記載が見られる。[16]武田氏は同年四月に、臨済寺に対して再寄進を行っており（「臨済寺文書」戦武一三九三）、この指出を寺領安堵の参考として利用したと考えられる。

天正六年（一五七八）七月には、武田領国内の国衆・軍役衆に対して、上司（所領貫高、高辻）と定納、知行地の範囲、武田氏から給付された知行の内容などを申告するよう指示が出され（「勝善寺文書」戦武二九九八）、この指定の通り、勝善寺順西・島津泰忠などが自分の知行地における上司（高辻）と定納などの額（貫高）を起請文による形で申告してい

表1　武田氏の検地関係史料一覧

(1)「検使」文言

No.	年月日	文書名	宛所	国名	文言	出典	
1	天文16・6	甲州法度之次第写（五十七ヶ条本、五十五ヶ条）			（第6条）百姓抑留年貢事、罪科不軽、於百姓地者、任地頭覚悟、可令所務、若有非分之儀者、以**検使**可**改**之、	東京大学法学部所蔵文書	二一八
2	天文23・5	甲州法度之次第写（五十七ヶ条本、追加二ヶ条）			（第57条）百姓有隠田者、雖経数十年、任地頭之**見聞**、可**改**之、然而百姓有申旨、及対決、猶以不分明者、遣**実検使**可定之、	東京大学法学部所蔵文書	二一八
3	永禄5・2・17	武田信玄書状写	鎌原筑前守	上野	熊川・赤川之落合より南之儀、去壬戌（永禄5）年以**検吏**如相定	鎌原系図	八七三
4	永禄8・10・18	武田信玄判物	竜花院・永昌院	信濃	寺産之日記相渡候、但是者非本説、遣**検使**候之条、彼口上聞届之上改日記、自是可越進之事	永昌院文書	九五八
5	永禄8・12・10	武田信玄判物	大祝殿他5名	信濃	南御薗郷（伊那市）より廻湛祭之時五貫文出し候（中略）去比彼地へ遣**実検使**、改隠田之処ニ、**検使**為神田之由不知	諏訪大社文書	九六九
6	永禄10・3・11	武田家朱印状写	（宛所欠）	信濃	南御園之分、五貫文　是先年被遣**御検使**之時分、為神田之由、無言上候	矢島家文書	一〇五七
7	永禄10・11・25	武田家朱印状	小幡孫十郎	上野	本春以**検使**、於于白井領百貫之替地可被下	西光院文書	一二一三
8	元亀2・2・13	武田家朱印状	田辺四郎左衛門尉	甲斐	向後拘来候田地、如軍役衆可被停**検使**之事	田辺紀俊家文書	一六四五
9	元亀2・2・13	武田家朱印状	中村段左衛門尉	甲斐	向後拘来候田地、如軍役衆可被停**検使**之事	中村家文書	一六四六
10	元亀2・2・13	武田家朱印状	中村与右衛門尉	甲斐	向後拘来候田地、如軍役衆可被停**検使**之事	中村家文書	一六四七
11	元亀2・2・13	武田家朱印状	芦沢兵部左衛門尉	甲斐	向後拘来候田地、如軍役衆可被停**検使**之事	芦沢家文書	一六四八
12	元亀2・2・13	武田家朱印状	保科善左衛門尉	甲斐	向後拘来候田地、如軍役衆可被停**検使**之事	諸州古文書五	一六四九

13	元亀2・2・13	武田家朱印状写	田草川新左衛門尉	甲斐	向後拘来候田地、如軍役衆可被停**検使**之事	武州文書四	一六五〇
14	元亀2・2・13	武田家朱印状写	鈴木八太夫	甲斐	向後拘来候田地、如軍役衆可被停**検使**之事	山梨県誌稿本	一六五一
15	元亀2・2・13	武田家朱印状	古屋清左衛門	甲斐	向後拘来候田地、如軍役衆可被停**検使**之事	古屋嘉幸家文書	一六五二
16	元亀3・5・16	武田家朱印状	宝幢院	駿河	大宮司領之内拾七貫五百文、来秋**御検使**之上可被相渡候	旧富士別当宝幢院文書	一八八二
17	元亀4・8・2	武田家朱印状	上州松井田宗徳寺	上野	去年以**御検使**被**相改**候屋敷弐間門前、無紛之由候条、如前々不可有御相違	崇徳寺文書	二一四六
18	天正2・12・23	武田家朱印状	池田東市佑	甲斐	向後拘来候田地、如軍役衆可被停**御検使**之事	池田家文書	二四一九
19	天正2・12・23	武田家朱印状	保坂次郎右衛門尉	甲斐	向後拘来候田地、如軍役衆可被停**御検使**之事	保坂家文書	二四二〇
20	天正4・4・10	一条信竜判物	野呂瀬六郎左衛門尉他2名	甲斐	市川(市川三郷町)之内草間幷おこし間共ニ合拾三貫文ニ出置候、自然水損候ハヽ、立**検使**以見分、相当ニ可所務候者也	諸州古文書五	二六三五
21	天正4・5・19	武田家朱印状	市河助一郎		右如此調武具人数召連、可勤軍役、領中荒地其外有申掠者、重而以**検使相改**可加下知	反町十郎氏所蔵文書	二六五四
22	天正4・5・25	武田家朱印状写	大滝宮内右衛門		右如此調武具、人数召連、可被勤軍役、領中筵地其外有被申掠旨者、重而以**御検使相改**、可被加御下知	別本歴代古案	二六五八
23	天正4・6・28	武田家朱印状	玄陽坊	駿河	大般若免・供僧免不足之所、来秋以**御検使**、駿州御料所之内**御改**之上、必可被相渡	浅間社東宝院文書	二六八三
24	天正7・7・13	武田勝頼判物写	松鷂軒(禰津常安)	信濃	定納之事者、上州領知以**検使相改**、可等其所務者也	水月古鑑六	三一三九
25	天正7・9・23	武田家朱印状写	尾崎孫十郎		累年被抱来領地、無異儀被下置候、重以**御検使**被**相改**之、	歴代古案六	三一七二

(2)「改」文言

No.	年月日	文書名	宛所	国名	文言	出典	
26	永禄12・⑤・19	穴山信君朱印状	佐野二郎右衛門尉	駿河	於興津(静岡市)・松野(富士市)之間五貫文之所、令配当畢、**郷中改**之上、可成直判形候	恩地家文書	一四一四
27	永禄12・⑤・19	穴山信君朱印状写	諏訪部助右衛門	駿河	於興津・松野之間拾貫文之所、令配当畢、**郷中改**之上、可成直判形候	紀伊国古文書	一四一六
28	永禄12・⑤	穴山信君朱印状	青柳二右兵衛尉	駿河	於興津・松野之間拾貫文之所、令配当畢、**郷中改**之上、可成□判形	青柳家文書	一四一五
29	元亀2・5・17	武田家朱印状	渡辺豊前守	甲斐	今度藤巻之郷(中央市)**御改**之上、為御重恩当所務三貫文被下置候	渡辺(ひ)家文書	一七一一
30	元亀2・5・17	武田家朱印状	田中弥三左衛門尉	甲斐	今度藤巻之郷**御改**之上、為御重恩当所務弐貫文被下置候	樋泉家文書	一七一三
31	元亀2・5・26	武田家朱印状	石原次郎三郎	甲斐	今度鼻輪(中央市)之内、山村神兵衛尉分**御改**之上、内徳弐百八拾文被下置者也	石原家文書	一七一五
32	元亀2・5・26	武田家朱印状	横打与三兵衛尉	甲斐	鼻輪之内、田中四郎兵衛尉幷薬袋又四郎分**御改**之上、内徳拾壱貫八十弐文被下置候	諸州古文書四下	一七一七
33	元亀2・5・26	武田家朱印状写	田中弥八	甲斐	今度鼻輪之内、田中治部左衛門分**御改**之上、内徳壱貫三百文被下置候	中巨摩郡誌	一七一八
34	元亀2・5・26	武田家朱印状写	古屋織部	甲斐	甲州之内、田中七郎兵衛尉・飯富庄左衛門分**御改**之上、内徳五拾貫文被下置候	古屋専蔵氏所蔵士族籍編入願	一七一九
35	元亀2・6・3	武田家朱印状写	竹井善四郎	甲斐	今度八田郷(笛吹市)之内、**御改**之上、内徳壱貫七百文被下置候	甲斐国志草稿	一七二一
36	元亀3・4・18	武田家朱印状写	庁守大夫	駿河	来六月駿州惣知行**御改**之上、名所可被相渡	浅間社旧庁守大夫文書	一八二九

37	元亀3・4・18	武田家朱印状	玄陽坊	駿河	為彼替地、来六月駿州惣知行**御改**之上、米穀四十俵可被下置	浅間社旧玄陽坊文書	一八三一
38	元亀3・9・24	武田家朱印状写	酒井兵部左衛門		御料所**御改**之上、六拾貫所可被下置候	古文書集四	一九五五
39	天正2・12・25	武田家朱印状	神津善兵衛尉	信濃	於信州佐久郡隠田**相改**、増分不違言上候条	神津家文書	二四三三
40	天正4・3・10	武田家朱印状写	岡部次郎兵衛	駿河	拾五貫文野呂助三知行矢部郷(静岡市)**改出**、同所反銭参貫七百文、為御重恩被下置	彰考館所蔵能勢文書	二六〇八
41	天正4・5・12	武田家朱印状写	興津弥四郎	駿河	於駿州増分承知令披露者、則被**相改**、如言上為出来者、相当之知行被下置	諸家文書纂	二六五一
42	天正5・2・17	武田家朱印状	大滝甚兵衛尉	信濃	来秋飯山領**御改**之上、相当之闕所可被宛行	大滝文書	二七七二
43	天正5・12・23	跡部勝忠証文	渡辺越前守	甲斐	於大石之郷(富士河口湖町)、去□**改出**之内四貫文被下置候	渡辺家文書	二九〇七
44	天正7・2・17	武田家朱印状	大滝甚兵衛尉	信濃	来秋飯山領**御改**之上、相当之闕所可被宛行	大滝文書	三〇八七
45	天正7・8・18	武田家朱印状写	天野小四郎	甲斐	於有領分百姓隠田者、任見分**改出**、可致所務	天野家文書	三一五三
46	天正8・8・6	依田信蕃証文	柳沢次衛門	上野	知行高辻之儀者、**改**候之上、以内起可申付候	柳沢家文書	三三九四
47	天正8・8・27	武田家朱印状写	秋山下野守	上野	去寅・卯(天正6・7)両年之流間、可**改**之事／発崎(渋川市)前々荒間**改**之事	巨摩郡古文書	三四一四
48	天正9・3・21	武田家朱印状写	保科越前守	信濃	片蔵之郷(伊那市)百姓等者、**御改**之砌、去寅(天正6)之増分致迷惑、令逐電云々、	御判物古書写	三五二四
49	天正9・12・15	武田家朱印状	朝比奈助一郎	駿河	小鹿・曲金郷(静岡市)**御改**之上、無異儀増分為出来者、以此内相当ニ可被宛行	朝比奈家文書	三六三六
50	(年未詳)10・28	武田家朱印状	山田源三		古町之事、去**御改**之砌、就土貢増分、令迷惑云々、然者件之増分、被成御赦免	松本某氏所蔵文書	三七六九

(3)「検地」文言

No.	年月日	文書名	宛所	国名	文言	出典	
51	永禄9・6・9	武田家朱印状	平沢藤左衛門尉	信濃	虎岩(飯田市)之内、其方拘之田地、**御検地**分廿三貫五百五十文	平沢家文書	九九四
52	永禄13・8・16	安養寺存覚証文	清水伝左衛門	信濃	南阿江木(南相木村)常光院　(中略)是ハ野さいを作候間、**けん地之日記**ニ可有之候	安養寺文書	一五七九
53	天正3・10・27	小幡信真判物	黒沢源三	上野	本領五貫文、為新恩**検地**之分六貫百七十文之所、都合拾壱貫百七十六之地出之候	黒沢家文書	二五四二
54	天正5・12・26	穴山信君判物写	禰宜刑部大夫	駿河	内房郷(富士宮市)神田之事、右丑之年(天正5)之**検地帳**速依令言上、	判物証文写附一	二九〇八
55	天正6・2・20	諏訪社禰宜大夫証文写	諏方越中守	信濃	前宮御宝殿宮所千貫郷(辰野町)、以役銭相勤之段、本帳無紛ニ付而、御印判・**御検地帳**被下候	諏訪教育会所蔵文書	二九三四
56	天正6・2・21	上諏訪造宮帳		信濃	上伊那之内宮処・平井弖両郷(中略)本帳ニ者過分ニ御座候得共、有**御検地**、六盃入壱斗五舛俵ニ積而五拾俵ニ候得共、卅四俵請取申候	諏訪大社上社所蔵文書	二九四二
57	天正8・11・24	武田家朱印状	中沢四郎右衛門尉	甲斐	於向後拘来田畠、**御検地**之事(中略)御恩地所持之輩同前、御細工之奉公不断可相勤由言上之間、被成御赦免	中沢家文書	三四五〇
58	天正9・6・21	武田家朱印状	西条治部少輔	上野	向後、其領分御**検使**之儀、可被閣之、但**諸郷一統之御検地**有之者、増分之内弐万疋者、可為在城領、	西条家文書	三五七〇

出典：『戦国遺文武田氏編』。数字は史料番号。
年月日：丸数字は閏月。

る（「勝善寺文書」戦武三〇〇一、「島津家文書」戦武三〇〇四）。この定納貫高が武田氏の軍役賦課基準であったことは既に湯本軍一氏[17]が明らかにしており、武田氏はこれらの申告を基に国衆・軍役衆等の軍役高を定めていたことがわかる。[18]しかし、この場合は平山氏[19]が指摘しているように、指出を提出した側によって意図的に「荒地」の存在が強調され、定納高を過小申告して軍役負担を減らそうとする傾向が見て取れる。

また、天正七年二月に上野国貫前神社（藤岡市）の宮司・一宮豊氏が、神事役を負担していた社領と武田氏から宛行われた恩地について、それぞれ上司と定納を記載した指出を武田氏の奉行衆に提出している例（「小幡家文書」戦武三〇八三）や、元亀四年（一五七三）二月に守屋隼人佐に対して三〇貫文の新恩を与える際、「坪付については百姓指出の上で定める」とした事例がある（「徳川林政史研究所所蔵「古案」」戦武四二三九）。このように、武田氏は提出された指出を基に旧来の所領を安堵し、さらに上司（高辻）と定納を把握することで、軍役等の賦課基準としていたことがわかる。

2　検使・改め

次に検使（表1⑴）・改め（表1⑵）は、郷村の実態把握のため、武田氏が役人を派遣したものである。

〔史料1〕武田信玄判物（表1No.5）（前後略）

一、南御薗之郷より廻湛祭之時五貫文出し候、彼五貫文を以三月小立増之神事相勤云々、然処、去比彼地へ遣実検使、改隠田之処ニ、検使為神田之由不知之間、右之五貫文をも載取帳故ニ祭退転、来丙寅（永禄九年）よりハ如前々五貫文之所、神事免たるへきのよし令裁断畢、然則神主善四郎公道ニ祭を勤へし、

例えば史料1では、諏訪大社上社の祭祀再興に際して、永禄八年以前に武田氏が南御園郷（伊那市）へ実検使を遣わし、隠田改めを行ったところ、検使が神田であることを知らなかったため、帳面に書き載せなかったと記されている。

永禄十年三月にも、南御園郷について先年御検使を遣わしたところ、神田であることを郷村側が言上しなかったため、武田氏の御料所になったと記されている（表1No.6）。また、信濃国佐久郡の竜雲寺領を安堵した際にも、これまでの「日記」の内容が実態と異なっていたため、武田氏が検使を遣わし、その「口上」を聞き届けた上で、新たな「日記」を作成している（表1No.4）。すなわち、武田氏が派遣した検使の任務は、郷村側の「言上」など現地の申告に依拠して行われ、その結果が検使からの「口上」によって武田氏に報告されていたことがわかる。

この検使派遣の目的は、次の史料で明確に記されている。

〔史料2〕武田家朱印状写（表1No.25）

定

重以御検使被相改之、依知行分定納之員数、向後可抽忠節之旨、言上候間、累年被抱来領地、無異儀被下置候、可被定軍役、弥忠信可為肝要之由、被　仰出者也、仍如件、

（天正七年カ）九月廿三日（竜朱印欠）　跡部大炊助奉之

尾崎孫十郎殿

史料2の傍線部に記されているように、武田氏は国衆・軍役衆の軍役高を確定するために、彼らの「知行分定納の員数」を把握しておくことが必要であった。実際に、武田氏は本国の甲斐や信濃・上野・駿河などの占領地において、現地の状況を確認するために検使を派遣し、改めを行った上で知行を宛行っていた例が多く見られる。特に、元亀三年四月には駿河において「惣知行御改」が計画されており（表1No.36・37）、後に挙げる史料6は、この結果を基に作成された可能性も考えられる。

武田氏の発給史料（表1⑴・⑵）を見た限りでは、従来の研究で強調されてきた検地による増分の把握は、主に検使

派遣による改め（現地の実態調査）を通して行われていたことがわかる。その目的の一つには、耕地の開発等にともなう隠田（武田氏が年貢賦課対象として把握していない耕地）の摘発があり、新たに把握された分が増分として算出された。これらの増分は従来から言われているように、軍役衆に重恩として与えられるか、武田氏が直接収取する分として組み入れられた。さらに郷村内に居住する軍役衆には、名田への検使派遣が免除されるという特権が与えられていた（表1No.8～15、18～19）。

また、検使派遣による改めでは、従来の議論で強調されているような増分の把握だけでなく、次の史料のように、不作・災害等による減免分の把握も行われていた。

〔史料3〕武田家朱印状写（表1No.47）

覚（獅子朱印影）

一、去寅・卯両年之流間、可改之事、

付、発崎前々荒間改之事、

一、箕輪衆成替不足之所、可糾明之事、

一、鉄炮之玉拾万、可求之事、

付、跡部淡路守・羽中田・鮎沢可令談合事、

已上

（天正八年）八月廿七日　　跡部越中守

奉之

秋山下野守殿

史料3では、上野国内における「去寅・卯」(天正六年・七年)の「流間」(水害地)や、発崎(渋川市)の荒地について改めを行うことを認めた内容になっている。恐らく、これらの対象地は秋山下野守の知行地であり、秋山から武田氏に、軍役高の基準となる定納高の減免が申請されたと考えられる。

他に、諏訪大社上社の祭祀再興に伴い、永禄八年に行われた郷村改めの際にも、下諏訪(長野県下諏訪町)の神田六段のうち四段を「水便乏故」に田から畠に変えたため、実際の定納高が三貫文に減少したと記されている(「諏訪大社文書」戦武九七二)。定納高は対象となる郷村の年貢高と密接に結びついており、隠田の存在だけでなく、水利やその年の天候によっても変動していたため、武田氏が把握する定納高と乖離する可能性を常に孕んでいた。

〔史料4〕武田家朱印状(表1№50)

定

古町之事、去御改之砌、就土貢増分、令迷惑云々、然者件之増分、被成御赦免之間、田畠等無荒蕪之様、可被申付之由、被仰出者也、仍如件、

(年未詳)
十月廿八日(竜朱印)　跡部美作守
　奉之
山田源三殿

また史料4では、古町に対して行われた「御改」の結果、算出された増分の扱いについて、郷村側が「迷惑」と主張してきたため、武田氏はこれらの増分の納入を免除し、田畠の耕作を放棄して荒地にさせないよう申し付けている。

他にも、郷村側が増分の納入に抵抗して逃散した事例がある(「御判物古書写」戦武三五二四、「保科御事歴」戦武三五五

一～二)。すなわち、武田氏が検使を派遣して改めを行った目的は、増分・減免分を含めた郷村の年貢高全体を把握することにあり、大名(武田氏)と郷村との交渉・合意の下で実施されていたことがわかる。

3 検地

現存している検地帳以外にも、武田氏が領国内で検地を実施していたことを窺わせる史料は、八点が確認できる(表1(3))。

〔史料5〕武田家朱印状(表1№51)

(「精」朱印)

虎岩之内、其方拘之田地、御検地分廿三貫五百五十五文、此内壱貫仁百文寺領、六百文堰免、三貫文散使免、四貫八百卅五文御指置、残而十三貫九百廿文、米子ニ五十五俵一斗三舛六合、如此毎年無未進可相納者也、仍如件、

(永禄九年)丙寅
六月九日

平沢藤左衛門尉

史料5は、虎岩郷(飯田市)の平沢藤左衛門尉が所有する田地のうち、検地によって把握された二三貫五五五文から、寺領一貫二〇〇文、「堰免」六〇〇文、「散使免」三貫文を控除した上で、「御指置」として四貫八三五文を藤左衛門に与え、残りの一三貫九二〇文(米に換算して五五俵一斗三舛六合)を武田氏への年貢分として、毎年未進なく納入するよう命じたものである。「堰免」は天竜川治水のための経費であり、「散使免」は村役人としての必要経費であったと推測される。また「御指置」は、検地増分として一旦没収された上で、改めて給付された百姓の「作徳」分を指して

おり、甲斐の恵林寺領検地帳（後掲表2No.1・2）でも見られる記載方法である。

「検地」文言がある史料を見た限りでは、武田氏は甲斐・信濃・上野・駿河の四ヶ国で検地を実施していたようである。また、旧今川領国である駿河では、今川氏が過去に実施した検地を踏襲していたと考えられる。ただし、武田氏の検地は、北条氏が実施したような「代替り検地」や「惣郷検地」ではなく、最終的には「諸郷一統之御検地」（表1No.58）を想定しつつも、実際には個別の検地に留まっていた。

このように、武田氏の検地の形態には、(1)指出を提出させる場合、(2)武田氏が検使を派遣して郷村改めを行う場合、(3)実際に検地を実施する場合、の三種類があったことがわかる。(1)～(3)の流れとしては、最初に給人層から武田氏に知行地の申告＝指出の提出があり、その後で武田氏が検使を派遣して改めが行われた。ただし、この段階では、当事者の言い分を基に、在地の状況を確認するだけに留まっていた。そして最終的に、郷村内の耕地面積や年貢高を実際に把握するため、検地を実施したのではないかと考えられる。

二　武田氏の検地方法

武田領国において作成された検地帳（これに準ずる史料も含む）は九例、一一点が現存する（表2）。その他に、検地実施に伴って発給されたと考えられる検地書出・知行書立は四点が現存する（表3）。ここでは、現存する検地帳・知行

表2　武田検地帳・検地日記一覧

No.	年月日	文書名（表題）	国名	地頭	郷名	検地役人	出典
1	永禄6・10・吉	恵林寺領穀米地・公事地・神田検地帳（恵林寺領穀米幷公事諸納物）	甲斐	恵林寺	恵林寺郷（甲州市）他		恵林寺文書 山4 二九四

2	永禄6・11・吉	恵林寺領年貢地検地帳（恵林寺領御検地日記）	甲斐	恵林寺	恵林寺郷他		恵林寺文書	山4 二九五
3	永禄7・12・2	武田家朱印状写（勝善寺領御改之日記）	甲斐	勝善寺			勝善寺旧蔵文書	九一九
4	永禄11・9・16	上原筑前守御恩検地帳（志賀分之内上原筑前御恩御検地帳／同瀬戸之内手作分）	信濃	上原筑前守	瀬戸郷（佐久市）	加々美神五右衛門尉・三（起）良三郎左衛門尉・鷹野清右衛門尉	柳沢護氏所蔵文書	一三一三
5	永禄11・9・16	上原筑前守御恩検地帳（日村郷上原筑前御恩御検地之帳）	信濃	上原筑前守	日村郷（佐久市）	加々美神五右衛門尉・起良三郎左衛門尉・鷹野清右衛門尉	柳沢護氏所蔵文書	一三一四
6	元亀元・10・吉	西念寺々領仕置日記	甲斐	西念寺	下吉田・上吉田（富士吉田市）		西念寺文書	一六〇七
7	天正7・12・11	神長官領検地帳（［　］内神長殿知行御検地帳）	信濃	神長官（守矢信真）	御園郷（南箕輪村一帯）カ	斎藤治部丞・関新兵衛	守矢家文書	三三一〇
8	天正8・12・吉	穴山不白円蔵院領検地帳（成島之内円蔵院領御検地之帳）	甲斐	円蔵院	成島（南部町）之内		円蔵院文書	三四七九
9	天正9・2・9	穴山不白朱印状（天輪寺領書立）	甲斐	天輪寺			南松院文書	三四九四
10	天正9・8・28	野呂瀬秀次等連署証文（夜交之内分去［　］）	信濃	夜交左近丞？	夜交郷（山ノ内町）	野呂瀬十郎兵衛尉秀次・平林惣左衛門尉宗忠	世間瀬秀一氏所蔵文書	三六〇五
11	年月日未詳（天正初年？）	二宮祭礼帳	甲斐				美和神社文書	山4 七八四

（単位：文）

国名	対象地	高辻	引方	定納	出典	
駿河	滝 （静岡市）	17,660	壱分半引2,609	15,011	加瀬沢家文書	1948
駿河	滝？	18,705	壱分半引2,794 神領　707	15,200	判物証文写附二	1949
駿河	内房郷 （富士宮市）	6,538	永不作1,000 皆流　500	5,038	佐野六蔵家文書	3042
信濃	新野内・ 夜交郷他	当納349.003 已起　69.194 （俵高）	53.0868 （俵高）	365.1102 （俵高）	世間瀬秀一氏所蔵文書	3615

書立の内容から、武田氏の検地方法について分析を行いたい。

⑴恵林寺領検地帳（甲斐）

永禄六年（一五六三）に甲斐の恵林寺領（甲州市）で実施され、これまで多くの先学[20]が研究事例としている検地である。

「恵林寺領穀米幷公事諸納物」（表2No.1）では、恵林寺への年貢負担分である「穀米地」と、諸役・踏出分が免許された「公事地」、さらに「郷分公事地ヨリ納物」として、荻原平・湯平・雷平・尼品平・馬籠平・塩原平・稲子沢平・柚木平・佐賀美平・三日市場・黒沢・九日市場の各村・町が恵林寺に納入すべき負担分が記されている。「公事地」では、「廿四分一」から「三分二」までの割合で、「二色」から「八色」まで様々な種類の諸役が設定されており、「郷分公事地ヨリ納物」で負担する分の代替として免除された分であったことがわかる。最後に「神田」では、「九年ニ一度の大つくへ」や「弓袋持之祭」等の祭礼で負担する分の代替として免除された分が記載されている。恵林寺領内の村・町は恵林寺の祭礼のための様々な役負担を課せられており、「公事地」はその負担分の代替として「穀米地」とは別に設定され、年貢納入を免除されていたことがわかる。

次に「恵林寺領御検地日記」（表2No.2）は、領内の各村・町ごとに、軍役衆・物百姓・屋敷地の順で年貢高を書き上げたものである。踏出（増分）の

表3　知行書立一覧

№.	年　月　日	文　書　名	宛　　所
1	元亀 3・9・11	佐野泰光・塩与友重連署証文(知行書立)	加瀬沢助九郎
2	元亀 3・9・11	佐野泰光・塩与友重連署証文写(知行書立)	尾沼雅楽助
3	天正 6・10・10	横山友次・長谷川吉広連署証文写(御検地割付之事)	佐野弥左衛門
4	天正 9・10・19	今井能登守・野呂猪介連署証文	夜交左近丞・代官□島

出典:「山4」=『山梨県史』資料編4中世1。数字のみ=『戦国遺文武田氏編』。
数字は史料番号(以下同)。

扱いについて、「勤軍役御家人衆」(軍役衆)は「御免」とし、惣百姓は一定の引分を免除した上で納入させている点は、既に先学の研究で明らかにされているが、屋敷地でも軍役衆は「公事免」とされたのに対し、惣百姓は一間ごとに年貢を負担しており、ここでも身分によって異なる扱いを受けていたことがわかる。

また、「壱間半　公事地　同三升五合蒔屋敷付」というように、屋敷付の耕地は蒔高で表記され、屋敷年貢分に含まれている。ただし、これらの検地帳に記載されている年貢・諸役は、領主の恵林寺に納入すべき性格のものであり、棟別役や田役など、武田氏が収取していた役については一切記載されていない。平山氏が述べているように、恵林寺領検地は、信玄が自らの牌所として寺領を寄進するにあたって、恵林寺が領内から収取していた年貢・諸役の高を確認したものであって(「恵林寺文書」戦武九一八)、他とは異なる条件の下で実施された検地であったといえる。しかし、蒔高による耕地の把握や増分の検出など、武田氏が実施した検地と同様の特徴を示していることから、これらの検地帳は、恵林寺領内の各村・町でそれぞれ実施された検地の結果を集計して作成されたものであったことがわかる。

(2)上原筑前御恩御検地帳(信濃)

永禄十一年九月、信濃国佐久郡において、上原筑前守の恩地・手作地を対象として作成された検地帳で、「志賀分之内上原筑前御恩御検地帳・同瀬戸之内手作分」（表2№4）と「日村郷上原筑前御恩御検地之帳」（表2№5）の二点が現存する。検地帳の内容については第二章で検討しているので、ここでは簡潔に述べるが、瀬戸郷（佐久市）・日村郷（同）における上原筑前守の知行地を対象として実施された検地である。最大の特徴は、田畠とも上・中・下の等級（後掲表4①）があり、蒔高（俵高）で耕地の面積を表記した上で、蒔高に等級をかけて年貢高（貫高）を算出している点、名請人ごと、恩地・手作地別に集計し、神田を恩地の給分から控除している点である。

(3) 加瀬沢助九郎・尾沼雅楽助宛知行書立（駿河）

元亀三年（一五七二）九月、穴山氏家臣の佐野泰光らが、加瀬沢助九郎（表3№1）と尾沼雅楽助（表3№2）に対して発給した史料である。

〔史料6〕佐野泰光・塩与友重連署証文（表3№1）（前後略）

田此内六升まき上残下　道下　かせさわ
壱斗一升蒔　此代九百文　源左衛門
田上　道下
壱斗蒔　此代壱貫文　同人
田此内壱斗三升上　同所
壱斗五升蒔　此代壱貫四百六十文　同人
田此内七升蒔上　同所
壱斗蒔　此代壱貫四十文　九百　同人

（中略）

合九貫六百四十文　野帳
此内壱分半ニ壱貫四百六文引而　定納滝分
残而八貫百九十四文
合八貫廿文　野帳
此内壱分半ニ壱貫弐百参文引而
残而六貫八百十七文　定納本地之分
都合拾五貫十壱文

史料６は知行書立の形式を採ってはいるが、一筆ごとに等級と蒔高が記されており、検地帳に準ずる内容であるといえる。蒔高は田のみ上・中下・下の等級があり、畠には等級・蒔高は記載されていない（表４②）。また、「一斗一升蒔の内六升蒔は上、残りは下」というように、同一の耕地内で二つの等級が記されている点が特徴として挙げられる。最後に、滝（多喜、静岡市清水区）と本地の二ヶ所で「野帳」による集計が行われ、そこから「壱分半」（一割五分）を引いた額（一五貫一一文）を「定納」としている。

このうち、加瀬沢助九郎に対しては、武田氏が駿河を占領した直後の永禄十二年に、穴山氏が宛行状と知行書立を発給している（「加瀬沢家文書」戦武一四〇六〜七）。穴山氏は内房郷（富士宮市）でも[21]検地を実施しており（表１№54、表３№３）、史料６の前提として実施された検地も武田氏によるものか、あるいは穴山氏が駿河国内の知行地で独自に実施したものか断定することはできないが、穴山氏の検地も基本的には武田氏の検地と同一の基準で行われていたと考えられる。

(4)神長殿知行御検地帳(信濃、表2No.7)

天正七年(一五七九)十二月、諏訪大社上社の神長官守矢氏の知行地を対象として作成された検地帳である。表題の郷名が欠落しており、対象地についてはこれまで不明とされてきたが、近年、峰岸純夫氏によって(22)、信濃国伊那郡御園郷(伊那市)の検地帳とする説が出されている。なお、この検地帳の内容は第三章で詳しく検討しているので、ここでは触れない。

(5)夜交郷検注書上(信濃

天正九年八月、信濃国高井郡夜交郷(長野県山ノ内町)で実施された検地に関して作成された史料である。

〔史料7〕野呂瀬秀次等連署証文(表2No.10)

夜交之内分去□　□

上司百貫文　八幡御寄進

三十貫文　本

壱貫文　山手

拾弐貫百八十三文　増分

壱貫仁百六拾文　当荒

五拾九文　(已)己起

合四拾三貫百八十三文

(天正九年)辛巳八月廿八日　野呂瀬十郎兵衛尉

秀次(花押)

平林惣左衛門尉
　　宗忠（花押）

御検地之分
　小代官

史料7では、「八幡御寄進」一〇〇貫文の他に、「本」（本年貢）三〇貫文、「山手」一貫文、「増分」一二貫一八三文、「当荒」一貫二六〇文、計四三貫一八三文と、「巳（天正九年）起」五九文が記載されている。

さらに同年十月には、次のような内容の知行書立が発給されている。

〔史料8〕今井能登守・野呂猪介連署証文（表3№4）

夜交改知行之増分

拾七俵壱斗五舛　新野内
四舛壱合　巳起
弐百四拾弐俵壱斗六舛　夜交之郷
此内五拾三俵八舛六合八厘引　野十（野呂瀬秀次）（円形黒印）
拾九俵壱斗　霜月十八日　山手
六拾八俵壱斗四舛七合　巳起
六拾八俵壱斗九舛三合　山脇
壱俵六合　巳起
（方形黒印）

合三百四拾九俵三合　当納
此内五拾三俵八舛六合八厘引　野十（円形黒印）
霜月十八日
（方形黒印）
合六拾九俵壱斗九舛四合、巳起
右分願（預）置申候、重而御下知次第、可有進納者也、
辛巳（天正九年）　今能（今井能登守）（方形黒印）
十月十九日　野呂猪助（円形黒印）
夜交左近丞殿
代官□島

史料8は、新野（中野市）・夜交・山脇における夜交左近丞の知行地を記載し、増分を含めた額を左近丞に預け置いた上で、武田氏の下知次第で宛行うとしたものである。特に夜交郷では、「本」「山手」「巳起」（「増分」+「巳起」の合計額）が俵高に換算され、さらに「当荒」に当たる額が控除されている。この引分の下には、史料8の発給者の一人である野呂瀬秀次が署名捺印を行っており、引分の確定に野呂瀬が関わっていたことを窺わせる。史料7のように夜交郷で野呂瀬・平林による検地が行われ、さらにそれを集計したものが史料8であったと考えられる。

(6)二宮祭礼帳（甲斐）

甲斐国二宮の美和神社（笛吹市）で一年間に行われる祭礼の費用を日付順にまとめたもので、年月日の記述を欠くが、

記載されている人名から天正初年に作成されたことを平山氏が明らかにしている。(23) しかし、『山梨県史』通史編では、耕地や屋敷地の蒔高を貫高に換算する際の計算方法に誤りが見られるため、ここで改めて検討する。

〔史料9〕二宮祭礼帳（表2№11）（前・中・後略）

①中壱貫四百文
七升蒔　　　　　土取田
下廿五文
壱升蒔畠　　　　同所
　合壱貫四百廿五文　　御検使分
②上六百廿五文
弐升五合蒔夏目田　　　御検使分
③上此内壱升蒔中　壱貫五百七十五文
六升五合蒔わせ田　　　御検使分

この史料では、餅・薪・白酒などの費用を負担する耕地や屋敷地について、蒔高の脇に田畠の等級と貫高が示されており、田畠は上・中・下と上中・上下・上中下・中下の七段階、屋敷地は上中と中の二段階の等級がつけられ、他に「林分」も見られる（後掲表4④）。ここでの計算式は以下の通りである。

①は中田七升蒔が一貫四〇〇文なので、中田一斗蒔あたりの基準貫高は一四〇〇文÷〇・七斗＝二〇〇〇文となる。
②は上田二升五合蒔が六二五文なので、上田一斗蒔あたりの基準貫高は六二五文÷〇・二五斗＝二五〇〇文となる。
③は史料6と同様に、二つの等級の合計値が記載されている。この場合は、六升五合蒔のうち一升蒔が中田、残りの五升五合蒔が上田ということになる。ここで、上田一斗蒔あたりの基準貫高をx、中田一斗蒔あたりの基準貫高を

yとすると、〇・五五斗×x＋〇・一斗×y＝一五七五文という計算式が成り立つ。さらに、①②の結果を基にxが二五〇〇文、yが二〇〇〇文であると仮定して計算すると、〇・五五斗×二五〇〇文＝一三七五文、〇・一斗×二〇〇〇文＝二〇〇文となって、その合計額は一五七五文となり、右の計算式と合致する。

特に、田畠を貫高に換算した額が全て「御検使分」と記されていることから、この史料が作成される前提として、武田氏による検地が実施されたことは間違いない。よって、この祭礼帳も検地帳に準ずる史料として評価できる。

三　武田検地の施行原則

以上の事例を基に、武田氏の検地施行原則についてまとめる。

第一に、蒔高に上中下（最小で三段階、最大で七段階）の等級をつけて上司（高辻）貫高を算出している。各等級の基準は表4で示した通りであるが、蒔高は第四章で検討しているように、中世の甲斐において畠地の面積を表記する際に使用されていた。すなわち、武田氏は甲斐の耕地面積の基準であった蒔高を、領国内の検地における基準として採用していたことがわかる。

第二に、検地役人の存在が挙げられる。例えば瀬戸郷（表2№4）・日村郷（表2№5）の上原筑前守知行地の検地役人としては加々美神五右衛門尉・起良三郎左衛門尉・鷹野清右衛門尉、守矢氏の知行地（表2№7）では斎藤治部丞と関新兵衛、夜交郷（表2№10）では野呂瀬秀次・平林宗忠が確認でき、さらに検地役人の野呂瀬が、夜交左近丞知行地の引分の算定に関与していたことがわかる（表3№4）。彼らは平山氏の指摘の通り、他の武田氏関係史料では見ることができず、在地の事情に精通した下級家臣であったと考えられる。

表4　武田検地の基準値(1斗蒔あたりの貫高、単位：文)

①上原筑前御恩御検地帳(表2-4・5)

等級	最大値　最小値
上田	1,500 ～ 1,400
中田	1,300 ～ 1,200
下田	1,100 ～ 900
上畠	500 ～ 400
中畠	300 ～ 200
下畠	150 ～ 100
屋敷地	900 ～ 500

②加瀬沢・尾沼宛知行書立(表3-1・2)

等級	数　値
上田	1,000
中田	800
上中田	700
中下田	1,200
下田	600

畠は等級なし

③神長殿知行御検地帳(表2-7)

等級	最大値　最小値
上田	1,567 ～ 1,200
上中田	1,471 ～ 1,156
中田	1,300 ～ 1,120
下田	800 ～ 700
上畑	488 ～ 400
上中畑	369 ～ 227
中畑	300 ～ 217
中下畑	253 ～ 205
下畑	243 ～ 112

④二宮祭礼帳(表2-11)

等級	最大値　最小値
上田	3,000 ～ 2,500
上中田	2,582 ～ 2,200
中田	2,000 ～ 1,500
上中下田	1,929
中下田	1,875 ～ 1,700
下田	1,527 ～ 1,500
上畠	1,000 ～ 500
中畠	700 ～ 400
上下畠	560
上中畠	521 ～ 450
上中下畠	440 ～ 346
中下畠	329 ～ 300
下畠	250 ～ 200
林分	40
上中屋敷	500 ～ 450
中屋敷	400

第三に、武田氏は検地を実施する際に「野帳」や「検地日記」を作成していた。「野帳」はその名の通り、実際に検地を行った際に記入した帳面であったと考えられ、「検地日記」はそれを集計し、清書したものであったと考えられる。現在残っている武田氏の検地帳は、恵林寺領のように多くが「検地日記」の形式をとっている。

第四に、上司(高辻)から引方を除いて定納貫高を算出している。前述したように、武田氏はこの定納貫高を基に、国衆・軍役衆等の軍役高を定めていた。

第五に、北条氏の検地では郷村に対して検地書出を発給し、年貢納入を命じるのに対し、武田氏は地頭(給人)などに対して知行書立や安堵状を発給し、年貢を請け取るよう命じている。

ここで挙げられる武田検地の最大の特徴は、一点目である。すなわち、北条氏が町反歩制で耕地面積を把握し、反別基準を田五〇〇文、畠一六五文で固定して、郷村の貫高を決定していたのに対し[24]、武田氏は蒔高で面積を把握し、田畠一筆ごとに等級をつけて郷村の貫高を算出していた。戦国大名武田氏が統一的基準による貫高制を成立させ、これに基づいて年貢収取や軍役・知行役の賦課などを行っていたことは、既に平山氏[25]が明らかにしているが、その背景には他の戦国大名検地や太閤検地とも異なる武田氏独自の検地方法が存在したことが窺える。特に、蒔高による検地は第四章で指摘しているように、耕地の面積だけでなく実際の状況をより詳細に把握することが可能であったと考えられ、丈量検地の一形態としても評価できる。

また、五点目のように、検地の実施後に地頭に対して年貢請取を命じている背景には、地頭と郷村の年貢収取関係を確認する意味合いがあったと考えられる。平山氏[26]によれば、武田氏は地頭に非分がない限り、地頭の権益を擁護する立場をとっていることから、実際の年貢収取は地頭と郷村の間の裁量に任せていたと考えられるのである。

最後に、検地が施行された契機としては、二つの理由が挙げられる。一つは本章で検討したように、大規模な軍事作戦や寺社の造宮・祭礼などを前にして、郷村が勤めるべき役の総額や給人の軍役高を確定させる作業を行う必要に迫られた場合である。もう一つは、隠田や年貢収取をめぐる訴訟(公事検地)が発生した場合である。武田氏の分国法「甲州法度之次第」(以下「甲州法度」と略記)の第六条・第五十七条でも、百姓の年貢滞納や隠田に対して訴訟が発生した場合は、武田氏が検使を派遣して改めると規定されている(表1№1・2)。このように、検地には地頭と郷村の年貢収取関係を確認し、双方の権益を擁護するという側面もあったと考えられる。

おわりに

本章では、以前から研究対象になっていた恵林寺領検地だけでなく、現在確認しうる全ての事例を基に、戦国大名武田氏の検地に関する基本事項を明らかにした。

武田氏の検地の形態には、指出を提出させる場合、武田氏が検使を派遣して改めを行う場合、実際に検地を実施する場合の三種類があった。まず指出は、国衆や軍役衆が、上司(所領貫高、高辻)と定納を武田氏に報告したものである。一方、検使は、武田氏が役人を派遣し、郷村側からの申告で状況を確認したものである。これらの流れとしては、最初に給人層から武田氏に知行地の申告=指出が行われ、その後、災害・戦乱等による不作や、在地で発生した相論を契機として、武田氏が検使を派遣し、当事者の言い分を基に、在地の状況を確認する作業が行われた。そして最終的に、郷村内の耕地や年貢高を実際に把握するため、検地を実施したのではないかと考えられる。

武田氏が実施した検地の最大の特徴は、蒔高で面積を把握し、上中下(最小で三段階、最大で七段階)の等級をつけて郷村の貫高を算出していた点であり、他の戦国大名検地や太閤検地とも異なる独自の方式として評価できる。また検地の実施後、地頭に対して年貢請取を命じている背景には、実際の年貢収取が地頭と郷村の間の裁量に任せられており、検地の実施には、給人の軍役の基準となる定納高を把握することの他に、地頭と郷村の年貢収取関係を確認する意味合いがあったと考えられる。

検地施行の契機としては二つの理由が挙げられる。一つは本章で検討したように、寺社の造宮事業や大規模な軍事作戦等に際して、郷村が勤めるべき役の総額や給人の軍役高を確定させる作業を行う必要に迫られた場合である。もう一つは、隠田や年貢収取をめぐる訴訟（公事検地）が発生した場合である。これは「甲州法度」でも規定されており、百姓の年貢滞納や隠田に対して訴訟が発生した場合は、武田氏が検使を派遣して改めるとされている。

また、武田氏が検地によって把握しようとしたのは、従来の研究で注目されてきた百姓個々の検地増分ではなく、給人の軍役賦課の基準となる郷村の定納高であった。定納高は郷村の年貢高とも密接に結びついており、開発等に伴う隠田（年貢・諸役賦課の対象とならない耕地）の存在だけでなく、水利やその年の天候によって変動していたため、武田氏が把握する定納高と乖離する可能性を常に孕んでいた。そのため、武田氏は検地によって現地の実態を把握し、給人の知行地や寺社領の定納高を常に把握しておくことが必要であった。

このように、武田氏は検地を実施することで、領国内の耕地や年貢・諸役収取の状況を確認するとともに、地頭と郷村の双方の権益を擁護し、さらに軍役賦課の強化にも寄与していたと評価することができる。

註

（1）　安良城盛昭「太閤検地の歴史的前提」（『日本封建社会成立史論』上、岩波書店、一九八四年。初出一九五三年）、同「太閤検地の歴史的意義」（『幕藩体制社会の成立と構造』増訂第四版、有斐閣、一九八六年。初出一九五四年）、同『太閤検地と石高制』(日本放送出版協会、一九六九年)。

(2)「公事検地」論をめぐる研究史については、有光友學「今川氏公事検地論」(『戦国大名今川氏の研究』吉川弘文館、一九九四年)を参照。

(3)古宮雅明「有光友學「公事検地論」の批判的検討」(『日本史研究』四三〇号、一九九八年)、同「戦国大名今川氏の検地についての一考察」(『戦国史研究』三六号、一九九八年)。

(4)佐脇栄智「後北条氏の検地」(『後北条氏の基礎研究』吉川弘文館、一九七六年。初出一九六三年)。

(5)高島緑雄「東国における戦国期寺領の構造―永禄六年・甲斐国恵林寺領について―」(柴辻俊六編『戦国大名論集10武田氏の研究』吉川弘文館、一九八四年。初出一九五八年)。

(6)勝俣鎮夫「戦国大名検地に関する一考察―恵林寺領「検地帳」の分析―」(『戦国期の権力と社会』東京大学出版会、一九七六年)。

(7)村川幸三郎「戦国大名武田氏の恵林寺領検地について」(『研究と評論』三六・三七号、一九八六年)。

(8)安良城盛昭「戦国大名検地と「名主加地子得分」・「名田ノ内徳」―勝俣鎮夫『戦国法成立史論』によせて―」(前掲『日本封建社会成立史論』上。初出一九八一年)、同「戦国大名検地の分析方法とその具体化―大山喬平・勝俣鎮夫氏の大福寺領分析の再検討と勝俣「反論」についての再批判もあわせて行なう―」(歴史学研究会中世史部会報告、一九八三年)。

(9)勝俣鎮夫「戦国大名検地について―安良城盛昭氏の批判に答える―」(『史学雑誌』九二編二号、一九八三年)。

(10)村川幸三郎「戦国大名武田氏の検地について―勝俣鎮夫氏の「検地施行原則」に関連して―」(『日本史研究』三二三号、一九八九年)。

(11)松浦義則「戦国期北陸地域における指出についての覚書」(池上裕子・稲葉継陽編『展望日本の歴史12　戦国社会』東

京堂出版、二〇〇一年。初出一九八九年)、藤木久志「村の指出」(『村と領主の戦国世界』東京大学出版会、一九九七年。初出一九九二年)、湯浅治久「室町～戦国期の地域社会と「公方・地下」」(『中世後期の地域と在地領主』吉川弘文館、二〇〇二年。初出一九九四年)等。

(12) 池上裕子「指出と検地」(『戦国時代社会構造の研究』校倉書房、一九九九年)。

(13) 則竹雄一「北条氏の検地政策」(『戦国大名領国の権力構造』吉川弘文館、二〇〇五年。初出二〇〇〇年)。

(14) 中口久夫「「内得」の意味と歴史的性格」(『太閤検地と徴租法』清文堂出版、二〇一二年。初出一九九九年)。

(15) 『山梨県史』通史編2中世(二〇〇七年)第八章第一節(平山優執筆)。以下、特に断らない限り、平山氏の見解は本書による。

(16) 長谷川幸一「武田氏の宗教政策─寺社領の安堵と接収を中心に─」(平山優・丸島和洋編『戦国大名武田氏の権力と支配』岩田書院、二〇〇八年)を参照。

(17) 湯本軍一「戦国大名武田氏の貫高制と軍役」(前掲『戦国大名論集10　武田氏の研究』。初出一九七七年)。

(18) 「甲州古文集」戦武三〇一四、「島津家文書」戦武三〇一五、「新編会津風土記三」戦武三〇一六、「玉井家文書」戦武三〇一七、「勝善寺文書」戦武三〇一八。

(19) 前掲註(15)、平山優「武田氏の知行役と軍制」(前掲『戦国大名武田氏の権力と支配』)。

(20) 前掲註(5)～(10)、平山優「郷村内身分秩序の形成と展開─郷村祭祀と家役との関連を中心に─」(『戦国大名領国の基礎構造』校倉書房、一九九九年。初出一九九一年)。

(21) 最新の研究成果として、小川隆司「穴山信君の「江尻領」支配について」(『武田氏研究』二三号、二〇〇一年)等を挙げるに留める。

(22)　峰岸純夫「武田氏の伊那郡御園郷検地帳」(『戦国遺文武田氏編』月報3、東京堂書店、二〇〇三年)。

(23)　平山優「戦国期甲斐国一・二・三宮祭礼と地域社会」(前掲『戦国大名領国の基礎構造』。初出一九九一年)。

(24)　佐脇前掲註(4)、則竹前掲註(13)。

(25)　平山優「戦国期東海地方における貫高制の形成過程―今川・武田・徳川氏を事例として―」(『武田氏研究』三七・三八号、二〇〇七・二〇〇八年)、同「戦国期武田領国における貫高制の形成について―甲斐・信濃・西上野三国を事例に―」(柴辻俊六編『戦国大名武田氏の役と家臣』岩田書院、二〇一一年)。

(26)　平山優「戦国大名武田氏の在地支配―地頭と寄子、百姓の争論を中心に―」(笹本正治・萩原三雄編『定本・武田信玄』高志書院、二〇〇二年)。

［付記］　初出論文から税制(諸役賦課)に関する部分を第五章として分離し、「おわりに」の「総括―検地と税制の関連性―」を終章に組み入れた。また宮島義和氏は、本章の初出論文を引用した上で、「二宮祭礼帳」(史料9)の基準値を「一升蒔あたり上田二五〇文・中田二〇〇文・下田一五〇文」とし、「基本数値に合わせた作為」を指摘している(『戦国領主真田氏と在地世界』[六一書房、二〇一三年]第四章第三節)。しかし、本章で検討したように、「二宮祭礼帳」には複数の等級が記されている箇所があり、基準値(一斗蒔あたりの貫高)にも幅が見られるため(表4④)、宮島氏の見解は妥当ではない。なお、宮島氏は拙稿の計算方法について「一斗蒔き当りの換算でおこなっているため、やや把握しづらい」(原文ママ)と述べているが、拙稿が検地の基準を一斗蒔(一升蒔の一〇倍)で計算しているのは、端数を把握しやすくするためであり、一升蒔の基準値は、数値を一〇分の一にすれば簡単に導き出すことができる。

第二章　「上原筑前御恩御検地帳」の分析

はじめに

前章では武田検地の全体像についての基礎的研究を行ったが、本章ではその具体的な事例の一つとして、永禄十一年（一五六八）九月に信濃国佐久郡で作成された「上原筑前御恩御検地帳」（以下、検地帳と略記）の検討を行う。この検地帳については宮川満氏[1]が戦国大名検地の一事例として取り上げているが、その後も笹本正治氏がその著書[2]や『佐久市志』[3]等で、志賀郷（佐久市志賀）と瀬戸郷（佐久市瀬戸）で実施された検地の帳面と評価しているだけであり、検地帳の具体的な内容についての検討は行われていなかった。本章では主に、前章における成果を基に史料の内容を分析し、検地帳作成の背景や、検地帳に記載されている戦国期村落の存在形態について考察を行いたい。

一　検地帳の特徴

検地帳の原本は縦一三・七㎝、横三八・三㎝の横帳（表紙部分のみ竪帳）で、二冊分の帳面が綴じられている。このうち一冊は、永禄十一年九月十六日付で「志賀分之内上原筑前御恩御検地帳・同瀬戸之内手作分」と表題が付けられた次の史料である。

〔史料1〕上原筑前守御恩検地帳（「柳沢護氏所蔵文書」戦武一三一三）

筑前手作分

ⓒ七十五文
ⓐ中畠　ⓑ三舛　ⓓ原口家下分
三百六十文
中畠壱斗八舛　大ほうし同分
仁百文
上畠四舛　塚畠
（五筆分略）
百廿文
中畠六舛　和田ノ上　新兵衛
ⓕ合弐貫九百八拾五文
（一名、九筆分略）
ⓒ三百廿文
ⓐ上畠　ⓑ八舛　ⓓ和田家下分　ⓔ神四郎
百廿文
下畠八舛　下河原　同人
壱貫文　此内江百五十文孫左衛門可出、
上畠弐斗　とうちう　同人

　三十文
下畠三舛　　下河原おこし　　同人
　百五文
下畠七舛　　一町畑　　同人
　ⓕ合壱貫六百廿文
（三七名、九三筆分略）
　百廿五文
仁舛五合　　ⓖ屋しき桜山　　源右衛門尉
　九百文　　瀬戸之
壱斗八舛　　同　　新五郎
　仁百五十文
五舛　　筑門　　新五郎屋敷之内
　九百廿五文　　同
仁斗三舛　　御領所分　　山崎郷人
　壱貫仁百五十文
仁斗五舛　　同　　堤左近丞
　ⓗ合三貫五百十文
しか《志賀》分
ⓘ都合四拾八貫八百廿七文歟
　ⓙ除神田手作

三十文
下畠仁舛　八幡神田　祝
仁百五十文
中田仁舛　大明神田　山畑　同人
百文
下田壱舛　天神之前田　同人
合三百八拾文
瀬戸手作分
百五十文
中畠五舛　岩の下
五百四十文
中畠弐斗七舛　大ほうし
（七筆分略）
四百文
下田四舛　こくなかせ
百文
下田壱舛　同所
百廿文
中田壱舛　同所

合八貫仁十文
（七名、一〇筆分略）
七百五十文
上田五舛五合　島そへ　惣左衛門尉
三百六十文
中田三舛　同所　同人
合壱貫百卅文
（九名、一二筆分略）
都合弐拾壱貫八百五十五文歟

史料1は上原筑前守に宛行われた「志賀分」の恩地と、筑前守自身の「瀬戸手作分」に関する検地帳で、表紙の下の部分に黒印が捺され、裏表紙には検地役人の加々美神五右衛門尉・起良三郎左衛門尉・鷹野清右衛門尉の三名の名が記されている。

検地帳の記載方法は、一筆ごとに、ⓐ上中下の等級と田畠の別、ⓑ蒔高で表記した耕地の面積、その脇にⓒ貫高で換算した年貢高を記し、下部にはⓓ耕地の所在地とⓔ名請人の名を記している。さらに名請人ごとの末尾に、ⓕ年貢高の合計額が貫高で集計され、最後にⓖ屋敷地を記載してⓗ合計を出し、ⓘ全体の年貢高を算出している。またその他に、年貢賦課対象から除かれたⓙ「神田」も記載されている。

「瀬戸手作分」でも同様に、名請人単位で耕地が集計されているが、屋敷地や「神田」等の記載は見られない。「志賀分」「瀬戸手作分」とも、一人目の名請人の名が記されていないのは、地頭の上原筑前守自身がその耕地の名請人だったためであり、彼が村落内に自らの手作地を所有していたことがわかる。

「神田」を含む全体の合計額は、「志賀分」が四九貫二〇七文、「瀬戸手作分」が二一貫八五五文であるが、何れも実際の合計額との間に誤差が見られる。これは、ⓕ名請人ごとの年貢高を集計したⓘ全体の年貢高と実際の数値が異なっていたためである。特に「志賀分」では、ⓕ名請人ごとの年貢高と耕地の実際の合計額も異なっている例も多く見られる。耕地一筆ごとの数値を合計し直すと、その総額は「志賀分」が四八貫八四二文、「瀬戸手作分」が二二貫二九五文であり、検地帳の記載額よりも前者は三六五文少なく、後者は四四〇文多いことになる。

史料1に続いて綴じられているのが、永禄十一年九月十六日付で「日村郷上原筑前御恩御検地帳」と表題が付けられた史料である。

〔史料2〕上原筑前守御恩検地帳（「柳沢護氏所蔵文書」戦武一三一四）

筑前手作恩地帳

ⓒ九百六十文
ⓐ中田　ⓑ八舛　ⓓせきそへ　ⓔ手作

七百廿文
中田六舛　山崎　同

（二七名、四一筆分略）

八百五十文
下田八舛五合　くねそへ　源五郎

六百文
下田六舛　深町　同人

ⓕ合弐拾六貫弐百廿文

（一名、八筆分略）

壱貫弐百文

中田壱斗　家下田　六郎左衛門

壱貫仁百文

下田壱斗四舛　同所　同人

合弐貫四百文

（一七名、五〇筆分略）

三百文　日村之

六舛　はまいハ屋敷ⓖ　善右衛門

四百文

八舛　同所屋敷　彦六左衛門

仁百文

四舛　同所同　縫左衛門

百五十文

三舛　同所同　安左衛門

四百五十文

五舛　同所同　佐久次郎

三百文　西之

六舛　くねそい屋しき　善右衛門

百五十文
三舛　はまいハ同　藤右衛門
ⓗ合壱貫七百五十文
ⓙ除神田
ⓘ都合六拾六貫四百六拾文
屋敷共ニ
九百六十文
中田八舛　太田　七郎左衛門
壱貫弐百文
下田壱斗弐舛　若宮神田　又かり　祝
百文
下田壱舛　同神田　ふかまち　同人
中田六舛　諏方神田　同所　宗右衛門
下田五舛　諏方神田　尻細　次郎三郎
合三貫四百八拾文

史料2は、日村郷で上原筑前守が宛行われた恩地の検地帳で、表紙には加々美・起良・鷹野の三名の名が記されており、ⓐからⓙまでの記載方法は史料1の「志賀分」と同じである。史料2の日付、記載方法、検地の基準、担当者は何れも史料1と同一であり、二冊の検地帳が武田氏によって同時期に作成されたことは確実である。また、一人目の名が「手作」とあるのは、史料1と同じく、この耕地の名請人が地頭の上原筑前守自身であることを示している。

「神田」を含む全体の合計額は六九貫九四〇文であるが、史料2でも名請人ごとのⓕ年貢高を集計したⓘ全体の年貢高と実際の数値が異なっている。実際の総額は六九貫八八〇文であり、検地帳の記載額よりも六〇文少ないことがわかる。この結果、史料1・史料2の合計額から「神田」を除いた上原筑前守の知行高は一三七貫一四二文であるが、実際の数値を合計すると三九五文多く、一三七貫五三七文になる。

これらの検地帳の最大の特徴は、信濃の国枡(4)(甲州枡と同等の二斗枡)を使用し、各耕地の面積を蒔高で表記した上で、貫高に換算している点である。各等級の一斗蒔あたりの基準貫高は一定ではないが、上田が一貫五〇〇文から一貫四〇〇文、中田が一貫三〇〇文から一貫二〇〇文、下田が一貫一〇〇文から九〇〇文、上畠が五〇〇文から四〇〇文、中畠が三〇〇文から二〇〇文、下畠が一五〇文から一〇〇文となっており、田畠の違いで年貢高に大きな開きがある。また屋敷地は、九〇文の一例を除けば全て五〇文で統一されている。

他に、等級のない「河原間」と屋敷地があり、「河原間」は年貢賦課の対象から除外されている。

このような記載方法は、天正七年(一五七九)に信濃で作成された「神長殿知行御検地帳」(「守矢家文書」戦武三一一〇)でも採用されており、武田氏の基本的な検地方法であったと考えられる(詳細は第三章を参照)(5)。また、同一の耕地面積に対する田畠の年貢基準(反別で田五〇〇文、畠一六五文)を固定していた北条氏の検地方法とは異なる、武田氏独自の検地方法としても特筆すべき点である。

もう一つの特徴としては、恵林寺領検地帳や「神長殿知行御検地帳」で、武田検地研究の論点の一つとなっている増分の記載が見られるのに対し、検地帳(史料1・史料2)では増分が記載されていない点が挙げられる。これは、本国甲斐にあった恵林寺領とは異なり、武田氏が占領地の信濃で実施した検地である点や、天正期に作成された「神長殿知行御検地帳」とは異なり、対象地域において増分の基準となる、永禄期以前の検地事例が存在しなかった点が理由として考えられる。

二　検地帳に見る地頭と村落

1　地頭・上原筑前守と検地対象地

検地帳に見える人名は、計七四名が確認できる（表）。その中で、最大の耕地を所持しているのが、地頭の上原筑前守（表1No.1）である。筑前守は瀬戸郷内にある八反田城の城主で、永禄七年（一五六四）に宗福寺を開基した人物とされている（「正安寺記」信12四九一）。また、天正七年（一五七九）に作成された「上諏訪造宮帳」（「大祝諏訪家文書」戦武三〇七七）にも、日村郷の代官として名が見える。この他に、筑前守に関連すると思われるのが、次に挙げる史料である。

〔史料3〕武田家朱印状（「岡部忠敏氏所蔵文書」戦武二三七）[6]

（竜朱印）

就于別而致奉公、瀬戸之内志賀分卅五貫・同手作前廿貫出置者也、仍如件、

天文十七年戊申

三月三日

瀬戸右馬丞（允）との

〔史料4〕武田家朱印状（「岡部忠敏氏所蔵文書」戦武二七七）

（竜朱印）

別而就致奉公、日村七拾貫文之所出置候、弥可抽忠信者也、仍如件、

表1　検地帳名請人一覧

No.	名　　前	居住地	志賀分 面積（蒔高）	志賀分 年貢高（貫高）	瀬戸手作分 面積（蒔高）	瀬戸手作分 年貢高（貫高）	日村郷 面積（蒔高）	日村郷 年貢高（貫高）	合計（貫高）
1	筑前		4.120	2.345	7.060	8.030	0.140	1.680	12.055
2	日村之　善右衛門尉	日村・はまいハ	0.040	0.600	0.100	0.250	6.035	8.990	9.840
3	清右衛門尉		0.050	0.125	0.060	0.600	3.045	6.940	7.665
4	縫殿左衛門尉	日村・はまいハ	4.170	1.535			3.120	4.570	6.105
5	惣左衛門尉		2.185	2.075	0.085	1.130	0.150	1.880	5.085
6	太郎右衛門尉		6.160	2.380	0.150	1.870			4.250
7	源五郎		0.110	0.365			1.175	2.990	3.355
8	神六		1.160	1.045	0.060	0.720	0.170	1.660	3.425
9	七郎左衛門		2.155	2.120			0.080	0.960	3.080
10	孫右衛門尉		0.130	1.560	0.080	1.040			2.600
11	彦六左衛門尉	日村・はまいハ	0.080	0.320			1.080	2.200	2.520
12	与五右衛門尉	瀬戸・屋敷	1.170	0.930	0.115	1.470			2.400
13	日村之　清左衛門尉		0.060	0.090			0.185	1.950	2.040
14	安右衛門尉	日村・はまいハ	1.090	0.820			0.100	1.200	2.020
15	孫左衛門尉		0.145	1.220	2.050	0.675			1.895
16	瀬戸之　藤左衛門尉	瀬戸・屋敷	0.070	0.350			0.140	1.500	1.850
17	左京亮		1.020	1.405	0.020	0.030	0.035	0.350	1.785
18	彦右衛門尉		0.180	0.320	0.180		0.115	1.380	1.700
19	祝		0.050	0.380			0.130	1.300	1.680
20	小右衛門尉		0.070	0.145			0.120	1.200	1.345
21	源右衛門尉	瀬戸・桜山	0.025	0.125	0.085	1.190			1.315
22	九郎右衛門尉		0.050	0.150	0.050	0.700	0.040	0.400	1.250
23	五郎右衛門尉		0.190	0.760			0.040	0.480	1.240
24	三右衛門尉		0.060	0.100			0.100	0.820	0.920
25	文六				0.020	0.030	0.065	0.780	0.810
26	道竜（道立）		0.030	0.030	0.050	0.650			0.680
27	助右衛門尉		0.080	0.120			0.050	0.500	0.620
28	宗右衛門尉		1.000	0.300			0.060		0.300
29	瀬戸之　新五郎	瀬戸・桜山	2.155	7.150					7.150
30	源右衛門		7.041	4.170					4.170
31	左衛門次郎		3.015	3.792					3.792
32	市之丞		2.050	1.500					1.500
33	神四郎		2.190	1.875					1.875
34	堤左近丞	瀬戸・桜山	1.050	1.250					1.250
35	孫三郎		2.050	1.120					1.120
36	左近助		1.060	0.965					0.965
37	山崎郷人	瀬戸・桜山	1.030	0.925					0.925
38	次郎左衛門尉		0.060	0.780					0.780

No.	名　前	居住地	志賀分 面積（蒔高）	志賀分 年貢高（貫高）	瀬戸手作分 面積（蒔高）	瀬戸手作分 年貢高（貫高）	日村郷 面積（蒔高）	日村郷 年貢高（貫高）	合計（貫高）
39	助左衛門尉		4.050	0.700					0.700
40	九郎三郎		0.090	0.630					0.630
41	しかの　神左衛門尉		1.150	0.600					0.600
42	平左衛門尉		0.160	0.600					0.600
43	弥次郎		0.050	0.500					0.500
44	瀬戸之　庄左衛門尉	瀬戸･屋敷	0.080	0.400					0.400
45	内山之　但馬		0.050	0.050					0.050
46	新兵衛		0.060	0.120					0.120
47	左衛門次郎				0.130	1.440			1.440
48	佐久太郎				0.110	1.320			1.320
49	宮内右衛門尉				0.060	0.700			0.700
50	一おさ				0.030	0.450			0.450
51	源左衛門						4.060	5.650	5.650
52	六郎左衛門						1.040	2.400	2.400
53	善左衛門						1.000	2.200	2.200
54	安左衛門						1.065	2.020	2.020
55	惣右衛門						0.150	1.540	1.540
56	助五郎四人						0.150	1.500	1.500
57	かち　七郎右衛門						0.140	1.480	1.480
58	孫右衛門両人						0.135	1.420	1.420
59	七郎左衛門						0.080	0.960	0.960
60	佐久次郎	日村･はまいハ					0.090	0.930	0.930
61	彦五郎						0.090	0.900	0.900
62	孫次郎						0.080	0.800	0.800
63	左衛門次郎						0.060	0.720	0.720
64	山崎　七郎右衛門						0.150	0.700	0.700
65	弥三郎						0.060	0.600	0.600
66	甚右衛門						0.040	0.480	0.480
67	三郎五郎						0.040	0.480	0.480
68	彦三郎						0.035	0.420	0.420
69	弥五郎						0.040	0.400	0.400
70	田たをし						0.150	0.150	0.150
71	安右衛門						0.015	0.150	0.150
72	藤右衛門	日村･はまいハ					0.030	0.150	0.150
73	門男						0.010	0.100	0.100
74	次郎三郎						0.050		
	総　計		73.041	48.842	32.140	22.295	39.185	69.880	141.017

※蒔高（俵高）は1俵＝2斗（以下同）。

天文拾七年
九月廿五日
瀬戸右馬允

史料3では、瀬戸右馬允が「瀬戸之内志賀分」の三五貫文と「同手作前」二〇貫文を、史料4では日村郷で七〇貫文を武田氏から宛行われている。結論から言えば、史料3・史料4の瀬戸右馬允と、検地帳に地頭として見える上原筑前守は同一人物であったと考えられる。

その根拠として、検地の対象とされた上原筑前守の知行地と、瀬戸右馬允が武田氏から宛行われた知行地が一致しており、その額も近似している点が挙げられる。さらに、年未詳十二月二四日付の馬場備前守宛武田晴信書状（「岡部忠敏氏所蔵文書」戦武六五二）で「瀬戸筑前守」なる人物が見え、寛永二年（一六二五）に信濃国佐久郡で起こった公事の際に作成された願書（「市川五郎氏所蔵文書」信24二四七）では、永禄七年に芦田氏と伴野氏の間で行われた知行争いに関して、武田氏が「御検使」として上原筑前を派遣したと記されている。

『寛政重修諸家譜』(7)に記載されている上原氏の家譜では、「はじめ瀬戸を称し、のち上原にあらたむ」とある。このことから、瀬戸右馬允は天文十七年（一五四八）以降、武田晴信が信玄と称する永禄元年十二月までの間に筑前守の受領名を名乗り、その後、永禄七年までの間に、瀬戸から上原に改姓したと考えられる。

武田氏の佐久郡侵攻は天文九年から開始されていたが、同十六年八月に笠原氏の居城志賀城が陥落したことで、武田氏の佐久郡支配が確立した。翌年二月には、武田氏が上田原合戦で村上氏に敗れたことを契機として、諏訪・佐久郡の国人衆が反乱を起こしたが、武田氏は九月にこれを鎮圧し、再度佐久郡を平定している。

瀬戸右馬允（上原筑前守）に対する知行宛行状（史料3・史料4）も、武田氏の佐久郡制圧が完了した直後に大量発給されたうちの一点であり、彼が武田氏の佐久郡侵攻を機に、その傘下について従軍し、その褒賞として給分を宛行われたと考えられる。すなわち、史料1と史料2は、瀬戸郷と日村郷のうち、上原筑前守が天文十七年に武田氏から宛行われた知行地を対象として、永禄十一年に作成された検地帳と結論づけることができる。

検地帳が作成された目的は、村落の正確な年貢高を把握し、軍役賦課の基準となる給人の定納貫高を確定させることにあったと考えられるが、それを永禄十一年に行った理由は不明である。同年の年末には武田氏が駿河へ侵攻しており、その後、領国内に対する軍事動員が強化されていることから、本章ではこれとの関係を推測するに留めておきたい。

次に、以上の検討結果を基に、武田領国下の瀬戸郷の状況、特に「志賀分」と「瀬戸手作分」の違いについて考えてみたい。笹本氏は「瀬戸は天文十六年(一五四七)に武田氏と戦って滅んだ笠原清繁父子がこもった志賀城の西方に位置することから、あるいは笠原氏の領地を(武田氏の御料所として、引用者註)組み込んだものではなかろうか」として、瀬戸郷が武田氏の御料所(直轄地)であったと述べている。

上原筑前守に対して武田氏が恩地を宛行っている以上、瀬戸郷の「志賀分」が武田氏の直轄地であったことは間違いない。また、笹本氏が述べているように、武田氏が志賀城の笠原氏を滅亡させた後、その領地を志賀城に付属する武田氏の直轄地＝「志賀領」とし、瀬戸郷がその中に含まれていた可能性も考えられる。

戦国期の武田領国内において、給人の知行地が恩地と「私領名田」に区分され、別々に規定されていたことは、武田氏の分国法「甲州法度之次第」(二十六ヶ条本の第九条、五十七ヶ条本の第十二条)にも明記されている。ここでは、武田氏の許可なく恩地を売却することを禁じているのに対し、「私領名田」にはそのような規制は設けられていない。

「瀬戸手作分」も武田氏の直轄地ではなく、上原筑前守(瀬戸右馬允)が天文十七年以前から瀬戸郷内に所有していた

「本領」であり、武田氏から「私領名田」として認定された土地であったと考えられる。彼自身の手作地（表1№1）を見ると、「志賀分」が二貫文余であるのに比べて、「瀬戸手作分」では全体の約三分の一にあたる八貫文余の耕地を所有しており、面積も「志賀分」の倍近い数値を示している。

すなわち、武田領国下の瀬戸郷には、少なくとも武田氏の直轄地である「志賀分」と、上原筑前守の「私領名田」である「瀬戸手作分」が存在していたと考えられる。また、地頭の上原筑前守は武田氏の給人であり、瀬戸・日村両郷の地頭であると同時に、検地帳に計一二貫文余の耕地を登録され、農業経営を行う土豪層であったことがわかる。

2　村落構成員

その他の名請人（表1）は、多くの者が志賀・瀬戸・日村などの郷名を冠しており、郷内に居住する百姓層であったと考えられるが、その他に、内山の但馬（№45）や山崎の七郎右衛門（№64）など、周辺村落に居住していたと考えられる者も散見される。

「志賀分」、「瀬戸手作分」、日村郷における耕地の所有状況を見ると、七四名のうち、全てに耕地を所有していた者が八名、「志賀分」と「瀬戸手作分」が六名、「志賀分」と日村郷が一三名、「瀬戸手作分」と日村郷が一名おり、瀬戸・日村両郷にまたがって耕地を所有していた者が計二八名いたことがわかる。その他の名請人は、「志賀分」が一八名、「瀬戸手作分」が四名、日村郷が二四名である。

多くの耕地を所有している者としては、瀬戸郷では新五郎（表1№29）、日村郷では善右衛門尉（表1№2）、清右衛門尉（№3）、縫殿左衛門尉（№4）、源左衛門（№51）等の名が見える。特に、新五郎は瀬戸郷、善右衛門尉と縫殿左衛門尉は日村郷に屋敷地を所有しており、彼らがそれぞれの居住地を中心に農業経営を行っていたことが見て取れる。

検地帳に屋敷地が記載されている者は、瀬戸郷が七名、日村郷が六名、計一三名である。この中に、瀬戸の屋敷（後掲表2№9）に居住する庄左衛門尉（表1№44）も含まれているが、この庄左衛門尉は、検地帳の所蔵者である柳沢家の由緒書によると、その初代であり、近世に瀬戸村の名主を務めた人物とされている（現在の柳沢家の所在地も同じ場所である）。庄左衛門尉は検地帳で「志賀分」に八升蒔・四〇〇文分の屋敷地しか記載されていないが、この背景には、庄左衛門尉の所有する耕地が、検地帳の記載地とは別に存在していたことが考えられる。天正十四年に作成された「信州佐久郡之内貫之御帳」(8)では、瀬戸郷の高は二六〇貫文と記載されている。さらに、文禄四年に作成された「御郡中永楽高辻」(9)でも、瀬戸村の高は二三〇貫文であり、大きな変化はない。「志賀分」と「瀬戸手作分」の合計額は七一貫一三七文であり、上原筑前守が瀬戸郷内で有していた知行地は村高の約三割にあたる。また、天文十七年八月に、市川右馬助らに対して「瀬戸百弐拾貫文」が宛行われており（「武田家感状写」戦武二六四）、瀬戸郷には上原氏の他に、武田氏の御料所（直轄地）や、他の地頭の知行地が存在していたことは間違いない。

現存している検地帳は近世初期の写とされているが(10)（恐らく、原本は検地を実施した武田氏か、地頭の上原筑前守が所持していたと推測される）、これが柳沢家に伝来した理由としては、瀬戸郷内で年貢を取りまとめ、大名（武田氏）や地頭（上原筑前守など）に納入する任を負っていた柳沢庄左衛門尉が、在地側で保管する分として、検地帳の写を作成し、これをを所持していたためではないかと考えられる。

3　耕地の所在

次に、戦国期の瀬戸郷と日村郷のうち、検地帳に記載されている地名について考察を行いたい。瀬戸郷（表2）に関しては、小須田盛凰氏(11)が当該地域の地名調査を行っており、その所在地を知ることができる。小須田氏の調査結果と、

表2　「志賀分」・「瀬戸手作分」耕地状況一覧

No.	地　　名	志賀分							瀬戸手作分							面積 (蒔高)	年貢高 (貫高)
		屋敷	上田	中田	下田	上畠	中畠	下畠	屋敷	上田	中田	下田	上畠	中畠	下畠		
1	和田之上		1			2	4	4								5.100	2.507
2	和田		1	4		7				2						5.070	8.070
3	大法師(おおほうし)						5	5						2	2	14.160	4.410
4	水梨(みずなし)地						3	5								9.195	3.495
5	鷺の宮(さきノ宮)					1										0.160	0.640
6	桜山	5			1	2	1	2								7.116	5.750
7	水口畑(すくちはた)			1		1	4									2.100	1.415
8	泓(ふけ)		2	3												1.085	3.845
9	屋敷・屋敷上	3						2								2.000	1.265
10	八反田				1	3	2						1			2.195	2.485
11	下原						1	5								6.090	1.945
12	千石平					1										0.130	0.520
13	河原・下河原			1	1		1	4								2.025	1.415
14	中条・上ノ条					2	3	2								4.160	2.635
15	橋詰(はしつめ)			2												0.070	0.840
16	前田		1													0.065	0.910
17	窪畑					3										1.090	1.450
18	島添									4	5	2				2.195	7.380
19	そり田(反田)				1											0.050	0.500
20	塚畠					2										0.090	0.450
21	穀中瀬(こくなかせ)										1	4				0.180	1.820
22	天神前			1	4	1										1.160	3.460
23	一町畑							2								0.110	0.165
24	とうちう					2	1									2.020	1.650
25	くねきわ					1										0.010	0.050
26	おこし							1								0.050	0.050
27	中島						1									0.050	0.125
28	道合							1								0.080	0.120
29	横畑						1									0.010	0.020
30	原口						1									0.030	0.075
31	舟窪															1.100	0.750
32	つるまき			1												0.060	0.780
33	東畠					1										0.090	0.450
34	ちやうし口														3	1.060	0.270
35	ひやうふ田									1	1					0.110	1.370
36	源五田									2						0.080	1.150
37	岩の下・岩下												1	1		0.100	0.400
38	わせた									1						1.050	3.500
39	ないま									1						0.090	1.260
40	なめす									1						1.050	0.675
41	治部田									1						0.040	0.600
42	(不明・神田)			1	1			1		1						0.080	0.830
	総　計	8	5	14	9	29	28	34	0	14	7	6	2	3	5	105.181	71.137

※「志賀分」「瀬戸手作分」の各数字は筆数。No.1～22は地図の丸数字と対応。

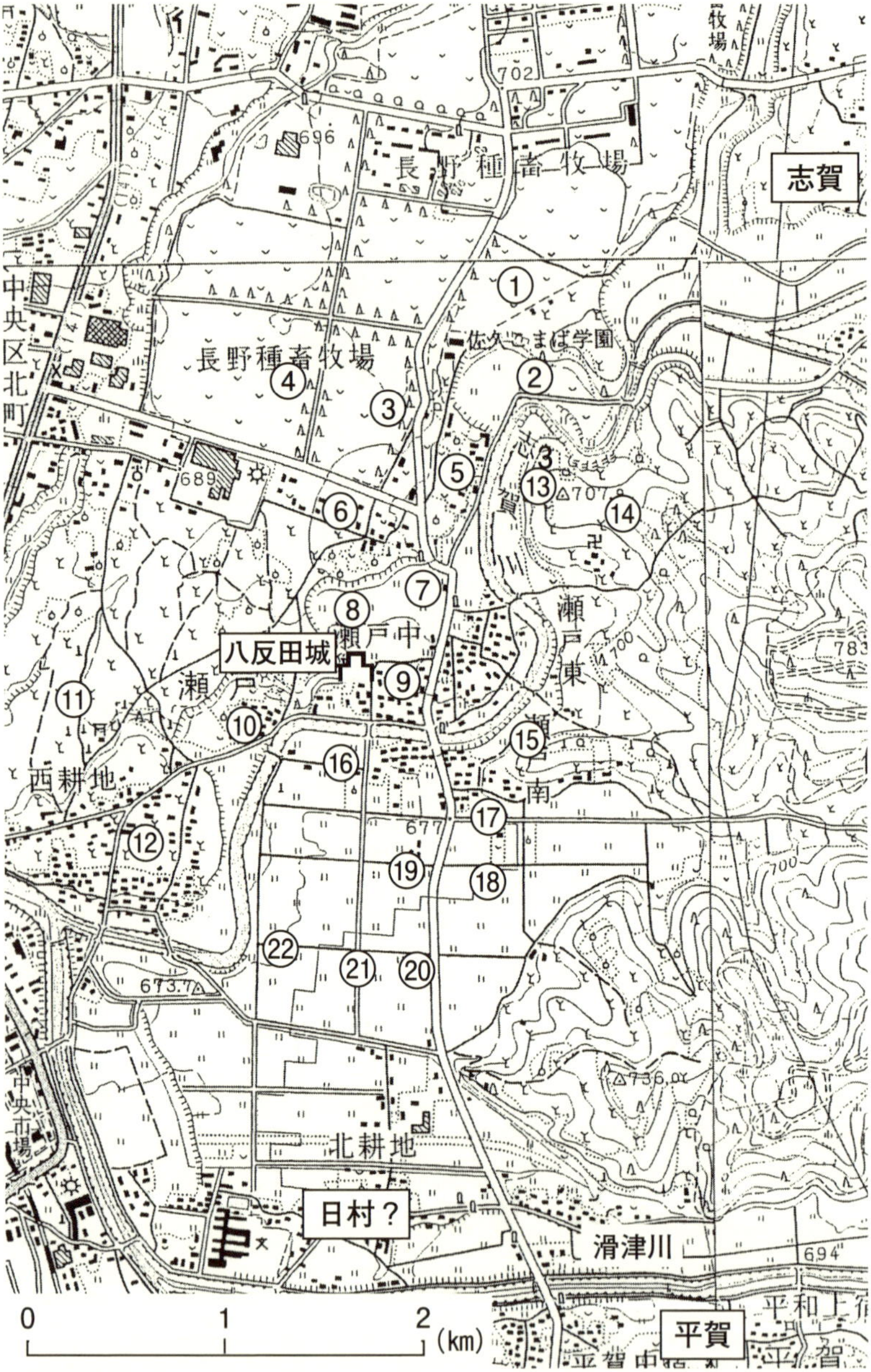

瀬戸郷周辺地図（「国土地理院2万5千分1図　御代田・小諸・信濃田口・臼田」を元に筆者作成、丸数字は表2の各番号に対応）

検地帳に記載されている地名を比較した結果、四一ヶ所のうち二二ヶ所（表2No.1～22）が一致した。

地図を見ると、戦国期の瀬戸郷は志賀川の両岸に集中し、耕地を形成していたことがわかる。「志賀分」では、和田之上（表2No.1）・和田（No.2）・大法師《おおほうし》（No.3）・水梨地《みずなしち》（No.4）など郷の北部や、桜山（No.6）・泓《ふけ》（No.8）・八反田（No.10）など、郷中央部の八反田城周辺に耕地が多く存在している。また屋敷地も、桜山（No.6）に五軒、屋敷・屋敷上（No.9）に三軒と、この両地域に集中しており、郷内の百姓層が八反田城の周辺地域に集住していたことが窺える。耕地の分布では、一一九筆のうち、田が二八筆、畠が九一筆であり、畠地が「志賀分」の大部分を占めている。

次に「瀬戸手作分」は、島添（表2No.18）や穀中瀬《こくなかせ》（No.21）など、主に志賀川南岸の平野部に集中している。耕地の分布では、三七筆のうち、田が二七筆、畠が一〇筆であり、田の割合が高いことがわかる。その他、所在地が不明であるNo.23～41に関しても、No.23～33が「志賀分」、No.34～41が「瀬戸手作分」というように、明確に分かれていることが見て取れる。和田（No.2）や大法師（No.3）のように、「志賀分」と「瀬戸手作分」が混在していた所もあったが、基本的に両者は分離していたと考えられる。

一方、日村郷（表3）は、瀬戸の南隣にある平賀（佐久市平賀）の「樋村」に比定され、天正七年の「上諏訪造宮帳」（「大祝諏訪家文書」戦武三〇七七）でも見ることができる。しかし、同十四年の「信州佐久郡之内貫之御帳」で既に見えなくなっており、その所在地については不明である。屋敷地は「はまいハ」（表3No.12）に六軒、「くねそい」に一軒（No.13）が集中している。また、耕地については、一〇七筆中九〇筆が中田・下田であり、田の割合が非常に高いことがわかる。本論でも具体的な場所の特定を行うことはできないが、「河原間」の存在や、田の割合が高いことから、瀬戸・平賀の境にある滑津川北岸の平野部であったと推測しておきたい。

また、瀬戸郷のうちで所在地が不明な地名に関しても、志賀や平賀など、現在では瀬戸周辺の地域に区分されてい

表3　日村郷耕地状況一覧

No.	地　名	屋敷	上田	中田	下田	上畠	中畠	下畠	河原間	面積（蒔高）	年貢高（貫高）
1	山崎			1	1			1		1.160	2.370
2	四反田			3						1.035	2.820
3	宮之上			2						0.180	1.960
4	深町		1	7	9					4.155	10.400
5	せきそへ・せきそい			8	2					2.185	6.700
6	穴田				10					1.190	3.900
7	横田			6	4					2.095	5.460
8	一町田			2	1					2.170	6.440
9	河原・川原				1		1	2		1.005	0.350
10	きつね田						1	1		1.170	0.810
11	家下田			1	1					1.040	2.400
12	はまいハ	6	1	1		2	1	3	1	6.090	6.400
13	くねそへ・くねそい	1	1	3	1	1				2.055	4.470
14	屋敷田			2	2					0.190	2.070
15	はさま間			1	1			1		1.000	1.870
16	宮之前		1	2						0.150	1.780
17	力畑				3					0.100	1.000
18	かち田				2					0.110	1.100
19	くつかほまち				1					0.030	0.300
20	宮之脇				1					0.035	0.350
21	五反田				1					1.000	1.800
22	はゝ下			1						0.015	0.150
23	まゝ下				1					0.010	0.100
24	（太田・神田）			2	3					1.120	2.460
25	（その他・不明）			1	2					1.045	1.950
	総　計	7	3	43	47	3	3	7	1	39.185	69.880

※「屋敷」～「河原間」の各数字は筆数。

る可能性がある。日村郷も含めて、戦国期から近世初期にかけて行われた、村落の形成・解体・再編等の問題については、今後の検討課題としたい。

おわりに

本章で分析の対象とした検地帳は、信濃国佐久郡の上原筑前守（瀬戸右馬允）の知行地において実施された検地の帳面である。うち一冊（史料1）は、笹本氏が主張するような志賀郷と瀬戸郷の検地帳ではなく、何れも瀬戸郷の内で、「志賀分」（筑前守が武田氏から宛行われた恩地）と「瀬戸手作分」（筑前守自身の「私領名田」として認定された土地）のみを対象として作成された検地帳であった。また、もう一冊（史料2）

は日村郷の検地帳であり、筑前守が武田氏から宛行われた恩地のみが対象とされていた。
記載内容は、田畠を上中下の等級に分け、面積を蒔高で表記した上で、面積に等級ごとの基準をかけて年貢高を算出していた。これは、同一の耕地面積に対する田畠の年貢基準を固定していた北条氏の検地方法とは異なる、武田氏独自の検地方法であった。また、増分の記載がないのは、信濃国佐久郡が武田氏の占領地であり、永禄期では以前に武田氏が実施した検地の基準が存在しなかったためと考えられる。

地頭の上原筑前守（瀬戸右馬允）は瀬戸・日村両郷に耕地を所有し、農業経営を行う土豪層で、武田氏の佐久郡侵攻を機に臣従し、その褒賞として天文十七年（一五四八）に瀬戸・日村両郷の内で知行地を宛行われた人物である。永禄十一年（一五六八）に彼の知行地において検地が実施されたのは、武田氏が両郷の年貢高を再確認し、軍役賦課の基準となる地頭（上原筑前守）の定納貫高を把握しようとしたことが背景として挙げられる。また、検地帳が柳沢家に伝来した理由は、村落側が年貢納入の基準とするために、写を作成、所持（原本は恐らく大名・地頭側が所持）していた結果であると考えられる。

最後に、検地帳に記載されている戦国期瀬戸郷の耕地は、志賀川沿岸の平地部に集中しており、少なくとも「志賀分」と「瀬戸手作分」に分離していた。この他に、武田氏の直轄地や他の地頭の知行地も混在していたと考えられる。また、日村郷については、天正七年（一五七九）から十四年の間にその名が見えなくなっており、戦国期から近世初期に至る村落の形成・解体・再編等の過程を考える上で、さらなる検討が必要と思われる。

註

（1）　宮川満「戦国大名の領国制」（『宮川満著作集3　中世社会の諸問題』第一書房、一九九九年。初出一九六七年）。なお、

戦国大名検地に関する研究史の整理は第一章と重複するため、本章では削除し、さらに検地帳を取り上げた先行研究として、宮川氏の論考を追加した。

（2）笹本正治『戦国大名武田氏の信濃支配』（名著出版、一九九〇年）第三章第三節。

（3）『佐久市志』歴史編二中世（一九九四年）第六章第三節「武田氏の支配」（笹本正治執筆）。以下、笹本氏の見解は本書による。

（4）初出論文では「基準枡は一俵＝二斗の甲州枡」としたが、第四章での検討結果を受けて、本文のように訂正した。

（5）佐脇栄智「後北条氏の検地」（『後北条氏の基礎研究』吉川弘文館、一九七六年。初出一九六三年）、則竹雄一「北条氏の検地政策」（『戦国大名領国の権力構造』吉川弘文館、二〇〇五年。初出二〇〇〇年）。

（6）『戦国遺文武田氏編』では、この史料にある「瀬戸」を山梨県大月市に比定しているが、本論の検討結果から、長野県佐久市と考えられる。

（7）『新訂寛政重修諸家譜』第九巻（続群書類従完成会、一九六五年）三七三頁。

（8）『新編信濃史料叢書』第十一巻（信濃史料刊行会、一九七二年）一四三頁。以下、「信州佐久郡之内貫之御帳」の出典は本書による。

（9）同右、一四九頁。

（10）笹本前掲註（3）。

（11）小須田盛凰『瀬戸地名考草案』（私家版、一九七四年）。

第三章　「神長殿知行御検地帳」の分析

はじめに

本章では、天正七年（一五七九）に作成された「神長殿知行御検地帳」（「守矢家文書」戦武三二一〇。以下「検地帳」と略記）の分析を通して、天正期の村落構造と武田氏の在地支配について検討する。

武田氏が実施した検地とその施行原則は既に第一章でまとめているが、永禄期の個別事例では永禄六年（一五六三）に甲斐の恵林寺領（甲州市）で実施された検地[1]（「恵林寺文書」山4一二九四〜五）、同十一年に信濃国佐久郡瀬戸郷（佐久市）・日村郷（同）のうち上原筑前守の知行地を対象として実施された検地（「柳沢護氏所蔵文書」戦武一三一三〜四。詳細は第二章を参照）などが挙げられる。また天正期では、甲斐国二宮の美和神社（笛吹市御坂町）で作成された「二宮祭礼帳」[2]（「美和神社文書」山4七八四）や、信濃の真田氏が天正六〜七年に作成した検地帳と推定される「真田氏給人知行地検地帳」[3]などが詳細に検討されている。

一方、本章で検討の対象とする検地帳については、宮川満氏[4]が信濃国諏訪郡宮川村（茅野市）のものと推定し、佐々木潤之介氏[5]も諏訪郡における太閤検地の前提として取り上げるなど、以前から戦国期の検地事例として注目されてきたが、郷村名が欠損していることから、検地の対象になった地域はこれまで不明とされていた。これに対して、峰岸純夫氏[6]は記載された地名の分析から、検地帳が信濃国伊那郡御園（御薗）郷を対象として作成されたものであり、現在の伊那市・南箕輪村・箕輪町一帯にまたがっていたことを指摘している。

しかし、検地帳の内容を詳細に検討した研究成果は皆無であるため、本章では峰岸氏の指摘を踏まえながら検地帳の分析を行う。また、同一の地域で武田氏が実施した検地について、永禄期と天正期の比較検討もあわせて行いたい。

一　検地帳の特徴

検地帳は茅野市神長官守矢史料館に寄託されている「守矢家文書」の一点であり、表紙に「天正七年己卯□　□十二日□　□内神長殿知行御検地帳」と記された横帳（表紙のみ竪帳）である。[7]前述の通り郷村名と作成月が欠損しているが、当時の「神長殿」（諏訪大社上社の神長官）は守矢信真であり、検地帳の末尾に「己卯（天正七年）十二月十一日」とあることから、彼の知行地を対象として天正七年（一五七九）の十二月上旬に実施された検地の帳面であることがわかる。また、下部に記載がある斎藤治部丞と関新兵衛の両名は、検地を担当した役人であったと考えられる。なお、「守矢家文書」に検地帳が現存しているのは、検地実施後に郷村の側で写が作成され、原本を地頭（守矢氏）が保管していたことによるものであろう（上原筑前守の知行地で作成された検地帳は、写が郷村側に現存している）。

検地帳の記載内容は、基本的に以下のような形となっている。

〔史料1〕

ⓐ上中　ⓑ三角田

ⓒ壱斗五升　ⓓ田　　ⓕ七郎右衛門尉

ⓔ壱貫九百六十文
（二筆分略）
ⓖ家壱間　ⓘ諸役有、公方へ
ⓗ八升蒔屋敷　同人
ⓙ合弐貫八百五拾文
此内
ⓚ壱貫八百文　本年貢
ⓛ壱貫五十文　改出

耕地は一筆ごとに、ⓐ等級・ⓑ所在地・ⓒ蒔高による面積・ⓓ田畑の別・ⓔ貫高による年貢高・ⓕ名請人がそれぞれ記載されている。等級は田畑とも上・上中・中・中下・下の五段階あり（表1）、山林も年貢賦課対象とされている。

表1「神長殿知行御検地帳」の基準値（1斗蒔あたりの貫高、単位：文）

等　級	最大値　最小値
上田	1,567 〜 1,200
上中田	1,471 〜 1,156
中田	1,300 〜 1,120
下田	800 〜 700
上畑	488 〜 400
上中畑	369 〜 227
中畑	300 〜 217
中下畑	253 〜 205
下畑	243 〜 112

一方、屋敷地はⓖ間数とⓗ蒔高による面積が記され、ⓘ「公方」（武田氏）への諸役（棟別役）を負担している旨が記載されている。最後にⓙ名請人ごとの年貢高の合計額と、その中のⓚ本年貢とⓛ改出の内訳が記載されている。また、詳細は後述するが、名請人は人名の箇所が欠損して不明な二名分を含めて、二二名が登録されている（表2）。

全体の合計額は、「本年貢」が一六貫九二五文（実際の合計額は一七貫一七五文）、「改出」が一五貫四七三文（実際は一五貫二二三文）で、合わせて三二貫三九八文となっており、記載上の合計額と実際の合計額

本年貢（貫高／文）	改出（貫高／文）	合計（貫高／文）	増加率	特　記　事　項
4,390	4,820	9,210	110%	家１間有、諸役有
1,250	2,540	3,790	203%	家１間諸役有
1,800	1,050	2,850	58%	家１間諸役有、公方へ
1,700	558	2,258	33%	家２間、門共ニ諸役アリ
1,400	400	1,800	29%	
500	1,050	1,550	210%	家１間諸役有
700	688	1,388	98%	家１間有、公方之諸役有
815	500	1,315	61%	
650	510	1,160	78%	
500	568	1,068	114%	家１間諸役有
400	624	1,024	156%	家１間諸役有
500	384	884	77%	
400	450	850	113%	
440	224	664	51%	
400	262	662	66%	
400	184	585	46%	
330	15	345	5%	
250	0	250	0%	此内４升蒔寅卯（天正６・７年）流
150	88	238	59%	家１間諸役有
50	156	206	312%	家１間諸役有
100	64	164	64%	
50	88	138	176%	
16,925	15,473	32,398	91%	
17,175	15,223	32,398	89%	

表2　「神長殿知行御検地帳」名請人一覧

No.	名　請　人	耕地（筆数）	屋敷（筆数）	耕地面積（蒔高／斗）	屋敷面積（蒔高／斗）	林
1	源兵衛	8	1	13.90	1.35	長50間、横20間
2	与一右衛門	5	1	5.50	0.40	少有
3	七郎右衛門尉	3	1	2.10	0.80	
4	縫殿左衛門	6	1	5.75	0.90	三方ニ有
5	又三郎	2		2.65		
6	市右衛門尉	4	1	3.55	0.20	
7	式部左衛門	4	1	2.60	0.40	
8	（不明1）	3		2.05		
9	寺沢之二郎右衛門	2		0.95		
10	惣右衛門	4	1	0.85	0.80	三方ニ有
11	彦七郎	5	1	1.80	0.20	少有
12	縫殿左衛門被くハん	1		0.75		
13	清次郎	1		0.65		
14	彦十郎	1		1.80		
15	寺沢之甚右衛門尉	1		0.45		
16	田端之彦衛門	2		1.55		
17	左衛門三郎	1		0.25		
18	鵜之木の弥六郎	1		0.70		
19	縫殿右衛門	3	1	0.80	0.70	
20	（不明2）	2	1	0.45	1.00	長30間、横8間
21	与六	1		0.80		
22	御子柴の彦右衛門	1		0.60		
	（合計）					
	（実際の合計値）	61	10	57.75	6.75	

に若干の誤差が見られる。なお、天正年間の神長官守矢氏の知行高を書き上げた史料（「守矢家文書」戦武三二一一）によると、御園郷の高は三一貫文とあり、検地帳の合計値と近似している。

武田氏の検地施行原則が蒔高による耕地面積の把握にあり、他の戦国大名検地や太閤検地とも異なる特徴を持っていたことは第一章で指摘した。さらに、この検地帳では、一〇名分の屋敷地の面積が一間（縫殿左衛門［表2No.4］のみ二間、後述）ごとに把握されており、諸役（棟別役）負担が記載されている点に特徴がある。また、郷村の周辺にある「林」も把握され、年貢高に組み込まれている。

次に、検地帳に記載された地名から、具体的な検地の対象地について分析してみたい。(8) 検地帳からは三〇の地名が検出でき（表3）、このうち半数の一四ヶ所（表3No.1〜14）は近世の御子柴村域（現在の南箕輪村神子柴区）に集中している（地図1）。御子柴（神子柴）は、天正十九年九月に作成された「信州伊奈青表紙之縄帳」（「佐々木忠綱氏所蔵文書」信17四二〇）において、殿村（南箕輪村北殿区・南殿区）・田畑（田端、南箕輪村田畑区）・御園（近世の御園村、伊那市御園）とともに記載されているのが初見であり、戦国期以前は御園郷内の一集落であった。一方、一五ヶ所（No.16〜30）は該当する地名がなく不明である。

なお、御園郷は諏訪湖を源流とする天竜川の右岸、三州街道（中馬街道）沿いにあり、天竜川の対岸に位置する福島（表3No.15、伊那市福島）とともに、諏訪大社上社の祭礼の一つである「湛神事《たたえ》」で神使巡行（伊那廻）が行われるなど、諏訪大社の祭政圏内に入っていた(9)（地図2）。また、文明二年（一四七〇）には既に南北に分離していることが確認でき（「矢島正昭氏所蔵文書」信9五〇）、天正六年・七年には「御園北南之郷」「御園南之郷」が諏訪大社上社の造宮役を勤めている（「諏訪大社上社文書」戦武二九四六、「大祝諏訪家文書」戦武三〇七八）。御園郷が神長官守矢氏の知行地であったのも、このような経緯によるものと推測される。

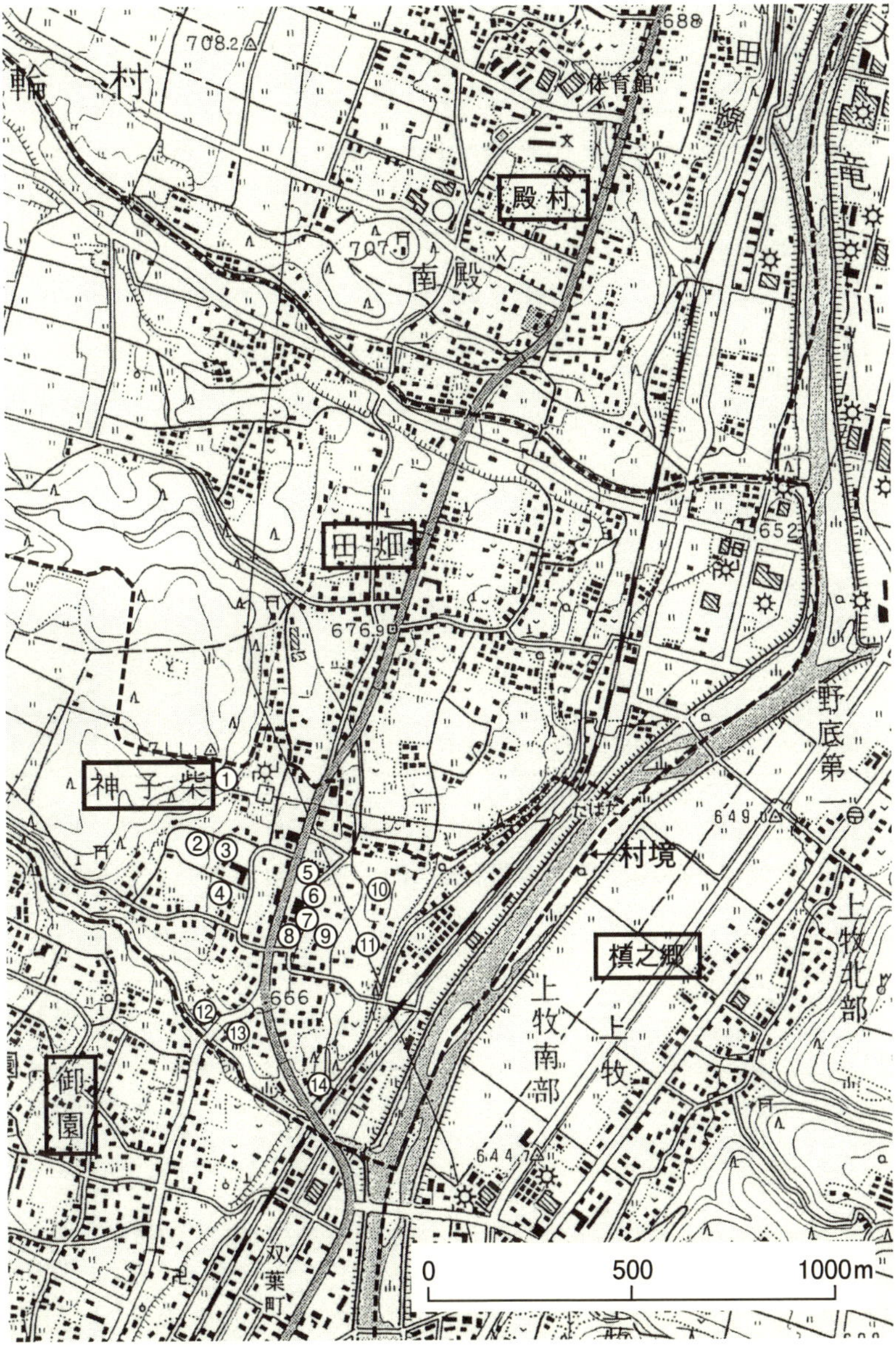

地図1　耕地の所在
（「国土地理院2万5千分1図　伊那」を元に筆者作成、丸数字は表3のNo.に対応）

下畑	□畑	名請人（※**太字**…屋敷登録者）
		源兵衛1、**又三郎**1
		縫殿左衛門被くハん1、（不明1）1
		七郎右衛門尉
	1	**式部左衛門**2、（不明1）2、**縫殿左衛門**1【小作四郎左衛門】
		式部左衛門
1		**与一右衛門**
		市右衛門尉1、**縫殿左衛門**1
		源兵衛
		寺沢之甚右衛門尉
		七郎右衛門尉1、清次郎1
		与一右衛門
1		**彦七郎**
		寺沢之二郎右衛門
		彦七郎1、**惣右衛門**1、**（不明2）**1
		鵜之木の弥六郎　　※此内4升蒔寅卯（天正6・7年）流
		彦七郎2、**縫殿右衛門**2、**惣右衛門**2、御子柴の彦右衛門1、**式部左衛門**1、与六1
		市右衛門尉3、**縫殿左衛門**2、**縫殿右衛門**1、**（不明2）**1
		田端之彦衛門2、**与一右衛門**1、**源兵衛**1、彦十郎1
		彦七郎1、**惣右衛門**1
		与一右衛門1、**源兵衛**1、左衛門三郎1
		七郎右衛門尉
		与一右衛門
		源兵衛
		源兵衛
		源兵衛
		源兵衛
		又三郎
		寺沢之二郎右衛門
1		**縫殿左衛門**
		縫殿左衛門
3	1	

表3　「神長殿知行御検地帳」地名一覧

No.	地　名	蒔高（斗）	貫高（文）	上田	上中田	中田	下田	□田	上畑	上中畑	中畑	中下畑
1	殿かいと	3.05	1,005							1		1
2	にしぬま	1.35	1,604	1	1							
3	三おさ田	0.45	675	1								
4	寺沢かいと	3.10	1,205			1			3			
5	柳田	0.45	675	1								
6	かけ田	0.70	170									
7	細田	0.60	735			2						
8	くねぞへ	1.20	1,520	1								
9	町田	0.45	662		1							
10	三角田	2.15	2,810		2							
11	二おさ	0.70	900	1								
12	平畑	0.25	28									
13	薬師めん	0.15	235	1								
14	川原	0.40	386				2	1				
15	福島之内	0.70	250			1						
16	御子柴かいと	4.75	1,259								6	3
17	中村かいと	7.90	2,245						1	1	3	2
18	北かいと	13.05	4,499						1	3	1	
19	山のこし	0.80	1,150	1	1							
20	西たうほ	2.30	2,930	1	1			1				
21	道上	0.15	215	1								
22	篠之めん	0.30	210				1					
23	かいと田	1.20	1,600	1								
24	西町ほり	0.35	456			1						
25	窪田	1.40	1,800		1							
26	たな田	0.50	165		1							
27	こせ田	0.90	1,080	1								
28	ミそぞへ	0.80	925		1							
29	ミやう金	0.40	50									
30	おうせ町	0.50	678	1								
	（合計）	51.00	32,122	12	9	5	3	2	5	5	10	6

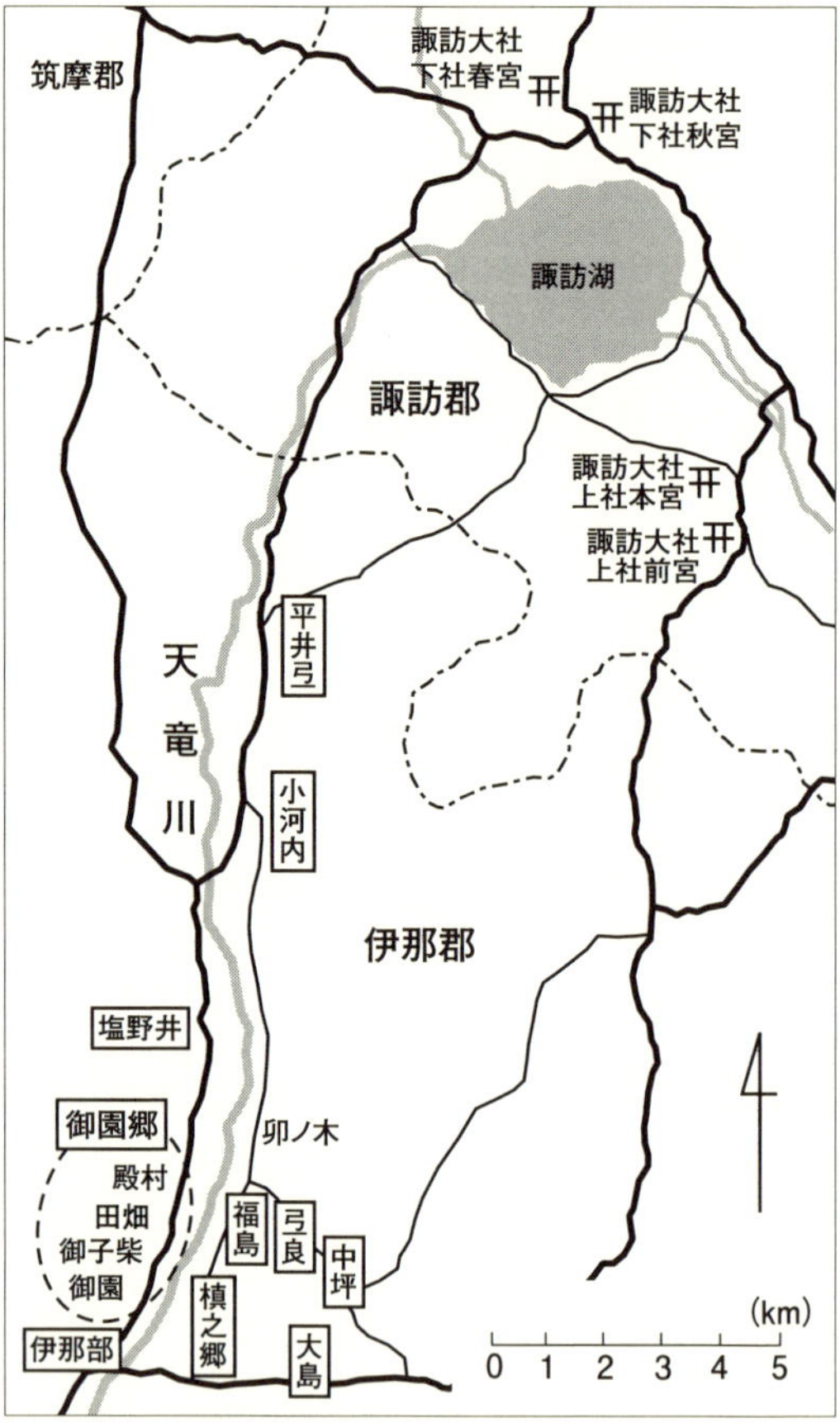

地図2　湛神事（伊那廻）が巡行する郷村（永禄8年）
（筆者作成）

このように、検地帳が峰岸氏が指摘した通りに御園郷を対象として作成されたことは間違いないが、具体的には郷内の一集落である御子柴を中心に実施された検地の帳面であることを、今回の分析で明らかにすることができた。

二　検地増分

もう一つ、検地帳の特徴として挙げられるのが、「本年貢」に比べて、「改出」（増分）の額が非常に多いことである（表2）。検地の結果、年貢高が以前の四倍になった者が一名（表2№20）、三倍が二名（№2・6）いるほか、全体の平均でもほぼ倍増していることがわかる。では、検地が実施される以前の「本年貢」はどのようにして算出されたのか。永禄八年（一五六五）に武田信玄が発給した「祭祀再興次第」（「諏訪大社文書」戦武九六九）には、以下のような記述が見える。

〔史料2〕

一、南御薗之郷より廻湛祭之時五貫文出し候、彼五貫文を以三月小立増之神事相勤云々、然処、去比彼地へ遣実検使、改隠田之処ニ、検使為神田之由不知之間、右之五貫文をも載取帳故ニ祭退転、来丙寅（永禄九年）よりハ如前々五貫文之所、神事免たるへきのよし令裁断畢、然則神主善四郎公道ニ祭を勤へし、

これによると、南御園郷が諏訪大社上社の祭礼費用を負担していたが、永禄八年以前に武田氏が同郷へ実検使を遣わして隠田改めを行ったところ、検使が神田であることを知らず、帳面に書き載せなかったために、祭礼の費用を賄うことが不可能になったと記されている。武田氏が派遣した検使の任務は、郷村側の「言上」（指出）に基づいて検地を行うことにあったが、この時は郷村側が検使に神田の所在を申告しなかったため、諏訪大社上社の神田が武田氏の御料所（直轄領）にされてしまったことがわかる（「矢島家文書」戦武一〇五七）。

以上の記述から、御園郷では永禄八年以前に武田氏が検使を派遣して検地（隠田改め）を実施しており、これが「本年貢」の基準になったと考えられる。「本年貢」が一〇文単位で把握されているのに対し、「改出」（増分）が端数まで記載されている点も、前者が郷村側の指出、後者がある程度の実測によって把握されたことを示しているといえよう。

では次に、増分が多く発生した背景について考えてみたい。従来の見解は、戦国期の郷村における生産力の発展が前提になっており、佐々木氏もこれに従っている。しかし、どのようにして郷村の生産力が発展したのか、具体的な論証がされているとは言い難い。

結論から言えば、検地帳における「改出」（増分）の記載は、前回の検地以後（永禄末～天正期）に行われた耕地の開発を、武田氏が検地によって把握した結果であると筆者は考える。検地帳には災害などによる減免分も記載されており、例えば「福島之内」（表3№15）では「此内四升蒔寅卯流」とあって、四升蒔分が天正六年・七年の水害による荒地と認定されている。

特に検地帳で注目されるのは、「かいと」の地名が多く見られることである（表3）。「かいと（垣内）」とは、『国史大

辞典』[10]によれば「古代・中世において、比較的小規模な開発耕地の周囲を垣でめぐらし開発者の占有を示したもの」であり、「占有者や地形・地物の名前・特徴を冠した」ものであったが、次第に「所有や経営関係を示すものから地字化した」とされている。また、一志茂樹氏[11]によれば、信濃では人家とその周囲を含んだ一定の地域を指し、個人の所有地から一村単位まで、様々な形態が見られるとされる。

検地帳では、「殿かいと」(表3№1)・「寺沢かいと」(№4)・「御子柴かいと」(№16)・「中村かいと」(№17)・などの地名を冠したものと、「北かいと」(№18)のように方角を表したものが見られる。このうち、「殿かいと」と「寺沢かいと」は御子柴の小字名として現存する。寺沢・中村の地名は現在残っていないが、御子柴・殿(殿村)は近世村落から現在の地区名として確認できる。

これらの「かいと」は五ヶ所で全体の約六割を占めているように、他の地域に比べて広い耕地を持っている一方で、「寺沢かいと」の一筆分を除いて全て畑地とされているのが特徴である。恐らく、元々はその耕地を開発した集落の名を冠したものであったと考えられるが、検地帳では「御子柴かいと」をはじめ、「寺沢かいと」「中村かいと」も御子柴の者が名請人になっていることから、天正七年(一五七九)の時点では既に地名化していたものと推測される。

三　村落構造

次に、検地帳から見られる戦国期の御園郷の状況について検討したい。

名請人は前述した通り、人名の箇所が欠損して不明な二名分を含めて、二二名が登録されている(表2)。これらは以下の三種類に分類することができる。

一つは、検地帳に屋敷地が登録されている者で、一〇名が該当する。この一〇名は御子柴に居住する百姓層と考えられ、筆数・耕地面積・年貢高とも全体の約七割を占めている。このうち、源兵衛（表2№1）は最大の耕地と屋敷地を持ち、長さ五〇間・横二〇間の「林」も所持している。彼の名請地は「本年貢」「改出」ともに四貫文を超え、合計では九貫文余と、他を大きく引き離している。

もう一つは、周辺郷村の名を冠した者で、四名が該当する。ここでは、寺沢（現在地不明）の者が一名（表2№9・15）、田畑（田端）と卯ノ木（鵜之木、箕輪町福与）の者が一名ずつ（№16・18）いるほか、「福島之内」と記された耕地（表3№15）が一筆分見られる。これらの記載は、周辺郷村からの入作者や、他の郷村に属する耕地が存在したことを示している。「福島之内」の具体的な場所は不明だが、前述した通り、一部が天正六年・七年の水害による荒地と認定されていることから、天竜川沿いにあったことは確実であり、以前は対岸の福島と陸続きであった耕地が、天竜川の水路が変わったために、いわば飛地のようになったものと推測できる[12]。

最後の一つは、屋敷地を登録されていない者で、八名が該当する。御子柴の彦右衛門（表2№22）のように地名を冠しているのは、田畑に居住する同名の者（№16）と区別するためであり、他の七名も基本的には御子柴に居住していたと考えられる。特に以下の通り、縫殿左衛門（№4）の被官や小作人に関する記述が特徴として挙げられる。

〔史料3〕

上中　にしぬま
七升五合田　　縫殿左衛門被くハん
八百八拾四文
此内

五百文　　　　　本年貢
三百八拾四文　改出
（七名分略）
中　細田
仁升五合田　　　　縫殿左衛門
仁百八十文
（四筆分略）
□　寺沢かいと
五升畑　　　　　　同人
百五十　　　　　　小作四郎左衛門
家仁間門共ニ諸役アリ、
九升蒔屋敷　　　　同人
林三方ニ有　　　　同人
百文
合弐貫弐百五拾八文
此内
壱貫七百文　　本年貢
五百五拾八文　改出

ここでは、「にしぬま」（表3№2）にある七升五合蒔分の田地の名請人として「縫殿左衛門被官」（表2№12）が登録されている。また、「寺沢かいと」(表3№.4)にある五升蒔分の畑地は縫殿左衛門の名請地になっているが、実際は四郎左衛門が小作人になっていた。四郎左衛門は縫殿左衛門に付属する「門《かど》の者」であり、縫殿左衛門の屋敷地は「門」を含めた二間分が登録されている。

佐々木氏は「基本階層(上層農民、引用者註)以外の農民が記載され、殊に「縫殿左衛門被官」「小作四郎左衛門」の如き記載が典型的であるが、被官百姓が少なからず記載されるに至っている」とし、これを「生産力の発展に伴い、その基礎構造の変動しつつある姿を、如実に示している」と評価している。確かに、被官百姓や小作人の記述は注目すべき点であるが、これらは縫殿左衛門にのみ見られる事例であり、検地帳全体の評価としては疑問である。また、「太閤検地による小農自立」という見解が否定されつつある現在の研究動向(13)では、佐々木氏のように「小農自立の前段階」として検地帳を評価することは難しい。

また、又三郎(表2№.5)のように屋敷地が登録されていなくても名請高が上位にある者や、縫殿右衛門(№.19)のように屋敷地を登録されながら「縫殿左衛門被官」よりも名請高が少ない者も存在する。この背景には、検地帳が守矢信真の知行地を対象として作成されたものであり、記載された耕地や屋敷地は御園郷全体の一部に過ぎないということが挙げられる。前述の「祭祀再興次第」よれば、御園郷には守矢氏の知行地の他に、少なくとも武田氏の直轄領や、諏訪大社領になっていた所があったことは間違いない。

このように、検地帳における名請高の多寡を、そのまま百姓層の経営規模の差と見なすことはできないが、検地帳に記載された二二名のうち他村に居住する四名を除くと、屋敷地を登録された一〇名の名請地が全体の約七割を占めていることから、彼らは御子柴(近世の御子柴村域)に居住する有力百姓、それ以外の八名が小百姓というように、一応は評価することができよう。

おわりに

本章で検討した検地帳は、天正七年（一五七九）に武田氏が伊那郡御園郷のうち守矢信真の知行地を対象として作成したものであり、具体的には近世の御子柴村に相当する地域を中心とすることが判明した。また、この検地は天正六年・七年の諏訪大社造宮を契機として実施されたものであり、前回（永禄八年（一五六五）以前の郷村改め）以降の開発地を武田氏が把握した結果として、検地増分が大幅に打ち出されていることを指摘した。

この他には、以下の三つが特筆すべき点として挙げられる。一つ目は、屋敷地に「公方」（武田氏）への諸役（棟別役）が賦課されている点である。このような記載は他の事例では見られず、検地帳の最大の特徴になっている。

第五章で検討するように、武田氏は領国内の各郷村に対して棟別改めを行い、この結果を基に「棟別改之日記」を作成している。現在確認できる「棟別改之日記」は全て甲斐国内に対するものであるが、検地帳における棟別役の記載は、信濃でも棟別改めが実施されたことを示している。検地の対象になったのは守矢氏の知行地であり、当該地域の年貢は地頭の守矢氏に納入されるが、棟別役は領域権力である武田氏が収取していた。また、屋敷地を登録された一〇名の中に棟別役を免許されている者が見られないことから、彼らは「軍役衆」（武田氏への軍役奉公を行う代償として棟別役を免許された者）ではなく、諸役を負担する「惣百姓」身分であったことがわかる。

二つ目は、御園郷内の地名として、御子柴・田畑・殿村などが検地帳から確認できる点である。これらの集落が大名権力の側から初めて「村」として把握されたのは、豊臣政権下で毛利氏が伊那郡に入部した直後の天正十九年であるが、それ以前の同七年の時点で、近世村落の原型を見出せることは注目すべきであろう。

三つ目は、永禄期と天正七年の検地において、武田氏の在地把握に明確な差が見られる点である。第一章でも言及したように、戦国大名検地に関する従来の見解では、検地増分を大名側が如何に把握したかが重視され、その内実（増分が名主加地子徳分か隠田か）が議論の中心となっていた。しかし、開発や災害によって郷村の生産高は毎年変動しており、大名側が把握する定納高（高辻［上司］貫高から諸経費・控除分を差し引いた額。年貢賦課基準であると同時に、給人への軍役賦課基準でもある）と乖離する可能性を常に孕んでいた。

御園郷における検地の場合を見ると、永禄期の段階では検使を派遣して隠田改めを行った程度であり、郷村側の申告がなければ神田を把握できないほど現地の状況には疎かった。一方、天正七年の段階では蒔高による耕地の把握を行っており、郷村内における知行地の状況をより正確に把握しようとする試みがなされている。

このように、本章では検地帳の対象地を明らかにするとともに、同一の地域に対する分析を通して、永禄期の隠田改めから天正期の検地実施に至る、戦国大名権力の在地支配の進化も垣間見ることができた。

註

（1）　この検地帳に関する研究成果は、高島緑雄「東国における戦国期寺領の構造―永禄六年・甲斐国恵林寺領について―」（柴辻俊六編『戦国大名論集10　武田氏の研究』吉川弘文館、一九八四年。初出一九五八年）、勝俣鎮夫「戦国大名検地に関する一考察―恵林寺領「検地帳」の分析―」（『戦国期の権力と社会』東京大学出版会、一九七六年）、村川幸三郎「戦国大名武田氏の恵林寺領検地について」（『研究と評論』三六・三七号、一九八六年）、同「戦国大名武田氏の検地について―勝俣鎮夫氏の「検地施行原則」に関連して―」（『日本史研究』三二三号、一九八九年）、平山優「戦国大名の諸役賦課と納入の実現形態―棟別と「郷中」の関係を中心に―」（『戦国大名領国の基礎構造』校倉書房、一九九九年。初出一九八八年）、同「郷村内身分秩序の形成と展開―郷村祭祀と家役との関連を中心に―」（同上。初出一九九一年）など多数ある。

（2）詳細は平山優「戦国期甲斐国一・二・三宮祭礼と地域社会」（前掲『戦国大名領国の基礎構造』。初出一九九一年）を参照。

（3）真田町誌編纂室編『真田氏給人知行地検地帳（真田町誌調査報告書第二集）』（真田町教育委員会、一九九八年）。詳細は同書の解説（桜井松夫執筆）、および『真田町誌』歴史編上巻（一九九八年）第三編中世第三章第三節（小池雅夫執筆）・第四節（桜井松夫執筆）、宮島義和『戦国領主真田氏と在地世界』（六一書房、二〇一三年）を参照。

（4）宮川満『太閤検地論』第Ⅲ部（御茶の水書房、一九六三年）九六頁。

（5）佐々木潤之介「幕藩制的秩序の形成過程―諏訪におけるその実態―」（一橋大学研究年報『社会学研究』四号、一九六一年）。以下、佐々木氏の見解は本論による。

（6）峰岸純夫「身分と階級闘争―戦国時代の東国を素材に―」（『中世の東国―地域と権力―』東京大学出版会、一九八九年）、同「武田氏の伊那郡御園郷検地帳」（『戦国遺文武田氏編』月報3、東京堂書店、二〇〇三年）。以下、峰岸氏の見解は本論による。

（7）『茅野市史』史料集（中世・近世・近現代）に写真が一部掲載されている（図版四十二）。綴目には円形の黒印が捺されているのが確認できる。

（8）検地帳の地名比定については、滝沢主税編『明治初期長野県町村字地名大鑑』（長野県地名研究所、一九八七年）、および『南箕輪村誌』下巻（一九八五年）付図「南箕輪村地字一覧」を参考にした。

（9）宮地直一『諏訪史　第二巻　諏訪神社の研究』後篇（信濃教育会諏訪部会、一九三七年）、『南箕輪村誌』下巻（一九八五年）第二章第五節など。

（10）　国史大辞典編集委員会編『国史大辞典』第三巻（吉川弘文館、一九八三年）、「かいと（垣内）」の項（島田次郎執筆）。

（11）　一志茂樹「「かいと」考」（『信濃』第三巻一号、一九五一年）。この他に、直江広治「垣内の研究」（東京教育大学文学部『史学研究』昭和三十二年度、一九五八年）、同「垣内の研究　その二―垣内周辺の問題―」（東京教育大学文学部『史学研究』昭和三十四年度、一九六〇年）等の基礎的研究がある。

（12）　近世に発生した洪水で天竜川の水路が変わり、両岸の村々で境目や入会地をめぐって相論になった事例は、『駒ヶ根市史』近世編Ⅰ（一九八九年）第六章第三節「林野と入会慣行の成立」でも取り上げられている。

（13）　主要な論考として、松浦義則「柴田勝家の越前検地と村落」（藤木久志編『戦国大名論集17　織田政権の研究』吉川弘文館、一九八五年。初出一九八三年）、松下志朗『幕藩制社会と石高制』（塙書房、一九八四年）、同『石高制と九州の藩財政』（九州大学出版会、一九九六年）、木越隆三『織豊期検地と石高の研究』（桂書房、二〇〇〇年）、同「太閤検地帳はどのように作成されたか」（長谷川裕子・渡辺尚志編『中世・近世土地所有史の再構築』青木書店、二〇〇四年）、本多博之『戦国織豊期の貨幣と石高制』（吉川弘文館、二〇〇六年）等を挙げる。拙稿「豊臣政権下の信濃検地と石高制」（『信濃』六二巻三号、二〇一〇年）でも、この点について言及しているので参照されたい。

第四章　武田領国における蒔高制

はじめに

蒔高とは、戦国大名武田氏が検地の際に用いた耕地面積の表記であり、一定の面積に対する播種量と考えられている。歌川學氏[1]によれば、中世の蒔高は全国的に分布が見られ、本来の耕地面積(町反歩制)と併用・独立されている点から、「我が国における丈量単位の最も原始的な形態」と評価されている。

しかし、その後も各地域における蒔高制の実態を検討した論考[2]はほとんどなく、甲信地域では近世の信濃国上田領における貫高制の問題に関連して、横山十四男氏[3]が若干言及しているに過ぎない。横山氏によれば、「蒔高というのは、面積と地味の両面を総合してみた個々の田畑の地力を表す用語であって、江戸期はもちろん、昭和初期までこの地方の農民間では使われてきた」とされ、耕地の生産高を表す上田領の慣習法であった点を指摘しているが、詳細は明らかにされていない。

これに対して、近年紹介された「真田氏給人知行地検地帳[4]」に関連して、桜井松夫氏[5]が戦国期の真田領(上田領)における蒔高について検討している。桜井氏は、一升蒔を「一升の種をちょうどよい厚さで播くと、これだけの面積に播けるというのが、逆に水田の面積を便宜的に数える単位になったのであろう」として、田の播種量を示す単位であったと推測している。また、「上田藩村明細帳」(6)（後述）の記載から、戦国期の上田領では一反（三六〇歩）＝三升蒔あるいは四升蒔であった点や、蒔高が近世まで継続して使用されていた点などを指摘している。

他の戦国大名領国を見ると、関東の北条氏（後北条氏）や駿河の今川氏は町反歩制を採用しており、特に北条領国では田一反＝五〇〇文、畠一反＝一六五文で検地基準が固定されていた。(7)近年では池上裕子氏(8)が、北条氏が実施した検地も丈量検地であったことを指摘しているが、戦国大名検地が基本的には耕地面積の拡大掌握を基調としていた点は、従来の研究動向において共通理解とされていた。

一方最近では、平山優氏(9)が戦国期の武田領国における貫高制を詳細に検討し、戦国大名（武田氏）が設定した基準枡と各地域枡との換算によって統一的・斉一的な貫高制が成立していたことを明らかにした上で、「北条氏のように田畠一反ごとの基準貫文高が設定されていなくとも、統一的基準値たる貫高制を成立させることが可能であり、むしろこの方法を採用する戦国大名の方が多数派なのではないか」とする見解を述べている。

第一章では武田氏の検地の特徴として、蒔高で面積を把握し、上中下の等級をつけて郷村の貫高（年貢賦課基準）を算出していた点を指摘したが、本章では武田氏の検地を評価するための前提として、戦国期の武田領国および近世の信濃国上田領における蒔高制を取り上げ、試論を提示することにしたい。

一　蒔高の使用例

現在確認できる史料の中で、武田領国における蒔高の初見は、永正十二年（一五一五）五月に雨宮備中守が向岳寺に宛てた寺領寄進状である（表1No.1）。

表1　蒔高の記載が見られる史料

No.	年月日	文書名（【　】内は表題）	国名	備考	出典	
1	永正12・5・16	雨宮某証文写（寺領寄進）	甲斐		向岳寺什書目録	戦武　三八
2	大永7・3・吉	村山勝久証文（寺領寄進）	甲斐		向岳寺文書	戦武　六五
3	天文12・8・8	原虎吉判物（寺領寄進）	甲斐	田：反別、畠：蒔高と貫高	広厳院文書	戦武　一七〇
4	天文18・8	八幡宮寄進法度写	甲斐	田：反別、畠（麦）：3升蒔	巨摩八幡宮所蔵	戦武　四一五〇
5	永禄6・11・吉	恵林寺領年貢地検地帳【恵林寺領御検地日記】	甲斐		恵林寺文書	山4　二九五
6	永禄11・9・16	上原筑前守御恩検地帳【志賀分之内上原筑前御恩御検地帳／同瀬戸之内手作分】	信濃		柳沢護氏所蔵文書	戦武　一三一三
7	永禄11・9・16	上原筑前守御恩検地帳【日村郷上原筑前御恩御検地之帳】	信濃		柳沢護氏所蔵文書	戦武　一三一四
8	元亀2・4・9	津金意久証文写（寺領寄進、東泉院宛）	甲斐		小池家文書	戦武　一六九〇
9	元亀3・9・11	佐野泰光等連署証文（知行書立、加瀬沢助九郎宛）	駿河	田のみ蒔高	加瀬沢家文書	戦武　一九四八
10	元亀3・9・11	佐野泰光等連署証文写（知行書立、尾沼雅楽助宛）	駿河	田のみ蒔高（畠の記載なし）	「判物証文写」附二	戦武　一九四九
11	天正7・12・11	神長官領検地帳【〔　　〕内神長殿知行御検地帳】	信濃		守矢家文書	戦武　三二一〇
12	天正8・12・吉	穴山不白円蔵院領検地帳【成島之内円蔵院領御検地之帳】	甲斐		円蔵院文書	戦武　三四七九
13	天正9・2・9	穴山不白朱印状【天輪寺領書立】	甲斐	手作分のみ蒔高	南松院文書	戦武　三四九四
14	年月日未詳（天正初年？）	二宮祭礼帳	甲斐		美和神社文書	山4　七八四
15	年月日未詳（天正6～7年？）	真田氏給人知行地検地帳	信濃		清水潤氏所蔵文書	真田
16	天正10・11・15	海野元定領年貢帳	駿河		海野文書	静8　一五八九

出典：「戦武」＝『戦国遺文武田氏編』、「山4」＝『山梨県史』資料編4中世1、「静8」＝『静岡県史』資料編8中世4、「真田」＝『真田氏給人知行地検地帳』。数字は史料番号。

この他にも、蒔高にはいくつかの特徴が見られる。一つは、甲斐国内の寺社宛に寄進された耕地と、武田氏あるいは領国内国衆（穴山氏・真田氏など）が作成した検地帳に記載が限定されている点である。もう一つは、耕地の面積を把握する際に、町反歩制と蒔高制が併用されていた点である。

〔史料1〕原虎吉判物（表1No.3）

妙亀山広厳院寄進申田畠之事

合弐貫文之在所者

右甲州山梨郡一宮庄之内、田者南さかりの田一反七百文、畠者山之神之内二斗六升蒔一貫三百文之処、永代寄進申処実性（正）也、仍為後日文状如件、

原半右衛門尉
于時天文十二癸卯八月八日　虎吉（花押）

広厳院江
参

史料1では、寄進地の田地が一反＝七〇〇文、畠地が一斗蒔＝五〇〇文で記載されている。

〔史料2〕八幡宮寄進法度写（表1No.4）（前後略）

一、中条分其下田一段、永代年貢百文、同所内田右衛門丞御寄進之事、菟角子共不可申分、当所分畠一まい御蔵むけ之事、氏子衆籾五斗三升なしくつし、其上河手式部左衛門殿、永代寄進ニ而年貢廿五文、同所八幡前麦三升蒔之所、宮講銭依亡田地、太衛門殿むけ地年々廿六日之所也、

また史料2では、田地が町反歩制（一反）、畠地が枚数（一枚）あるいは蒔高（三升蒔）で把握されている。このように、

中世の甲斐では町反歩制と蒔高制が併用され、前者は田地、後者は畠地の面積を把握する際に用いられていたことがわかる。

一方、信濃・上野・駿河など、他の地域における耕地表記は全て町反歩制であり（「多門坊文書」戦武二三七三、「中山家文書」戦武二四一七、「「駿河志料」巻七六」戦武二五〇三）、蒔高の記載は一点も見られない。特に信濃では、永禄九年（一五六六）の「祭祀再興次第」（「諏訪大社文書」戦武一〇二三）で一反につき二升六合の諏訪大社造宮料を負担しており、また天正六年（一五七八）に作成された「上諏訪造宮帳」（「諏訪大社上社所蔵文書」戦武二九四二）でも、反別で田役を賦課していることから、これらの地域では町反歩制が一般的に用いられていたと考えられる。従って、蒔高制は中世の甲斐における独自の地域慣行であったと見なすことができる。

一方、検地帳では甲斐の恵林寺領（表1№5）を初見として、信濃・駿河でも蒔高の記載が見られる。また武田氏の滅亡直後、駿河の海野元定の知行地を対象とした年貢帳（№16）も、武田領国下の状況を引き継いだものであったことが窺える。

〔史料3〕津金意久証文写（表1№8）

東泉院領之事、如右相渡申候注文之事、

一、田之事者、前々之外そり田二ヶ所之分之事、付、此内はく作五升蒔、

一、やわらいり仁斗まき、むき地之事、

一、くわの木はら三升まき、

一、さうの原二升まき之分、

一、はやしの儀者、よこ路より下之分、

ながく御寺寄進に相付申候也、定而雖可為御不足候、只今之事ハ、軍役しけくつとめ申如此候也、

元亀仁年　　　　津金美濃守

辛未四月九日　　　意久（花押影）

東泉院

元亀二年（一五七一）四月に津金意久が東泉院（北杜市）に寺領を寄進した際には、史料3のように田地の面積を蒔高で記載している。前述した通り、検地帳における蒔高の初見は永禄六年であるが、恐らくは武田氏の検地を受けて、地域社会の側でも、田畠の別なく耕地を蒔高で表記する慣行が成立したことが背景としてあるのではないだろうか。

二　蒔高制と町反歩制の比較

では、蒔高は町反歩制に直すと、どの程度の面積なのだろうか。その手がかりとして、天正六年（一五七八）～七年に信濃国小県郡の真田氏が作成したと考えられている「真田氏給人知行地検地帳」（表1№15）を素材に分析を試みたい。

筆者は以前、武田氏の諸役の一つである田役を検討した中で、「真田氏給人知行地検地帳」の田役について言及した（第六章）。これに対して宮島義和氏[10]は、田役の賦課基準が面積（蒔高）ではなく貫高であるとし、貫高に応じた割合が一定しないことを指摘している。

確かに、田役は貫高・蒔高の多寡に比例せず、明確な賦課基準を見出すことは困難である。しかし、田役は田の面積に応じて賦課されるものと考えられ、やはり何らかの基準を持つことが想定される。そこで本章では、次の記載に注目したい。

〔史料4〕真田氏給人知行地検地帳（前後略）

壱本鋒源右衛門

別ぶ田六升蒔
上　壱貫弐百文○　ミ出　弐百五十文　三右衛門

大ふけ畑田なおし
下　五百文○　源右衛門

壱反役ひへ五升

同所田四升五合まき
下　九百文○　ミ出　百文　与五右衛門

同所之田弐升五合まき
中　三百文○　ミ出　百八十文　源右衛門

大ふけ五升まき
中　壱貫文○　見出　百五十文　手作

同所はた
五百五拾文○　ミ出　八十文　居屋敷

役ひへ五升○

念仏塚四升五合蒔
八百文○　ミ出　百文　又右衛門

役百廿文○

本　五貫弐百五拾文

役　四百八十文

其内ひへ半表出役弐百四十文ニ

見出　八百六十文
合　六貫五百九拾文
　　其内ひへ半俵出役弐百四十文ニ

史料4では一本鋒源右衛門の知行地のうち、「大ふけ」の田地を畠地に変更した上で、田地に懸かっていた田役を「一反役」として、稗納で五升を負担している。一本鋒の知行地に懸かる田役は総額で四八〇文であるが、このうち稗一斗（二斗枡で半俵）を二四〇文の割合で換算し、残りの二四〇文（四升）を米で納入（米一升＝六〇文で換算）していることがわかる。

ここから真田領における田役が、元々は「一反役」として、一反（三六〇歩）＝一二〇文の割合で賦課されたものであったことが窺える。「真田氏給人知行地検地帳」の田役は六〇文・一二〇文・一八〇文・二四〇文というように六〇文ごとであるが、「一反役」の賦課基準が一反＝一二〇文であったとすれば、田役も半反（一八〇歩）ごとに六〇文が賦課されていたことになる。

さて、ここで一つの仮説を立ててみたい。真田氏の田役（一反役）が一反＝一二〇文であったとするならば、田役が賦課されている田地の蒔高を算出することで、一反あたりの蒔高を導き出すことが可能になるのではないか。

そこで、宮島氏の成果に学びながら、田役が記載されている田地の蒔高を集計したのが表2である。これを見ると、田役一二〇文の田地八〇筆のうち、四升蒔が一八筆、五升蒔が一二筆、六升蒔が一三筆と集中している他は、一升蒔あたりの貫高が二三段階もあるが、平均値は一升蒔あたり二〇文となる（表2の太字部分を参照）。

ここから、田役一二〇文に相当する田地（一反＝三六〇歩）の面積を六升蒔と仮定すると、一升蒔は一反の六分の一＝六〇歩となる。「真田氏給人知行地検地帳」における田地一斗蒔（一升蒔の一〇倍）あたりの基準値は、上田が二五〇

表2 「真田氏給人知行地検地帳」における田役の賦課率

田役	30文		60文		120文		180文		200文		240文		360文	
1升蒔あたりの貫高	蒔高	筆数	蒔高	筆数	蒔高	筆数	蒔高	筆数	蒔高	筆数	蒔高	筆数	蒔高	筆数
60文			1	1										
40文			1.5	1	3	1								
34.3文					3.5	3					7	3		
32文											7.5	1		
30文			2	2	**4**	**18**	6	2						
27.7文							6.5	1						
26.7文					4.5	4					9	2		
25文			2.4	1										
24文			2.5	1	5	12					10	2		
21.8文					5.5	3					11	1	17	1
20文			**3**	**5**	**6**	**13**	**9**	**1**	**10**	**1**				
18.5文					6.5	2					13	1		
18文													20	1
17.1文			3.5	5	7	7								
16文					7.5	4								
15文	2	1	4	1	8	6								
13.3文			4.5	1	9	2								
12.6文					9.5	1								
12文			5	2	10	1	15	1						
10.9文			5.5	1	11	1								
10文					12	1								
9.6文					12.5	1								
4.3文	7	1												
平均蒔高／筆数計	4.5	2	3.2	21	5.9	80	8.5	5	10.0	1	9.1	10	18.5	2

蒔高の単位「升」。

〇文、中田が二〇〇〇文、下田が一八〇〇文であるから、[11]これを六升蒔に換算（基準値×〇・六）すると、田地一反あたりの基準値は上田が一五〇〇文、中田が一二〇〇文、下田が一〇八〇文となる。

なお、田役一二〇文に相当する田地（一反＝三六〇歩）を四升蒔とした場合は一升蒔＝九〇歩、蒔高五升の場合は一升蒔＝七二歩となり、四升蒔と六升蒔では面積が同じ一反でも、蒔高の差は一・五倍になる。さらに、最大・最小値まで含めれば、最大値（一升蒔あたり四・三文）で一反＝二斗八升蒔、最小値（一升蒔あたり六〇文）で一反＝二升蒔となり、全体で一四倍の差が出ることがわかる。

真田氏は豊臣政権下の天正末〜文禄年間（一五九二〜五）にも上田領内で検地を実施したが、豊臣政権の検地（太閤検地）の基準である町反歩制（一反＝三〇〇歩）と石高制ではなく、蒔高制と貫高制を採用している。[12]真田氏の検地に見られる蒔高制は武田氏の影響を強く受けたものであったと考えられ、貫高制とともに武田領国の遺制として評価できるが、「真田氏給人知行地検地帳」における蒔高の基準は一定しておらず、一反あたりの蒔高を算出する素材としては不完全である。そこで次節では、もう一つの史料を検討することで、蒔高制に関する今回の仮説を補いたい。

三　近世上田領の蒔高制

ここでは、真田氏に次いで上田領を支配した仙石氏が宝永三年（一七〇六）に転封され、替わって松平忠周が入部するにあたって作成された、上田領八七ヶ村（五万八〇〇〇石）の差出帳（「上田藩村明細帳」）を基に、近世の上田領における蒔高制と、前節で提示した仮説についてさらに検討したい。

〔史料5〕信濃国上田藩村明細帳雛型（『上田藩村明細帳』一号）（前後略）

一、当村田畑種子入候事
田壱反歩ニ付、籾何升くらい、
畑壱反歩ニ付、麦何升くらい、
大豆何升くらい、

（中略）

一、田畑小作入上ヶ
上田壱反歩ニ付　何ほと、
中田壱反ニ付　何ほと、
下田壱反付　何ほと、
下々田壱反付　何ほと、
上畑壱反付　何ほと、
中畑壱反付　何ほと、
下畑壱反付　何ほと、
下々畑壱反付　何ほと、

（後筆）
「古来より上田御領分ニ而ハ何升蒔と申小作仕候、反畝無御座候、大積ニて反畝も知れ可申候哉、」

史料5は、差出帳の作成にあたって事前に各村へ提示された雛型である。「上田藩村明細帳」では一反＝三〇〇歩、一畝＝三〇歩で面積が把握され、年貢納入は全て石高で行われているが、「種子入」「小作」「年季質地」の三項目で蒔高の記載が見られる。特に傍線部を見ると、上田領では古来より反・畝（町反歩制）がなく蒔高で小作地の面積を把握していたこと、おおよその数値で反・畝との換算を行っていたことが記されている。しかし、前述のように中世の信濃では町反歩制（一反＝三六〇歩）が基本であり、武田氏や真田氏の検地帳の他に蒔高の記述は見られないことから、上田領における蒔高の使用は、戦国期の遺制が近世の地域慣行として定着したものと考えられる。

〔史料6〕信濃国小県郡越戸村明細帳写（『上田藩村明細帳』二四号）（前後略）

一、当村田畑種入（ママ）　田壱反ニ、籾口升三升くらい、
畑壱反ニ、大麦京升弐斗くらい、
小麦京升壱斗弐升くらい、
大豆京升七升くらい、

また、史料5で提示された雛型の通りに、各村から指出が提出されているが、小県郡越戸村（上田市、史料6）では、田地一反につき「口升」で籾三升くらい、畑地では一反につき大麦が「京升」で二斗くらい、小麦が一斗二升くらい、大豆が七升くらい、と申告されている。「種子入」は作物の播種量を表しており、各村ではおおよその分量として、一反あたりの播種量を把握していたことがわかる。

上田領では二二ヶ村で、一反あたりの「種子入」（播種量）に関する記載が見られる（表3）。ここでは、田地が口枡で三升〜四升くらい、京枡で一斗くらいが基準とされている（枡の記述がない所は、全て京枡を使用していると考えられる）。また、畑地では京枡が用いられているが、作物（大麦・小麦・大豆）によって播種量が大きく異なっていることがわかる。さらに、「上田藩村明細帳」では一升蒔あたりの播種量に関する記述も見られ、村によって多少の差違はあるが、一升蒔の田地に対して、概ね京枡で籾二升三合と記されている。桜井氏は[13]、上田領の地域枡として用いられた上田枡（大枡）一升と京枡二・二八二升を同等とした上で、「上田藩村明細帳」の一升蒔の基準が上田枡（大枡）であり、さらに口枡や信濃の「国枡」と同じ枡であったと推測している。しかし、文禄期における信濃の国枡と京枡の換算値は[14]「六合摺」（国枡の六〇％が京枡と同等）であり、桜井氏が明らかにした上田枡（大枡）と京枡の容積比や、［表3］に見られる口枡と京枡の容積比（ほぼ一〇対三）とは一致しない。

口枡と上田枡（大枡）の関係については本章の論旨から外れるため一旦措くが、一反あたりの蒔高が[15]京枡で一斗蒔であれば、国枡に換算して六升蒔となり、前節で算出した戦国期の蒔高と一致する。京枡の容積や面積比（戦国期は一反

表3 『上田藩村明細帳』における1反(300歩)あたりの播種量

No.	村　名	郡名	現自治体名	田種子入	畑種子入		
					大　麦	小　麦	大　豆
1	福田村	小県郡	上田市	1斗3升位	1斗5升位	1斗位	
2	吉田村	小県郡	上田市	**口升**4升程	**京升**1斗5升程		
3	仁古田村	小県郡	上田市	籾1斗位	2斗位	1斗2升位	
4	岡村	小県郡	上田市	籾1斗位	1斗8升位	1斗位	1斗位
5	馬越村	小県郡	上田市	籾1斗位	2斗位	1斗2升位	1斗位
6	当郷	小県郡	青木村	**口升**籾4升位	2斗3升位	1斗1升位	7升位
7	村松郷	小県郡	青木村	籾1斗	2斗		大豆小豆6・7升
8	田沢村	小県郡	青木村	**京升**1斗位	2斗2升位	1斗2升位	7升位
9	奈良本村	小県郡	青木村	籾1表位	2斗6升位	1斗5升位	7升位
10	沓掛村	小県郡	青木村	**口升**3升位	3斗位	1斗2升位	1斗2升位
11	夫神村	小県郡	青木村	**口升**3升位	**京升**2斗6升位	1斗位	1斗2升位
12	殿戸村	小県郡	青木村	**口升**4升程	**京升**2斗2升位	8升位	6升位
13	越戸村	小県郡	上田市	**口升**3升位	**京升**2斗位	**京升**1斗2升位	**京升**7升位
14	武石村	小県郡	上田市	籾**京升**1斗	**京升**2斗		5升位
15	諏訪部村	小県郡	上田市	籾9升2合つゝ	1斗4升位	7升位	
16	稲荷山村	更級郡	千曲市	籾1斗1升	1斗4升～6升迄	7升～8升	4升
17	塩崎村	更級郡	長野市	籾1斗1升	1斗4升～6升迄	7升～8升	4升
18	今井村	更級郡	長野市	籾1斗	1斗4升	7升～8升	4升
19	上氷鉋村	更級郡	長野市	籾1斗	1斗4升	7升～8升	4升
20	中氷鉋村	更級郡	長野市	籾1斗	1斗4升	7升～8升	4升
21	戸部村	更級郡	長野市	籾1斗	1斗4升	7升～8升	4升
22	今里村	更級郡	長野市	籾1斗	1斗4升	7升～8升	4升

＝三六〇歩だが近世では一反＝三〇〇歩）、村ごとの差異、「何升くらい」という概数による誤差は認められるが、基本的には信濃の国枡（二斗枡）で一反＝六升蒔という基準は、近世の上田領でも継承されていたことが窺える。

なお、信濃の国枡は甲斐の基準枡（武田領国の基準枡）である甲州枡と同等の容積であったことが立証されており[16]、上田領における蒔高の基準が武田氏・真田氏の遺制であったことは、この点からも証明することができよう。

このように近世の上田領では、検地や年貢納入などの公的な部分では町反歩制と石高制を基準とする一方、村の内部では多様な枡が用いられた上で、蒔高制による面積の把握が行われていた。また戦国期と同様に、各地域の生産状況や作物によって播種量は異なり、村の側でも「一反に何升くらい」というように、概算で耕地の面積を把握していたことがわかる。使用された枡の容積など不明な点は多く残されているが、おおよその播種量で耕地の面積を把握するという蒔高制の原則は、戦国期と全く変わらない状況にあったことが窺えよう。

おわりに

中世の甲信・東海地域において耕地の面積を表す単位は、主に町反歩制であった。これに対して、甲斐では畠地の面積を表す際に蒔高が使用されており、田地の面積を表す町反歩制と併用されていた。戦国大名武田氏は領国内の検地基準として蒔高制を採用し、上田領を支配した真田氏もこれを踏襲したため、近世の上田領では蒔高制が継承され、越後における刈高制と同様に、地域慣行として定着したと考えられる。

「真田氏給人知行地検地帳」における田役（一反役）の平均値や、近世の上田領における換算値から仮定すると、町反歩制と蒔高制の面積比は二斗枡（甲州枡・国枡）で一反＝六升蒔であり、一升蒔の面積は一反（三六〇歩）の六分の一＝

六〇歩となる。ただし、蒔高の基準は一定しておらず、一反あたりの蒔高は耕地によって大きく異なる。この点は近世の上田領でも同様であり、村の側でも「一反に何升くらい」というように、おおよその分量で把握していたことが、史料からも窺い知ることができる。

中世の甲斐において、畠地で蒔高が用いられた背景としては、近世の上田領がそうだったように、作物（大麦・小麦・大豆など）によって蒔高（播種量）が変動していたことが挙げられる。稲（米）のみを作付けする田地に比べて、多様なものを作付けしていた畠地の状況を把握するには、町反歩制よりも蒔高制の方が都合が良かったのではないだろうか。

武田氏が検地を実施するにあたって蒔高制を採用した理由も、これと同様であったと思われる。町反歩制の方が一定の面積を確実に把握できるが、例えば同じ面積一反の田地でも、地形や水利などで各地域の状況が大きく異なることは容易に推測できる。既に桜井氏が、武田氏の検地基準と比較した上で、真田領の貫高が佐久郡（表1№6・7）や諏訪郡（№11）より高いことを指摘しているが、蒔高制であれば、耕地の面積だけでなく、耕地の実際の状況を詳細に把握することができ、蒔高の基準を高くすれば、より多くの定納貫高（年貢賦課基準）を設定することが可能になるのである。

既に平山氏が明らかにしたように、戦国大名武田氏は統一的基準による貫高制を成立させ、これに基づいて年貢収取や軍役・知行役の賦課などを行っていたが、その根本にあったのは蒔高制による耕地面積の把握であった。

従来の研究において、豊臣政権の検地（太閤検地）が丈量（土地の実測）であったのに対し、戦国大名や織田権力の検地は指出（在地側の申告）が基本とされてきた。これに対して、池上氏は近年、戦国大名や織田権力の検地も丈量検地であったことを指摘している。同様に武田氏が実施した蒔高制による検地も、耕地の面積だけでなく実際の状況（耕地の年貢賦課基準）を詳細に把握していたという点では、歌川氏が既に述べたように、一種の丈量検地として評価できるのではないだろうか。

ただし、現在確認できる中で、蒔高制による検地が実施されたのは戦国期の武田領国だけである。従って、蒔高制は戦国大名武田氏による独自の施策、あるいは甲信地域独自の地域慣行[17]として評価することも可能だが、越後における刈高制の事例も含めて、さらなる分析が必要と思われる。本章で提示した試論とともに、今後の検討課題としたい。

註

（1）歌川學「中世における耕地の丈量単位」（『三河遠江の史的研究』歌川學遺作集刊行会、一九八四年。初出一九五四年）。

（2）渡辺三省「刈高より貫高・石高制への移行過程―とくに刈高の本質について―」（『日本歴史』三〇七号、一九七三年）で越後の面積表記として使用された刈高の分析が行われ、松下志朗「対馬藩の蒔高と間高」（大阪経済大学日本経済史研究所編『経済史経営史論集』大阪経済大学、一九八四年）が近世の対馬藩領における蒔高について検討しているが、他にこの問題を取り上げた論考は見当たらない。

（3）横山十四男「上田藩の貫高制（一）」（『信濃』四四巻二号、一九九二年）。

（4）真田町誌編纂室編『真田氏給人知行地検地帳（真田町誌調査報告書第二集）』（真田町教育委員会、一九九八年）。

（5）前掲註（4）解説（桜井松夫執筆）、『真田町誌』歴史編上巻（一九九八年）第三編中世第三章第四節（桜井松夫執筆）。以下、桜井氏の見解は本論による。

（6）東京大学史料編纂所編『上田藩村明細帳』上・中・下（東京大学出版会、一九五三～四年）。

（7）佐脇栄智「後北条氏の検地」（『後北条氏の基礎研究』吉川弘文館、一九七六年。初出一九六三年）、同「後北条氏の貫高制についての一考察」（同上。初出一九七〇年）、則竹雄一「北条氏の検地政策」（『戦国大名領国の権力構造』吉川弘文館、二〇〇五年。初出二〇〇〇年）。ただし両氏の論考では、上田・下田などの品位や、郷村によって田一反＝五〇〇文あるいは三〇〇文といった差異が見られる点も指摘されている。

（8）池上裕子「指出と検地」（『戦国時代社会構造の研究』校倉書房、一九九九年）。以下、池上氏の見解は本論による。

（9）平山優「戦国期東海地方における貫高制の形成過程―今川・武田・徳川氏を事例として―」（『武田氏研究』三七・三八号、二〇〇七・二〇〇八年）、同「戦国期武田領国における貫高制の形成について―甲斐・信濃・西上野三国を事例に―」（柴辻俊六編『戦国大名武田氏の役と家臣』岩田書院、二〇一一年）。

（10）宮島義和「真田領における田役について」（『信濃』六四巻八号、二〇一二年）。

（11）拙稿「豊臣政権下の信濃検地と石高制」（『信濃』六二巻三号、二〇一〇年）。

（12）同右。

（13）桜井松夫「信濃における室町後期の枡―特に国枡・上田枡を中心として―」（『信濃』三二巻八号、一九八〇年）、前掲註（4）解説。

（14）矢田俊文・福原圭一・片桐昭彦編『上杉氏分限帳』（高志書院、二〇〇八年）。詳細は前掲註（11）を参照。

（15）寛文八年（一六六八）、幕府は新京枡を公定枡に定め、諸大名の領内でも使用するよう通達した。上田領でも「新枡」が上田城下の町人に頒布されており、新京枡を使用していたことが確認できる（寶月圭吾『日本量制史の研究』吉川弘文館、一九六一年、四四九～五〇頁）。

（16）平山前掲註（9）、水島川和夫「中世東日本における使用升の容積と標準升」（『社会経済史学』七八巻一号、二〇一二年）。

（17）近世の佐久郡でも「一反（三〇〇歩）＝大枡三升蒔」の換算値が存在し、土地の譲渡証文などで蒔高が使用されていた（『望月町誌』第四巻近世編〔一九九七年〕第六章第六節〔萩原興造執筆〕）。また長野県内では現代まで、東信（佐久郡）・

南信（諏訪郡・木曽郡・下伊那郡）・北信（更級郡・埴科郡）の各地域で田畑の面積を表す単位として「蒔」が使用されており、佐久郡では一升蒔の田が一〇〇坪くらいであった（加藤隆志「耕地の面積表示―長野県内の事例を中心に―」『信濃』四一巻一号、一九八九年）。

［付記］　宮島氏は、「真田氏給人知行地検地帳」（史料４）における「田役」が「役田」（役を負担する田）に賦課されたと結論づけ、本章の初出論文に対して「反別に賦課された役とは考えにくい」と評している（宮島義和『戦国領主真田氏と在地世界』［六一書房、二〇一三年］第二章第三節）。しかし、本章で検討したように、当該地は田地を畠地に変更したため、元々は田地に懸かっていた役（田役、米納）を稗納で負担したという特殊な事例であり、それ故に旧来の「一反役」という表記になったのではないだろうか（他の事例は「役」とだけ記されている）。また、宮島氏が「もう一つは畑に対して賦課されている」と指摘した「役ひへ五升」は、一本鉢源右衛門の「居屋敷」（屋敷内の畑か）が対象とされている。本章の主旨は蒔高と町反歩制の換算値を求めることにあったため、真田氏の田役については、武田氏の収取体制を踏襲したものと評価するに留め、具体的な検討は今後の課題としたい。なお、第六章でも言及しているように、信濃における武田氏の田役は戦国期以前の賦課基準（反別二〇〇文）を継承したものであり、宮島氏の著書では事実誤認が多く見られるため、現時点で本文を修正する必要はないと考える。

第二編　武田領国における公事

第五章　武田氏の税制

はじめに

戦国大名の領国支配を考える上で、重要な視角の一つとなるのが公事の存在である。関東の北条領国では佐脇栄智氏[1]・池上裕子氏[2]によって基本的な公事収取体系が解明されており、特に池上氏は戦国大名北条氏が公権力（領域権力）として支配を行った指標として公事を評価している。また最近では、黒田基樹氏[3]が「国」（郡・領）ごとに賦課された諸役（国役）と、その総体である「惣国」（大名領国）に対して賦課された「国役」の重層的関係について言及し、北条氏の「惣国並役」が個々の「国役」に対する免除特権にかかわらず賦課されたことを明らかにしている。

武田氏を事例とした研究では、以前から柴辻俊六氏[4]・山室（山中）恭子氏[5]などによって、棟別役（特に棟別銭）を中心に研究が進められてきた。その中で、棟別改めによる賦課を基調とした諸役体制を、検地と並ぶ農民掌握の手段と評価し、その賦課や免除策によって、個別に農民を権力編成したと評価する、柴辻氏の「諸役体制論[6]」が提唱された。これに対して平山優氏[7]は、棟別改めが郷村側の指出や家格認定に基づいており、戦国大名の棟別役賦課は郷村の自律的な機能（郷請）によって実現したと述べ、柴辻氏の「諸役体制論」を否定している。

武田氏の諸役に関する研究において、百姓や郷村の把握が強調されてきた点は、平山氏が指摘した通りである。また従来の研究では、棟別銭が武田氏の諸役として重視されてきたが、武田氏の税制（諸役賦課）の実態がどのようなものであったのか、その他の役も含めた基礎的研究が必要と考える。

この点については、近年刊行された『山梨県史』通史編の中で、平山氏が武田氏の税制（諸役賦課）を取り上げている。(8)本章でもこれらの研究成果に学びつつ、武田氏が領国内に賦課していた諸役を整理した上で、特に武田氏の税制の中心である棟別役の展開について分析を試みたい。

一　武田氏の諸役賦課体制

1　武田氏の諸役

武田氏が賦課していた諸役には、棟別役と田役、その他、特定の階層から徴収されていた役があった。

(1) 棟別役

まず棟別役は、棟別単位で賦課されるものである。この「棟別」には、棟別銭を負担する場合と、普請・人足役を負担する場合の両方があった。棟別銭については、本屋（本家）から一間あたり二〇〇文、片屋から一〇〇文、新屋（新家）から五〇文（後、天正期に一〇〇文に増額）を調衆がそれぞれ徴収し、期限に遅れた場合は倍額を徴収されていたことなど、既に基本的な形が明らかにされている。(9)詳しくは後述するが、棟別銭は武田氏の税制の中で最も重要な柱として位置づけられ、武田氏の分国法「甲州法度之次第」（以下「甲州法度」と略記）でも棟別銭に関する条項（棟別法度）が制定されている。また、普請役も「棟別役之普請」、すなわち棟別単位で賦課される役であり、主に城普請などに従事させられていた（第七章を参照）。

(2)田役

田役(田地役)は耕地単位で賦課された役である。この田役も棟別役と同様に、銭で負担する場合(田地銭)と普請・人足役を負担する場合とがあった(第六章を参照)。

棟別役は武田氏が直接収取する役であったのに対し、田役は武田氏と地頭の双方が収取し、後者は地頭を通じて武田氏に納入されていたことが、宇田川徳哉氏[10]によって指摘されている。また、平山氏が述べているように、田地銭が普請役の代銭納(夫銭)であったとも考えられる。ただし、両氏が信濃での田役賦課として挙げている天正六年の「上諏訪造宮帳」(「大祝諏訪家文書」戦武三〇七七)の事例は、諏訪大社上社が七年に一度の祭礼費用として信濃国内の各郷村から収取したものであり、武田氏が賦課した田役とは明らかに別の役銭であったと考えるべきであろう。

このように、田役は棟別銭と比べて不明な部分も多く残されているが、「甲州法度」第三十六条で「棟別役を田地に懸けてはならない」と定めているように、武田氏が棟別役と田役を税制の柱として位置づけていたことは間違いないと思われる。

(3)その他の役

村・町に居住する者が負担していた役として、陣夫役がある。これは地頭(給人)に従って戦場へ赴き、荷駄の運搬などを行うもので、非戦闘員として扱われていた。「甲州法度」第十三条では、もし戦場で命を落とした場合、その郷村では三十日間陣夫役が免除され、主人(地頭)に理由なく成敗された場合は、以後十年間の陣夫役負担を免除された。この陣夫役は地頭に知行分とは別に与えられており、通常は知行地の郷村が負担していたが、他郷の者が負担する場合もあった[11]。また、陣夫役を銭で負担する方法(夫銭)もあり、この場合は地頭が他の者を陣夫として雇う形で召し使っていた。

特定の階層から徴収された役としては、徳役（徳役銭）や商役（商買之諸役）がある。徳役は有徳人（富裕層）に対して賦課された役であり、寺社が祠堂銭として運用していた米銭も賦課対象になっていた（第十章を参照）。また、商役は商人の関所通行に対して賦課された役であったと考えられる。

これらの諸役は、武田氏によって「一国平均之課役」＝領国内に居住する者すべてが負担する役として位置づけられ（「旧記集」戦武二七八七）、軍役衆や職人など武田氏への奉公を行う者は基本的に免許されていた。武田氏は軍役奉公を行う者（武士＝「兵」）、細工奉公を行う者（職人＝「工」）と、諸役を負担する者（百姓＝「農」）を峻別し、領国内における身分編成を行うとともに、自らの支配体制の下に組み込んでいったのである。

2 「検断不入」と諸役賦課

次に、先行研究で議論されている「不入」と諸役免許の問題について見ていきたい。北条氏や今川氏の発給文書では、寺社に対して「不入」を認めたものが多く見られ、このことから、戦国大名が認めた不入権が室町期の「守護不入」と同一かどうか、という議論が行われた。有光友學氏[12]は諸役の免許も「一種の不入権」と評価しているが、久保健一郎氏[13]は北条氏・今川氏の発給文書に見える「不入」が原則として「諸役不入」であり、「検断不入」の事例は少数であったことを明らかにしている。また池上氏も、「前代からの守護不入を否定し、忠節の代償として新たに不入権を設定した」権力として評価している。

これに対して、「不入」に関する武田氏発給文書は少数であり、柴辻氏[14]はこの点を受けて、「武田氏領では、不入権の用例はすでに死語化していたと思われ、その内容の一部であった「諸役免許」の方に、より積極的な意味があったものと思われる」と述べている。また、「諸役の賦課免許権は大名固有の権限」であり、「武田氏が諸役の賦課権を梃子として、その免除と引き換えによる別役への転換策によって、領国経営上での諸機能を強化させていた」点に、武田氏による諸役賦課・免許の意義を見出している。

ただし、武田氏発給文書でも信虎の段階までは「検断不入」の文言が見られる。現在確認できる中では、大永五年（一五二五）八月の向岳庵宛武田信虎禁制（「向岳寺文書」戦武六〇）で、「雖時検断職、不可成綺之事」とあるのが初見である。天文二年（一五三三）八月にも広済寺に対して「けんたん入［へからす］」として「検断不入」を認めているが（「広済寺文書」戦武七一）、その後に発給された広済寺宛の信虎判物（「広済寺文書」戦武一〇四）では「前々のことく」とあるにもかかわらず、「検断不入」の文言が見えなくなっている。この点は晴信（信玄、以下信玄で統一）の代になっても同様であり、代替わり直後の天文十年十二月に広済寺宛で発給された禁制（「広済寺旧蔵文書」戦武一三四）にも、「検断不入」の文言は見られない。すなわち、武田氏は広済寺の「検断不入」を天文三年〜十年の間に剥奪し、その後も認めなかったことがわかる。

このことは、信虎以後の武田氏発給文書で諸役免許が増加した点と関連があると考えられる。先学が北条氏・今川氏を事例として指摘したように、諸役免許も一種の不入ではあるが、戦国期（武田氏では信虎の段階）で寺社の「検断不入」は剥奪され、新たな不入権（諸役免許）が設定された。ただし、諸役免許の代償として武田氏への奉公（寺社の場合は祈禱が多い）が義務づけられ、武田氏の支配体制の下に組み込まれていった。

また、武田領国内の国衆であった穴山氏・小山田氏も諸役の免許を行っているが、このことは両氏が諸役を賦課していたことの証左であり、矢田俊文氏[15]が主張するように、穴山氏・小山田氏が「守護公権」を有していたことの根拠とされていた。しかし、領域支配者による諸役賦課が守護権に基づいておらず、また国衆や地頭（領主）も自領内で大名と別個の諸役賦課を行っていたことは、既に黒田氏[16]によって明らかにされており、諸役の賦課・免許が大名固有の権限ではないことは明白である。

むしろ、武田氏の諸役賦課体制の意義は、戦国大名（武田氏）が国衆領や給人知行地・寺社領を超える上位権力として、支配領域（大名領国）に対する諸税（棟別銭や田地銭）や夫役（普請役など）を賦課する権限を有していた点にある。前述の諸役免許も、その一環として捉えるべきであり、戦国期の甲斐では段銭賦課が行われなかったのと同様に（第六章を参照）、不入と諸役賦課の事例を見ても、守護段階と戦国大名段階では、武田氏の領国支配構造が大きく異なっていた点を指摘できる。

二　棟別役の展開

では次に、武田氏の主要な税制の一つであった棟別銭（棟別役のうち、役銭として徴収された分）に着目し、その展開について見ていきたい。

1　棟別役の開始

まず、棟別役がいつから賦課されたかという問題であるが、『高白斎記（甲陽日記）』の天文十一年（一五四二）八月条に「棟別帳始ム」（山6八六）という記述があり、柴辻氏や山室氏はこれを基に、同年に「棟別日記」が作成され、棟別役の賦課が開始されたと評価している。

しかし、奥野高広氏(17)や平山氏によれば、『塩山向岳禅庵小年代記』の大永二年（一五二二）条に「自正月三日国中寺社共棟別」（山6一一三）とあり、今川軍の甲斐侵攻による損害を補塡するため、武田氏が国中地域（甲府盆地周辺）に棟別役を賦課したことが確認できる。また、『勝山記（妙法寺記）』享禄二年（一五二九）条では、小山田氏を屈服させたことを契機として、武田氏が郡内地域に対して棟別役賦課を実施しており（山6二三〇）、天文二年八月には、武田氏が広済寺に対して棟別役を免許している（「広済寺文書」戦武七一）。すなわち、信虎の時代から武田氏の支配領域に対して棟別役が賦課されており、信玄がそれを発展・継承する形で、家督を継いだ直後の天文十一年に、「棟別日記」による棟別役賦課を初めて実施したと見るべきであろう。実際に翌々年の天文十三年には、小山田信有が小河原氏に対して、奉公の代償として五百文分の棟別銭を免許しており（「「諸州古文書」二下」戦武一八二）、既にこの段階の甲斐国内で、免許されるべき棟別役の額が銭で計算されていたことがわかる。

続いて『高白斎記』の天文十八年四月条には「七日丙子徳役始ノ御談合落着、相州・羽州・勢州三人連判」（山6九二二）とあり、武田一族の今井相模守・下曾根出羽守・今井伊勢守の三人[18]が連判を行い、「徳役始」の談合が落着したとする記事が見える。平山氏はこれを、面付、すなわち所領貫高の確定と諸役賦課を行うことについて、武田氏の家臣団が連判を行ったと評価している。『勝山記』にも「此年（天文十八年）ノ霜月武田殿・小山田殿談合被成候て、地下ヘ悉ク過料銭ヲ御懸ケ候、殊更ニ寺々、禰宜、いかやうなる者ニモ、ヲシナヘテ御カケ候、去程ニ地下衆ナケク事無限」（山6二三九）という[19]記事がある。

勝俣鎮夫氏はこれらの事例から、天文十八年に税制改革が行われ、小山田氏の支配領域である郡内領、穴山氏の支配領域である河内領も含めた、統一的・恒常的な棟別銭の賦課体制を確立したと評価している。この背景としては、黒嶋敏氏[20]のように寺社造営を名目とするという説や、黒田氏[21]のように、天文十八年に五十二年前の明応地震以来の大地震が発生していることから、災害危機への対応であったとする説などが出されている。

しかし、『勝山記』には天文二十年と同二十二年にも地下衆に対して「過料銭」が賦課されたと記されていることから、「過料銭」と棟別役が同一であり、かつ天文十八年から常に賦課されていた役とは考えられない。また「徳役」も本来は富裕層を賦課対象とする「有徳役」であり、領国内の諸階層に賦課される棟別役と同一である確証はない。むしろ、天文十八年に徴収された「徳役」と「過料銭」は、発生した災害の復興対策のため、臨時に領国内から役銭を賦課したと考えた方が良いのでないかと思われる（詳細は第十章を参照）。

天文二十年に「過料銭」が徴収された理由は明記されていないが、同二十二年の「過料銭」は「出家、禰宜衆、地下衆」の中で主人を持たない者が賦課対象とされており、いずれも平山氏が指摘するように、信濃侵攻に伴う「兵」＝軍役衆と財源の両方の確保を目的として、領国内で軍役奉公を行っていない者から徴収された役銭であったと考えられる。[22]

勝俣氏が天文十八年に統一的・恒常的な棟別銭の賦課体制が確立されたと評価する背景には、武田氏が「甲州法度」の追加条項として、棟別銭に関する条項、すなわち「棟別法度」を制定したことと関連がある。平山氏は「棟別法度」が制定された背景として、「棟別日記」の変動（逐電・死去・移屋・河流など）と、それに伴う郷中からの「侘言」「披露」があったと述べている。すなわち、本来棟別の負担者であった本家層が没落し、新家層が台頭するなど、本家を基軸とした郷村社会の変化があったとするものである。また、「棟別法度」に「既にその日記をもって、郷中に相渡す」（第三十二条）とあるように、その制定前に「棟別日記」が作成され、領国内において棟別改めが実施されていたことを窺い知ることができる。棟別役が「日記」に基づいて賦課されていたことは、今川氏の事例（静7四五八・四五九）でも見ることができる。すなわち、武田氏も今川氏と同様に「日記」を作成し、それに基づいて棟別役を賦課していたと考えられる。[23]

さて、この「棟別法度」が制定された年代であるが、勝俣氏・平山氏とも、田中久夫氏の説に基づく形で、「棟別法度」が天文十六年から二十三年までに随時追加されたものと見ている。すなわち、武田氏による棟別役賦課体制の[24]

整備は、この間に行われたという見解に基づいているため、天文十八年という年が着目されたことが推測できる。
しかし、菅原正子氏は[25]「甲州法度」の奥書の通り、天文十六年六月一日に制定された二十六ヶ条本に三十ヶ条を追加（妻帯役に関する条文は削除）する形で、五十五ヶ条が同年の六月中に制定されたものであると述べている。この奥書の記述の通りであれば、武田氏は「棟別日記」による棟別役賦課を初めて実施した天文十一年から「棟別法度」が制定された同十六年までの間に、領国内からの棟別役賦課体制を整備したと評価することができる。

2　弘治の税制改革

しかし、弘治年間（一五五五～五八）には、早くも「棟別法度」や「棟別日記」の規定を根本から覆す事態になっていた。そのことを示すのが次の史料である。

〔史料1〕武田家朱印状写（「藤巻家文書」戦武四九三）

（竜朱印影）
就于棟別銭無沙汰、新法之事、
春之棟別者限八月晦日、秋之棟別者切翌年二月晦日、出銭難渋之旨幷相論之趣等、令披露可落着、若過其期於于未進者、不及理非、集衆可弁之者也、仍如件、
弘治二年丙辰
正月十八日
（宛所欠）

史料1では、棟別銭の未進が頻発していたため、その対応策として、武田氏が従来の棟別銭の徴収方法を「新法」

に改めた上で、棟別銭の納入期限を春と秋の二回に設定している。また、「棟別法度」では、「新屋の改めを行わない」(三十二条)、「逃亡した者は追いかけてでも棟別銭を取ること」(三十三条・三十四条)、「棟別に関する侘言は一切受け付けない」(三十五条)という原則を示しているにも拘わらず、史料1では「相論が起こった時は武田氏に披露して落着すること」と規定している。棟別銭の未進についても、郷中全体で弁済する額を「棟別法度」では二〇貫文以上としているのに対し、史料1では「理非に及ばず、村で弁済せよ」と記されている。すなわち、平山氏が述べているように、この段階で既に「棟別法度」の原則を変更する事態になっていたことがわかる。この史料が出されたのは弘治元年の棟別改め(表No.1・2)が実施された直後であり、翌年の段階で棟別の再改め＝税制改革が行われていたと考えられる。

また、佐脇敬一郎氏[26]が述べているように、永禄三年(一五六〇)から同五年の間に、それまでの「押立公事」から普請役への転換が見られる(詳細は第七章を参照)。ここから、この間に、本来、役銭に属する棟別銭と、夫役に属する押

表　「棟別改之日記」一覧

No.	年月日	文書名	国名	対象地	免許者(数字は間数)	賦課間数 本屋	新屋	明屋	徴収額(単位:文)	調衆	出典	
1	弘治元・11・吉	武田家朱印状	甲斐	鮎沢郷	長禅寺13、番匠縫殿丞1				三三〇〇	井上甚右衛門尉	北村家文書	四六一
2	弘治元・12・18	武田家朱印状	甲斐	法光寺領	大坊1、網野新五左衛門尉5(本屋1、新屋4)	片屋15	10	闕屋敷	四二〇〇	仙光坊、網野新五左衛門尉	網野家文書	四六三
3	弘治4・3・2	武田家朱印状	甲斐	有野郷	有野民部丞1、縫右衛門1、新左衛門1、助八1				五八〇〇	矢崎右衛門尉、有野文右衛門	矢崎家文書	五八八
4	永禄11・2・7	武田家朱印状	甲斐	国府郷	辻次郎兵衛尉				一三四〇〇		辻家文書	一二四〇

5	永禄11・2・7	武田家朱印状写	甲斐	狩野川郷	奥山太二右衛門尉1				一三四〇〇		甲斐国志草稿	一二四一
6	永禄11・5・10	武田家朱印状	甲斐	仏師原郷	網野新五左衛門尉1				一四〇〇	網野新五左衛門尉	網野家文書	一二六七
7	元亀2・4・1	武田家朱印状	甲斐	岩手郷	岩手能登守9、上野清二郎1、宮内右衛門(新衆)1、孫七郎(新衆)1				一二二〇〇	玄仁、上野左近丞、樋口右近丞、上野民部丞、手塚左衛門尉、中村宮同左衛門尉、手塚四郎兵衛、岩波藤衛門尉	上野家文書	一六八七
8	天正4・7・21	黒沢郷棟別改日記写	甲斐	黒沢郷	大木郎母1、同名孫八郎1、村松半兵衛1(新屋)、法橋2(新屋)、大木大和後家1	31	21	8	九〇五〇	塚原六右衛門尉、平原三右衛門尉	甲斐国志草稿	二六九四
9	天正8・11・28	武田家朱印状写	甲斐	井口郷	井口織部1、善兵衛2(新屋1)、弥三左衛門2(新屋1)、相原善之丞(新衆)、野中清右衛門尉(新衆)1、惣兵衛1、三右衛門1、相原与治右衛門尉1(拝屋)	14	20	2	五七〇五	井口庄左衛門尉、同名四郎右衛門尉、惣左衛門	甲斐国志	三四五二
10	(年月日未詳)	某朱印状	甲斐	中尾郷	早川五郎左衛門尉1、同名宮内丞1、早川右近丞1				八四〇〇	早川宮内丞、同名右近丞、同名九郎右衛門尉、田久佐川源七郎	早川家文書	三九六二

出典：『戦国遺文武田氏編』。数字は史料番号。

立公事、普請役を統合し、棟別を単位として賦課する体制が確立されたと見ることができる。

三　税制の強化と諸役免許

1 永禄末～元亀年間の棟別改めと諸役免許

永禄十一年（一五六八）十二月、武田氏は今川領国の駿河へ侵攻し、翌年には今川氏を没落させた。これ以後、武田氏は東海地域を中心に戦線を拡大し、北条・織田・徳川氏などの諸勢力と抗争を繰り広げていく。そしてこの時期に、武田氏が諸役賦課のあり方を見直していくことになる。一つは、弘治年間に続く大規模な棟別改めを行ったことである（表№4～6）。もう一つは、領国内から新たな「兵」を確保するため、大量に諸役免許者を創出したことである（第十二章を参照）。

〔史料2〕武田家奉行連署証文写（「西郡筋鮎沢村藤巻家伝写」戦武一一八七）

一、今度応御下知、帯弓箭罷出候共、向後如此被召使間敷事、
一、奉公之模様により御普請役御免許事、
一、武具等嗜候者、棟別役永代御免許事、以上、

卯（永禄十年）
　八月十二日
　　　　　　　　攀桂斎（跡部伊賀守）
　　　　　　　　　　　　祖慶　朱印

工藤源左衛門尉
昌秀　朱印
跡部美作守
勝忠　朱印
甘利左衛門尉
信忠　朱印
鮎沢郷

〔史料3〕武田家朱印状（「工藤家文書」戦武一六四三）

定

今度応　御下知、於于参陣之輩者、何之被官成共、御普請役被成御免許畢、然而依于武具以下之体、可被宛行相当之御恩者也、仍如件、

元亀二年辛未
正月十一日（竜朱印）　土屋右衛門尉奉之

追而、累年勤軍役人之外也、

信州下伊那宿々
大小人

史料2では、武田氏の動員に応じて馳せ参じた者に対して、奉公の次第では普請役を免許し、さらに武具を自前で用意した者に対しては棟別役を永代免許するとある。史料2が発給された永禄十年の段階では、単に動員に応じるだけでなく、諸役免許の前提として、戦場での働きも求められている。しかし、元亀二年（一五七一）に発給された史料

3では、参陣した段階で普請役免許を認めており、武田氏が「兵」の確保に躍起になっていたことが窺える。

さらに同年には、領国内でこれまで武田氏に対する軍役奉公を行っていなかった者たちに対して、陣参の条件として春と秋の両棟別、普請役や隠田改めを軍役衆同然に免除した文書が大量に発給されている(「岡部家文書」戦武一六八〇など)。実際に、この時期を境にして、「新衆」と呼ばれる新たな棟別免許者が増加していることは、元亀二年の棟別改め(表№7)を見ても明らかである。

すなわち、武田氏は戦線の拡大にともない、財源確保のために税制の強化を図ったが、その基盤である村や町から「兵」を募り、諸役免許者を増加させることで、財源の確保を困難にするという矛盾を生み出していったのである。

2　天正期の税制強化

長篠合戦に敗れた天正三年(一五七五)以後、武田氏の諸役賦課と免許に対する姿勢に、大きな変化が見られるようになる。

〔史料4〕　武田家朱印状写(「内閣文庫所蔵「甲斐国古文書」」戦武三四二四)

定

於于青柳郷、可被新宿之由候条、除棟別幷御普請役、自辛巳(天正九年)至于来丁未(癸未、天正十一年)之年三ヶ年之間、諸役有御免許之由、

被仰出者也、仍如件、

天正八庚辰

九月十九日(獅子朱印影)

秋山摂津守(昌成)

奉之

一条上野介(信竜)殿

史料4は、青柳郷(南アルプス市)の新宿開発にともなって、棟別・普請役を除いた諸役賦課を天正九年から三年間免許するという内容である。それまで荒地や新宿の開発については集住政策として、年限を設定した上で全ての諸役を免許するのが原則であったが(「中村不能斎採集文書」一〇」戦武一五六五など)、史料4では棟別役が諸役免許の対象から除外されていることから、この段階で武田氏が棟別役の賦課を強化していることが窺える。天正期に新屋からの棟別銭徴収が倍額の一〇〇文に増額されたことは前述した通りであるが、実際に天正期の棟別改め(表№8・9)からも、本屋の他に新屋や明屋からの賦課が増加している点など、武田氏が棟別役の賦課を強化していた様子を窺い知ることができる。

また普請役についても、通常の「郷次の普請役」の他に、新たな役の創出が見られるようになる。

〔史料5〕武田家朱印状(「康楽寺文書」戦武三〇一〇)(前略)

右衆、帯妻妾之由候之条、向後懸彼役、御普請御免許候了、但一国一統之御普請并於懸田畠諸役者、如累年可令勤仕之旨、所被仰出也、仍如件、

釣閑斎(長坂虎房)
奉之

天正六年
八月廿一日(竜朱印)

白鳥
康楽寺

史料5では、妻帯役を負担する代わりに普請役を免許するが、「一国一統之御普請」(惣国一統の普請)と「田畠に懸かる諸役」(田役)については従来通り勤めるよう定めたものである。「惣国一統の普請」とは、北条領国でいう「大普請役」に相当するものであったと考えられ、他に「国中一統ニ被仰付御普請」(「判物証文写」戦武二一九四)、「上州一統

之御普請」（「雑録追加」戦武二二二一）等の事例が見られる。

武田領国において、奉公の代償として普請役を免許するという規定は従来通りであるが、通常の普請役とは別に「国役」として賦課される普請役があり、こちらは諸役免許の対象とはされていなかったことがわかる。この背景には織田・徳川・北条氏との対決の中で、領国内の城郭の整備が武田氏にとって急務であったことが次の史料からも窺える。

〔史料6〕武田家朱印状（「八幡神社文書」戦武二九六四）

定

以先御印判、雖八幡領人夫御免許候、諸城之御普請無際限候之間、向後者、在家拾間分、御普請役一切御免許候畢、然則宮殿破壊之所修補、幷宮中之掃除等、不可有疎略之由、被　仰出者也、仍如件、

天正六年戊寅　　土屋右衛門尉（昌恒）
　　卯月九日（竜朱印）　　　奉之
　　　八幡之
　　　　神主殿

史料6では、領国内の諸城に関わる普請役負担が際限なく行われているため、社殿の補修等、維持管理を行うことを条件に、普請役免許を認めた内容となっている（詳細は第七章を参照）。

すなわち、この段階でも武田氏の税制は領国内の村・町などに依拠しており、永禄末～元亀年間と同様に、「兵」の供給源と重複するが故に発生した矛盾が一向に改善されていなかったことがわかる。武田氏は「惣国一統の普請」などのように、諸役免許の対象外となる国役を創出し、領国内に対する賦課を強化しようとしたが、「諸城之御普請無

際限」などの状況から、かえって領国内から反発を招き、その懇願を受け入れる形で、限定付きで役賦課を免除せざるを得ない悪循環に陥っていた。この点は、常に戦争状態に置かれていた戦国大名領国にとって、最後まで克服できなかった問題だったのである。

おわりに

柴辻氏の「諸役体制論」を嚆矢とした従来の研究では、諸役賦課による武田氏の権力編成（在地掌握）が強調され、その中でも特に棟別銭が重視されてきた。これに対し、本章では武田氏が領国内に賦課していた諸役を整理した上で、税制（諸役賦課）の実態を明らかにした。

武田氏が賦課した諸役については、棟別単位で賦課される棟別銭・普請役などの棟別役、耕地単位で賦課される田役の他に、徳役・商役など特定の階層に賦課される役があった。棟別銭や田地銭などの役銭は武田氏の主要な財源であり、給人・寺社領を問わず、領国全体から徴収されていた。また、領国内の人々が従事する役としては、通常の「棟別役之普請」や「田地役之普請」の他に、「惣国一統の普請」などと呼ばれる「国役」があった。すなわち、戦国期の武田領国では、耕地と棟別を単位とする諸役賦課体制が敷かれており、武田氏は領国内の郷村あるいはそれを構成する家を税制の基盤としていたことがわかる。

棟別役には時期ごとの展開が見られる。武田氏の棟別役は信虎期から賦課されていたが、信玄が家督を継いだ直後の天文十一年（一五四二）に「棟別日記」の作成を開始し、天文十六年に「甲州法度」の棟別銭に関する条項、すなわち「棟別法度」を制定することで、棟別役の賦課体制が成立した。弘治年間には、戦乱・災害・郷村社会の変化等、領国内の状況に対応して「棟別法度」の原則を変更し、新法を制定している。これによって、永禄初年に役銭に属する棟別銭と、夫役に属する押立公事、普請役を統合し、棟別を単位として賦課する体制が確立した。

次いで、永禄末から元亀年間にかけて、戦線の拡大と兵力増強のために軍事動員を行い、その見返りとして免許者を増加させたことで、領国内において棟別役負担者の再編成が行われた。また、天正三年（一五七五）の長篠合戦以後には、棟別役免許の原則を変更し、賦課対象の拡大を図っている。以上の事例から、武田氏はその時々の領国内の状況に対応して棟別役賦課の原則を変更し、その都度棟別改めを実施していたことがわかる。

ただし、諸役の賦課・免許は従来から言われてきたような大名固有の権限ではなく、穴山氏・小山田氏などの国衆や地頭（領主）も自領内で大名（武田氏）とは別個の諸役賦課を行っていた。むしろ重要なのは、戦国大名武田氏が国衆領や給人知行地・寺社領を超える上位権力として、支配領域（大名領国）に対する諸税（棟別銭や田地銭）や夫役（普請役など）を賦課する権限を有していた点にある。また、不入と諸役賦課の事例を見ても、守護段階と戦国大名段階では、武田氏の領国支配構造が大きく異なっていた点を確認できた。

註

（1）佐脇栄智「後北条氏の税制改革について―反銭・懸銭を中心に―」（『後北条氏の基礎研究』吉川弘文館、一九七六年。初出一九六二年）、同「後北条氏棟別銭考」（同上。初出一九六九年）、同「後北条氏の夫役について」（同上。初出一九七四年）。

（2）池上裕子「北条領の公事について」（『戦国時代社会構造の研究』校倉書房、一九九九年。初出一九八三年）、同「後北条領国における身分編成と役の体系」（同上。初出一九八四年）。以下、池上氏の見解は本論による。

（3）黒田基樹「戦国大名の「国役」とその性格―安全保障と「村の成立」の視点から―」（『中近世移行期の大名権力と村落』校倉書房、二〇〇三年）。以下、特に断らない限り、黒田氏の見解は本論による。
（4）柴辻俊六「戦国期の棟別役」（『戦国大名領の研究―甲斐武田氏領の展開―』名著出版、一九八一年。初出一九七三年）、同「武田領の反銭と棟別役」（『戦国大名武田氏領の支配構造』名著出版、一九九一年。初出一九八二年）。以下、特に断らない限り、柴辻氏の見解は本論による。
（5）山中（山室）恭子「中世のなかに生れた「近世」―戦国大名武田氏の場合―」（柴辻俊六編『戦国大名論集10　武田氏の研究』吉川弘文館、一九八四年。初出一九八〇年）。以下、山室氏の見解は本論による。
（6）柴辻俊六「武田領の諸役体制」（前掲『戦国大名武田氏領の支配構造』。初出一九八七年）、同「武田氏領の諸役」（『戦国期武田氏領の地域支配』岩田書院、二〇一三年。初出二〇一一年）。
（7）平山優「戦国大名の諸役賦課と納入の実現形態―棟別と「郷中」の関係を中心に―」（『戦国大名領国の基礎構造』校倉書房、一九九九年。初出一九八八年）、同「郷村内身分秩序の形成と展開―郷村祭祀と家役との関連を中心に―」（同上。初出一九九一年）。
（8）『山梨県史』通史編2中世（二〇〇七年）第八章第一節（平山優執筆）。以下、特に断らない限り、平山氏の見解は本書による。また、平山優『武田信玄』（吉川弘文館、二〇〇六年）にも同様の記述がある。
（9）柴辻前掲註（4）、平山前掲註（7）等。
（10）宇田川徳哉「武田氏領国の「田役」賦課」（『武田氏研究』二三号、二〇〇一年）。以下、宇田川氏の見解は本論による。
（11）平山前掲註（8）。
（12）有光友學「今川氏と不入権」（『戦国大名今川氏の研究』吉川弘文館、一九九四年。初出一九八二年）。

(13) 久保健一郎「戦国大名と「不入」権」(『戦国大名と公儀』校倉書房、二〇〇一年。初出一九九〇・一九九三年)。
(14) 柴辻前掲註(6)「武田氏領の諸役」。
(15) 矢田俊文「戦国期甲斐国の権力構造」(『日本中世戦国期権力構造の研究』塙書房、一九九八年。初出一九七九年)。
(16) 黒田基樹「戦国大名権力の成立過程—扇谷上杉氏を中心に—」(前掲『中近世移行期の大名権力と村落』。初出二〇〇〇年)、黒田前掲註(3)。
(17) 奥野高広『武田信玄』新装版(吉川弘文館、一九八五年。初版一九五九年)二一頁。
(18) 「相州」「羽州」の人名比定は丸島和洋氏のご教示による。
(19) 勝俣鎮夫「葦の髄から天井のぞく—「常在寺衆年代記」を読む—」(『中世社会の基層をさぐる』山川出版社、二〇一一年。初出一九九八年)。
(20) 黒嶋敏「棟別銭ノート—中世的賦課の変質過程—」(『中世の権力と列島』高志書院、二〇一二年。初出一九九八年)。なお、黒嶋氏が「鎌倉・室町期に寺社造営の勧進として徴収されていた棟別銭を、武田氏が恒常的な一般税に転用した」と評価している点は、武田領国における棟別役の成立過程を考える上で重要だが、同説は勝俣氏の論考(前掲註19)を前提としており、本章および第十章で検討しているように勝俣説が妥当でない以上、これに基づいた黒嶋説も成立しないことは明白である。
(21) 黒田基樹「戦国大名の統一的税制確立の背景」(前掲『中近世移行期の大名権力と村落』。初出二〇〇二年)。
(22) 平山前掲註(8)『武田信玄』一七一〜一七四頁。
(23) 平山前掲註(7)。
(24) 田中久夫「武田氏の妻帯役」(『日本歴史』四六号、一九五二年)。

(25) 菅原正子「戦国大名と「国法」―武田・北条氏領国の場合―」(『武田氏研究』三六号、二〇〇七年)。ただし、第八章で言及しているように、「甲州法度」に対する菅原氏の評価については多くの問題点がある。

(26) 佐脇敬一郎「甲斐武田氏の普請役について」(『信濃』五七巻七号、二〇〇五年)。

[付記] 初出論文から検地に関する部分を第一章として分離し、「はじめに」の冒頭(北条領国における公事の研究史)と第一節2「「検断不入」と諸役賦課」を加筆した。また、武田氏の田役と普請役については本書の第六章・第七章で検討しているため、重複する部分を削除した。さらに「おわりに」では、「総括―検地と税制の関連性―」を終章に組み入れ、本章の論旨を明確にするため、冒頭と末尾の部分を加筆した。

第六章　武田氏の田役と段銭

はじめに

戦国大名が領国内に賦課した公事のうち役銭に属するものとして、棟別（屋敷）に賦課された棟別銭と反別（田地）に賦課された段銭（反銭）が挙げられる。鎌倉・室町期の段銭は幕府・守護が諸国に賦課した臨時税であったが、戦国期には北条氏・今川氏などの戦国大名が段銭を恒常的な税として位置づけている。[1]

一方、武田氏の税制は棟別銭が主であり、研究成果も多く提示されているのに対し、同時期に武田氏が賦課していた「田役」については、他の戦国大名領国に見られる段銭と同じか否かが議論の中心となっている。

戦国大名の領国支配を論じた宮川満氏[2]・藤木久志氏[3]は、「春芳代官年貢所済注文」（史料3）を例に挙げ、武田氏の「田役」を段銭と同様に評価している。これに対して、柴辻俊六氏[4]は「田役＝段銭」とする説を否定し、田役は地頭給人に対して一定率で賦課された地頭役（知行役）であり、駿河における若干の例外を除いて段銭は本年貢体制に収束され、武田領国では棟別の諸役のみが広範に展開されたと主張した。また山中（山室）恭子氏[5]は、永禄八年（一五六五）～九年の「祭祀再興次第」に見える「田地役」に着目し、田役が諏訪大社における旧来の規定に基づいて賦課されたものであると述べている。しかし、山中（山室）氏が田役とは別に段銭の存在を見出そうと試み、史料が現存しない上級家臣への賦課と想定した点については、柴辻氏の反論[6]が提示されている。

一方、最近では宇田川徳哉氏[7]が田役の再検討を行い、地頭が田役を徴収し武田氏に納入されていた点、田役が武田氏の「諸役」の一部であり、同様の賦課原理（定納貫高への賦課）を有する課役の総称であった点などを指摘している。また、平山優氏[8]は普請役との関係に着目した上で、甲斐における田役（田地役）を夫丸（現夫）と夫銭（代銭納）の総称として結論づけている。

そしてもう一つ、重要な成果でありながら従来の研究であまり注目されていないのが、伊藤富雄氏[9]の論考である。伊藤氏は武田氏の田役を給人に賦課された新税と評価し、武田氏の直接財源になっていたことを明らかにするなど、既に一九六〇年代の段階で武田氏の田役に関する基本的な事項を指摘していたことがわかる。

そこで本章では、上記の研究成果を基に、武田氏の田役賦課の実態について再検討を試みる。特に、先行研究で論点になっている段銭との関係や、田役が武田氏の公事の中でどのように位置づけられていたのか、基本的な事項を明らかにしたい。

一　田役賦課の実態

戦国期の武田領国における現存史料の中で、田役に関するものは二一点が確認できる。初見は天文十一年（一五四二）閏三月に、武田氏が田地に懸かる夫役を免許したものである（表№1）。では、これ以前の武田氏は田役、あるいは段銭を賦課していなかったのであろうか。

この点については宇田川氏が、弘治三年（一五五七）十一月に「京進面付」（正親町天皇の即位費用の供出）を目的として武田氏が田役を徴収した事例（「安藤家文書」戦武五七八）を取り上げ、甲斐では田役の賦課基準が定納貫高であり、反別による賦課ではなかったことを明らかにしている。さらに丸島和洋氏は、(10)他の地域で段銭賦課が恒常化された時期に甲斐が守護不在の混乱期にあり、守護武田氏が段銭を賦課できなかったことを指摘している。

また、武田氏の検地方法は反別で耕地面積を把握していた北条氏や今川氏とは異なり、蒔高で面積を把握し、そこに上中下の等級ごとに設けられた額を掛けて年貢高を算出していた（第一章を参照）。甲斐における田役の賦課基準が反別ではなく定納貫高であったのも、武田氏の検地方法と密接に関係していたと考えられる。

以上の点から、武田氏の田役は段銭と同一、あるいは守護段銭を踏襲したものではなく、天文十年六月の武田晴信（信玄、以下信玄で統一）の家督相続を契機として新たに創出された役であったと想定できる。

次に、田役がどのような形で賦課されていたのかを示す、明確な史料を取り上げる。

〔史料1〕　羽田吉次証文（表No.7）。

彼なかをのひら、かハら《河原》よりきた《北》、かつらほのをね《尾根》さかんて、くまおんそのをね迄、百文のねんく《年貢》にてまつたい《末代》
わたし《渡》申候、其上三貫文にてゆハいをいたし申候、野地にて候間、なに《何》よりとも地にかゝるやく《役》わあるましく候、
此上子共のすゑ《末》なりとも、いへん《違変》申候ハヽ、処のちんしゅ《鎮守》、なむ《南無》せんけん《浅間》大ほさつ《菩薩》の御はつ《罰》をこふむり可申候、
地とう《頭》・たいくわん《代官》、又ハしんるい《親類》・ふるい《部類》なり共、いらん《違乱》あるましく候、はんちや《判者》人にハ弥六殿、筆者そうた
んにて候、しか《然》らハい名おハ取可申候、為後日一筆如件、

しやう人　ぬいゑもん◯《筆軸印、以下同》　善五郎◯
太郎さへもん◯　ひこ二郎◯

表　戦国期武田領国における田役

No.	年月日	文書名	国名	宛所		文言	出典	
1	天文11・③・26	武田家朱印状写	甲斐	甘利半次郎		諸役なき由申候間、彼**田地之夫**幷書連令免許者也	諸州古文書三上	一四〇
2	天文12・1・11	武田晴信朱印状写	甲斐	(欠)		棟別家壱間幷**懸恩地諸役**、免許候者也	窪川家旧蔵文書	一五四
3	天文12・1	武田晴信朱印状	甲斐	やわたの弥次郎		棟別家壱間幷**懸恩地諸役**等、永免許候者也	諸州古文書四下	一五五
4	天文17・3・24	武田家朱印状	信濃	千野靫負尉		**恩地之田役**、何も令免許候	千野家文書	二四〇
5	天文17・12・15	武田家朱印状	甲斐	(欠)		年貢四百文幷役銭仁百文、合六百文之分地頭方江可弁償	恵雲院文書	二八五
6	甲寅・11・29(天文23)	武田家朱印状写	甲斐	金丸宮内丞		除**田地役**、同地頭江之公事、其外普請幷徳役、自今已後令免許	甲州信州武州古文書	四二一
7	永禄3・1・23	羽田吉次証文(寄進状)	甲斐	珍書記		野地にて候間、なに(何)なりとも**地にかゝるやく(役)**わあるましく候	西方寺文書	六八二
8	永禄7・11・24	武田家朱印状	甲斐	御嶽山中		御嶽之内普請役免許訖、但依**田地**銭有催促者、無異儀可相勤者也	諸州古文書四上	九一七
9	永禄8・11・1	武田信玄判物(神事再興次第)	信濃		①	小口・小井川両郷之四把稲(中略)近年**田役**を取候故、四把稲を二把赦免	諏訪大社文書	九六〇
					②	八月十五日之御神事、彦左衛門尉**田地役**に候へ共		
10	永禄9・⑧・25	武田家朱印状	信濃	九頭井之大夫		九頭井社瑞籬・鳥居、以諏方郡上原南北之**田役**、七箇年ニ一度造立之由	矢島家文書	一〇一四
11	永禄9・⑧・28	武田家朱印状	信濃	九頭井之大夫		両度之神事領不足之所、為可補小口之**田役**壱貫文御寄附候	矢島家文書	一〇一八
12	永禄9・9・3	武田信玄判物(祭祀再興次第)	信濃			九頭井之瑞籬・鳥居、諏方郡上原南・北之**田役**を以可建立之旨、露本帳之上者、彼所之**田役**七年ニ一度令催促	諏訪大社文書	一〇二三

13	庚午・9・23（元亀元）	諏訪春芳代官等証文	信濃	神長官（守矢信真）		田辺之内より年貢まへふり渡し申分（中略）仁貫五百文　**田役**之内	守矢家文書	一五九九
14	元亀4・10・28	武田家朱印状	甲斐	市川宮内助（昌房）		**田地役之普請**幷土貢之籾子等、府内へ運送難渋之由候、自今已後、御拘来候**田地相当之役**、堅可被申付候、	反町十郎氏所蔵文書	二二〇一
15	天正5・7・21	武田家朱印状写（造営領次第）	信濃	井之坊・竹居祝		山田之**田役**／堀内**田役**／塩尻**田役**	宮坂家古文書写	二八三五
16	天正6・2・5	春秋之宮造宮之次第	信濃			岡村の御改之時、右之郷**田役**以弐貫文御門屋たて申候	大祝諏訪家文書	二九一九
17	天正6・2	上諏訪造宮帳	信濃		①	北之妻六間、平井弖四十町之田一反ニ二百文宛、**田役**を取集立申候、南六間者宮処八十町ニ是も一反ニ弐百文懸り	諏訪大社上社所蔵文書	二九四二
					②	酒室造宮銭　千野・青柳・田沢三ヶ村ノ**田役**ニ而立申候		
					③	同社之御鳥居・玉垣・外垣　上原之**田役**七年ニ壱度取集		
					④	野焼御宝殿瑞籬・廓・鳥居　真志野郷以**田役**可造立（中略）軍役衆ニ右之**田役**就御赦免、		
					⑤	金子鎮守宮宝殿　右之郷（真志野郷）**田役**七年壱度、壱反ニ米壱舛役懸、		
					⑥	楯屋南方御社御造栄之義　栗林南方七年壱度、以**田役**可加修理（中略）右之郷一反ニ百銭宛之役銭雖取集候		
					⑦	楯屋北方御宮御造栄事　栗林北方七年一度、以**田役**可加修理（中略）去壬申年右之郷壱反百銭宛取集		
18	天正6・8・21	武田家朱印状	信濃	白鳥康楽寺		一国一統之御普請幷於**懸田畠諸役**者、如累年可令勤仕	康楽寺文書	三〇一〇

No.	年月日	文書名	国名	宛所	文言	出典	
19	天正6・8・21	武田家朱印状	信濃	善願寺	一国一統之御普請幷於**懸田畠諸役**者、如累年可令勤仕	真宗寺文書	三〇一一
20	天正7・11・13	穴山信君朱印状		馬場宮内助	自前々普請役御赦免之条、**田役**共ニ不可有異儀者也、	七条家文書	三一九二
21	天正9・5・20	武田家朱印状	甲斐	御嶽山中	御岳之内御普請役之事、除**田地役**、以先御印判、被成御赦免	諸州古文書四上	三五四九

出典：『戦国遺文武田氏編』。数字は史料番号。
年月日：丸数字は閏月。

羽田惣衛門
永禄三年《かのへさる》正月廿三日　吉次（花押）
珍書記へ
参

史料1では売買の対象とされた土地について、年貢の他に「地に懸かる役」がない「野地」であることが明記されている。また宇田川氏が既に取り上げているが、恵雲院（甲府市）の僧の名請地から「年貢四百文幷役銭仁百文」を地頭へ弁償するよう武田氏が命じた史料（表No.5）からもわかるように、甲斐国内の田地には年貢の他に「地に懸かる役」、すなわち田役が賦課されていたことが明らかである。

これらの田役は「田地銭」とも呼称され（表No.8）、伊藤氏・宇田川氏が既に指摘しているように、郷村から「郷次諸役」として給人が徴収し（御料所＝直轄領は武田氏が徴収）、給人から武田氏に納入されていた。

その一方で、普請役としての田役も存在したことが次の史料から窺える。

〔史料2〕武田家朱印状（表№14）

定

其方知行境・後屋敷両郷之百姓、田地役之普請幷土貢之籾子等、府内へ運送難渋之由候、自今已後、御拘来候田地相当之役、堅可被申付候、此上若及異儀者、可被加御成敗之由、被仰出者也、仍如件、

元亀四癸酉

十月廿八日（竜朱印）

跡部大炊助

奉之

市川宮内助殿

例えば史料2では、市川昌房の知行地である甲斐の境（甲斐市）・後屋敷（山梨市）両郷が「田地相当之役」を勤めるよう武田氏から命じられているが、その内実は普請役であり、府内（甲府市）への年貢運搬と並ぶ夫役として位置づけられている。なお、宇田川氏・平山氏が指摘したように、後年の安堵状（「反町英作氏所蔵文書」山5一〇一〇～一）には「夫銭共ニ田夫弐人」「夫丸」と記載されており、この時に賦課された普請役は人夫の供出と代替措置としての夫銭納入を含むものであったと考えられる。このように、武田氏の田役には役銭（田地銭）の徴収と夫役（普請役）の両方が存在したことがわかる。

また、軍役衆（郷村や町に居住し、武田氏への軍役奉公を行っていた者）には棟別役と同様に、武田氏が田役を免許することがあった（表№17④）。給人に対する田役の免許は先学が指摘するように武田氏への納入免許を意味し、郷村から徴収された田役は給人の収入になっていたと考えられる。

なお先行研究では、武田氏の分国法「甲州法度之次第」（「東京大学法学部所蔵文書」戦武二一八）に田役や段銭に関する記述がない点が強調されているが、第三十六条に「惣而棟別不可懸田地事」とあるように、棟別役を田地に懸けてはならないことが明記されている。これは田地に対して田役が賦課されていたためであり、武田氏が田役を棟別役と並ぶ主要な公事の一つと見なしていたことが窺える。

二　信濃における田役賦課

信濃における田役の初見は、永禄八年（一五六五）〜九年に行われた諏訪大社の祭祀再興であり（表№9〜12）、天正五年（一五七七）〜七年の造宮事業でも多くの事例が見られる（№15〜17）。

〔史料3〕春芳代官年貢所済注文（「守矢家文書」戦武一五九九）

神長官殿江田辺之内より年貢まへふり渡し申分

合拾貫文　大政所

合壱貫文　荒玉神事

都合拾壱貫文　此百姓

壱貫仁百文　小町屋の番匠 与五右衛門

此田役

百五十文　同人まへ

六百文　　　　　　いまはしの太郎左衛門

　此役

五十文　　　　　　同人まへ

　（六名分略）

　以上八貫五百文

　此外

仁貫五百文　田役之内右衛門てう（尉）・四郎左衛門、両人より

　以上拾壱貫文渡申候、

（元亀元年）庚午九月廿三日　　　春芳代官 惣助（花押）

　　　　　　　　　　　　菅右衛門（黒印）

神長官殿
　参

史料3は多くの先学が検討の対象としているが、伊藤氏の分析が最も詳細である。それによると、対象地は諏訪大社上社の大政所職再興のため、田辺郷（諏訪市）の武田氏御料所（直轄領）が寄進されたものであり（「諏訪大社文書」戦武九六五、「守矢家文書」戦武一二〇七～八）、八名分の年貢と田役の合計八貫五〇〇文に、右衛門尉と四郎左衛門の田役二貫五〇〇文を加えた総額の一一貫文が記載されている。伊藤氏は後者が田役のみ負担している点について、両者の年貢分が武田氏か他の地頭に納入されており、田役が別人（この場合は諏訪大社）に給与される場合もあったと述べている。

その一方で、宇田川氏が既に指摘しているように、信濃での田役賦課の基準は反別（一反あたり銭で二〇〇文か一〇〇文、あるいは米で一升）であり（表No.17①⑥⑦）、諏訪大社の「御帳」（先例書）に依拠して行われていたことも事実である。前節で武田氏は守護段銭を踏襲せず、新たな公事として田役を創出したと述べたが、信濃における田役は甲斐とは異なる基準・経緯で賦課された可能性が高い。これに関しては、伊藤氏が既に重要な指摘をしている。

〔史料4〕「守矢満実書留」(11)　文明十一年九月条

十一日、闕俺、御上増、日照候、白河・白姫大祝殿御装束代出候、於神前御祈禱無怠転候、御心安可有思食候、今度大祝殿(諏方継満)不慮御出陣候間、被直御位ニ御立候間、任先例御装束分、白河・白姫田銭一反ニ二百宛、役銭集被進候間、其分申付候処、赤沢左馬助方当社難渋被申□候、御前様以御意見、如先々地下人等仰付、彼役銭可有御進上候、然者可有神慮御納受候、先年大祝殿就御出陣御立被直候、任神例今年如此候、暦応三年戊寅、相模次郎殿(北条時行)信濃国伊那郡内大徳王寺城六月廿四日被楯籠、其時大祝殿頼継父祖忠節難忘而同心馳籠、当国守護小笠原貞(宗)□符中御家人候共、同廿六日馳向、七月一日於大手数度合戦、其後大祝殿位立被直、此時も御装束代白河・白姫六十六反田別銭被取候、其後貞治四年乙巳十二月十四日、塩尻於金屋、当国守護小笠原信濃守与諏方大祝信濃守直頼為合戦、大祝討負、同五年丙午正月廿日、小笠原与大祝、村上兵庫助・香坂・春日・長治(沼)以下宮方合戦討勝、此時も□直頼大祝位立被直、御装束代白河・白姫請取候、如此大祝殿御装束免田候間、役《タイリ》・伊勢役不仕、堅仰付可有候、恐々謹言、

文明十一年閏九月廿二日　　神満実判

謹上　坂西兵部少輔殿

史料4によると、戦陣で血穢となった大祝は位に復帰するため「位立直し」（再度大祝に即位する儀式）を行う必要が

あり、その装束代として白河（白川、松本市）・白姫（同前）両郷の地下人から反別二〇〇文の田銭（田別銭）を徴収していたことが見える。文明十一年（一四七九）九月に大祝諏方継満の「位立直し」を行った際には、南北朝期の暦応三年（一三四〇）・貞治五年（一三六六）に田銭を徴収したことが先例として挙げられており、白河・白姫両郷では田銭を負担するための「大祝殿御装束免田」が設けられていたこともわかる。なお伊藤氏は、段銭勤仕であった内裏役（内裏造営役）・伊勢役（伊勢神宮の造営役）が「大祝殿御装束免田」で免許されていたことを挙げ、史料4に見える田銭（田別銭）を反銭と捉えている。

この田銭（田別銭）が反銭と同等かどうかは、なお検討の余地があるが、反別二〇〇文という賦課基準は戦国期と全く同じであり、少なくとも信濃では武田領国に編入される以前から、諏訪大社の祭礼費用として各郷村に田銭（田別銭）が賦課されていたことは間違いない。すなわち、信濃における田役は前代から郷村に賦課されていた役銭を踏襲したものであり、武田氏は諏訪大社の先例に依拠して田役を徴収しながら、本来は臨時の課役であった田役を恒常的な「田畠に懸かる諸役」（表No.18・19）に編成していったことが想定できる。同じ「田役（田地銭）」という名称でも、武田氏の本国甲斐と占領地の信濃では、その経緯や実態は大きく異なっていたのである。

三　駿河における段銭賦課

永禄十一年（一五六八）十二月、武田氏は今川領国の駿河へ侵攻し、その後、天正十年（一五八二）三月の滅亡まで駿河を領有した。既に柴辻氏が「若干の例外」として挙げているように、駿河において武田氏が段銭を徴収したことは紛れもない事実である。本節ではこの点について検討したい。

〔史料5〕武田家朱印状（「鎌田武男氏所蔵文書」）戦武二一六一

定

駿州段銭事、従旧規存知之事候之条、岡部次郎右衛門尉・大井孫三郎・玉木与四郎・高井次郎右衛門尉有談合、
如前々相調、可被致進納之由、被　仰出者也、仍如件、

元亀四年癸酉　跡部美作守奉之
九月三日（竜朱印）
朝比奈彦右衛門尉殿

〔史料6〕武田家朱印状（「小室開弘氏所蔵文書」）戦武二一七九

定

一、駿州段銭之事、御代官被仰付候之条、従当秋如旧規令催促、（可脱カ）有進納之事
一、被載先御判形、為私領被下置候段銭之儀者、不及催促歟、御判形之外者、無疎略被相改、可被納御蔵之事、
一、為始御料所、雖為何之人、被相拘知行之段銭、催促之上為難渋者、可被致披露、被聞召届、可被加御下知之事、

右具在前、

元亀四癸酉　跡部美作守
九月廿一日（竜朱印）　奉之
朝比奈彦右衛門尉殿

元亀四年（一五七三）九月、武田氏は今川旧臣の朝比奈真直を代官に登用し、駿河国内からの段銭の徴収を担当させた。その理由は史料5によると、朝比奈が段銭徴収についての「旧規」を知悉しているためであり、同じく今川旧臣

である岡部正綱ら四名と談合して徴収にあたるよう指示を出している。また史料6では、御料所・知行地を問わず、武田氏の「御判形」で給分として宛行われた者以外から段銭を徴収し、「御蔵」へ納めるよう命じている。

この事実は、それまで甲斐・信濃・西上野などを領有していた武田氏が、段銭を徴収するための経験や知識を有していなかったことを示している。そのため、段銭徴収の経験を持つ今川旧臣の中から朝比奈らを代官に登用し、その職務を担わせたと考えられる。

現在確認できる史料を見ても（表を参照）、田役は甲斐・信濃でのみ賦課され、武田領国下の駿河では賦課されていない。一方、段銭は旧今川領国の駿河でのみ賦課され、甲斐・信濃では賦課された形跡が全く見られない。すなわち同じ武田領国でも、甲斐・信濃と駿河では税制の体系が全く異なっていたことがわかるのである。

しかし、史料6に記載されているように、武田氏が一部の免許者を除いて御料所（直轄領）・知行地の別なく段銭を賦課していたことも、また事実である。武田氏は今川氏の税制である段銭をそのまま踏襲しながらも、棟別役・田役などと同様の公事収取体制に編成していったことが、これらの事例からも窺い知ることができる。

四　田役賦課の踏襲

最後に、武田領国内の国衆領や天正十年（一五八二）三月の武田氏滅亡後を事例として、田役賦課の実態について検討したい。宇田川氏は、天正十九年から文禄二年（一五九三）まで豊臣政権の下で甲斐を領有した加藤光泰が国中地域（甲府盆地一帯）の杣大鋸中に対して「公用役・田地役」を免許した例（「敷島町北山筋旧十二ヶ村古文書保存委員会所蔵文書」山8六五）を挙げているが、信濃でも以下のような例が見られる。

〔史料7〕真田氏給人知行地検地帳[12]（前後略）

山岸新五右衛門尉　知行

上　堰上畑 弐百文○　見出　七拾文○　手作

上　へつほ四升蒔 七百文○ 百廿文役　見出　百廿文○　手作

（五筆分略）

中　河原田壱斗弐升五合蒔 弐貫文○ 百廿文役　見出　四百文○　手作

中　藤沢はた 三百文○　見出　五拾文○　同

中　はけた之はた 五百文○　見出　六拾文○　手作

上　下まのあて九升蒔 壱貫八百文○ 弐百四拾文役　見出　百文○　源右衛門

本　六貫九百文

役　四百八拾文

見出　壱貫百五拾文

合　八貫五百三拾文

史料7は信濃国小県郡の国衆真田氏が、天正七年～八年に本拠の真田郷（上田市）を中心に作成したと推定されている検地帳で、『真田町誌』(13)による詳細な分析が行われているが、田役についての言及はない。

ここでは田にのみ役銭が記載され、六〇文ごと（六〇文・一二〇文・一八〇文・二四〇文）に賦課されているが、「米仁升百廿文積」とあるように、米一升＝六〇文の計算で、実際は米（一升～四升）で納入されていた。ただし、真田氏の田役は面積（蒔高）と関係なく賦課されており、甲斐（定納貫高）・信濃（反別）とも賦課基準が大きく異なる。真田氏は武田氏の滅亡後、豊臣政権下でも蒔高による検地を行い、元和八年（一六二二）に松代（長野市）へ転封されるまで貫高制を採用しているが、(14)これは武田氏の遺制を踏襲したものと考えられ、領国支配でも武田氏との共通性が多く見られる。田役も武田氏の収取体制をそのまま踏襲したと考えられるが、その賦課基準については第四章で検討しているので参照されたい。(15)

〔史料8〕　諏訪頼忠判物写（「仏法寺文書」信16六二）

一、仏法紹隆寺御抱之関口分幷開雲院領、其外散在領地・田役以下、如　勝頼公御代、可為御仕配之事、
一、新儀・旧儀一切之課役、毛頭無異議奉赦免之事、
一、鏡誉坊後住之義、御指図次第必々不可有別儀之事、

天正十一癸未
五月廿六日　　諏訪安芸守
頼忠在判
尾州万徳寺当住
法印尊朝大和尚

次に史料8では、武田氏の滅亡後に信濃国諏訪郡を支配した諏訪頼忠が、仏法紹隆寺（諏訪市）の寺領・田役を前代

の武田勝頼の時と同様に安堵している。諏訪氏は小井弖藤四郎にも「恩地之内田役三反前」を免許しており（「工藤文書」信16二二八）、武田氏の税制をそのまま踏襲し、反別を基準として田役を賦課していたことが明らかである。

〔史料9〕虎岩本帳（「平沢家文書」信16五一一）（前後略）

中村善兵衛知行

壱貫九百文　但此内壱貫文彦兵衛前より取候 九百文六兵衛方より取候　本年貢

三百文　中村屋敷 足之口　同人

壱俵亥之増　是ハ彦兵衛前より出、

百四拾文　天役

（中略）

平沢菅右衛門尉知行

拾九貫百文　つくへ山下 此内壱貫五百文 原畠　本年貢

弐貫四百文　天役　是ハ御赦免之御手形御座候、

〔史料10〕虎岩郷本帳（「平沢家文書」信17二〇三）（前後略）

宮ノほら　いぬかへり

壱貫九百文　田此内壱貫文 九百文　彦兵衛 六兵衛

亥之増

弐百文　彦兵衛□

参百文　　大豆六舛ます　屋敷

百四拾文　　天役

合弐貫百文

此米拾俵壱斗　　本成（増共二）□□□

（中略）

七ほう田
参貫文　　田此内七百文荒間　　勘右衛門分
とミたノすいとく作

（七筆分略）

飛岡
七貫六百文　　田畑此内壱貫八百五拾文荒間　　同人分
与次郎作

弐貫四百文　　是申事有之五舛石　　天役

合拾九貫百文此内三貫九百五十文荒間

此米七拾九俵壱斗　　本成

史料9は、武田氏滅亡後に信濃を領有した徳川氏の下で伊那郡飯田（飯田市）を本拠とした菅沼氏[16]が、天正十五年に虎岩郷（同前）を対象として作成した「本帳」（知行帳）である。また史料10は、同十八年七月に菅沼氏が上野国吉井（高崎市吉井町）へ転封された後、同年十月に郷代官の平沢道正が作成した「本帳」である。両者の記載内容は対応しており、菅沼氏転封前後の村落構造がわかるようになっている[17]。

ここでは「本年貢」「亥之増」（天正十五年の増分）と「天役」が記載され、一斗あたり一〇〇文（一俵＝二斗＝二〇〇文）

で換算されている。[18] なお、「天役」は「本成増共ニ」（本年貢と増分の合計値）に含まれず、年貢分とは別に扱われていた。また「役銭」とも記されていることから田地に懸かる役銭であり、実際は現物（米）で納入されていたと考えられる。伊藤氏は「天役」と田役が同じものであり、給人から菅沼氏に納入すべき課役で、本年貢や「亥之増」とは異なる租税であったと評価しているが、伊那郡を支配した菅沼氏も武田氏の支配体制を踏襲し、田役を賦課していたことが確認できた。

おわりに

武田氏の田役に関する基本事項は以下の五点である。(1)田役（田地役）は棟別役と同じく郷村・町などの住民が負担する「郷次諸役」であり、役銭（田地銭）と夫役（普請役）の両方が存在した。(2)田役は田地に対して、年貢とは別に賦課された役である。(3)田役は給人が徴収し、武田氏に納入（御料所＝直轄領では武田氏が直接収取）された。(4)軍役衆には軍役奉公の代償として、棟別役と同様に田役を免許されることがあった。(5)給人に対する田役の免許は武田氏への納入免許を意味し、郷村から徴収された田役は給人の収入になっていた。以上の結果から、武田氏が田役を棟別役と並ぶ主要な公事の一つと見なしていたことは明らかである。

その一方で、田役の成立過程や賦課基準は各地域で異なっていた。甲斐の田役は武田氏が新たに創出した役であり、定納貫高が基準とされた。また信濃の田役は、武田氏侵攻以前から諏訪大社の祭礼・造宮を目的として郷村に賦課されていた役銭を武田氏が踏襲したものであり、反別が基準とされていた。

さらに武田氏は、今川領国の駿河を領国化した後に同国で段銭を徴収した。武田氏は甲斐・信濃で田役を賦課していたが、段銭を徴収しておらず、逆に駿河では田役を賦課せずに、段銭徴収の経験を持つ今川旧臣を代官に登用して、その職務を担わせている。

このように同じ武田領国でも、地域ごとに税制の体系が全く異なっていたことは明らかである。その一方で、武田氏は各地域を広域的に支配する領域権力として、それぞれ成立過程や賦課基準が異なる役銭・夫役を「諸役」として統合し、御料所（直轄領）・知行地を問わず賦課される公事＝「一国平均之課役」として編成していったと考えられる。

また、武田氏滅亡後に甲斐・信濃を支配した大名・国衆も武田氏の税制を踏襲し、その支配領域内に田役を賦課した。田役は甲信地域にのみ見られる特殊な公事であるが、戦国織豊期の地域社会における慣行として、地域権力（大名・国衆など）にも受容されていたことが窺える。

註

（1）佐脇栄智「後北条氏棟別銭考」（『後北条氏の基礎研究』吉川弘文館、一九七六年。初出一九六九年）、同「後北条氏の夫役について」（同上。初出一九七四年）、池上裕子「後北条領の公事について」（『戦国時代社会構造の研究』校倉書房、一九九九年。初出一九八三年）、同「後北条領国における身分編成と役の体系」（同上。初出一九八四年）。

（2）宮川満「戦国大名の領国制」（『宮川満著作集3　中世社会の諸問題』第一書房、一九九九年。初出一九六七年）。

（3）藤木久志「貫高制と戦国的領主編成―村田・宮川・佐々木（潤）三氏の所論に学ぶ―」（『戦国社会史論―日本中世国家の解体―』東京大学出版会、一九七四年。初出一九六七年）。

（4）柴辻俊六「戦国期の棟別役」（『戦国大名領の研究―甲斐武田氏領の展開―』名著出版、一九八一年。初出一九七三年）。以下、柴辻氏の見解は本論による。

（5）山中（山室）恭子「中世のなかに生れた「近世」―戦国大名武田氏の場合―」（柴辻俊六編『戦国大名論集10　武田氏の研究』吉川弘文館、一九八四年。初出一九八〇年）。
（6）柴辻俊六「武田領の反銭と棟別役」（『戦国大名武田氏領の支配構造』名著出版、一九九一年。初出一九八二年）。
（7）宇田川徳哉「武田氏領国の「田役」賦課」（『武田氏研究』二三号、二〇〇一年）。以下、宇田川氏の見解は本論による。
（8）『山梨県史』通史編2中世（二〇〇七年）第八章第一節（平山優執筆分）。以下、平山氏の見解は本論による。
（9）伊藤富雄「武田氏の土地制度と下伊那の本帳」（『伊藤富雄著作集第三巻　信濃中世土地制度研究』永井出版企画、一九八一年。初出一九六一～二年）。以下、伊藤氏の見解は本論による。
（10）丸島和洋「室町～戦国期の武田氏権力―守護職の評価をめぐって―」（『戦国大名武田氏の権力構造』思文閣出版、二〇一一年）。
（11）『新編信濃史料叢書』第七巻、一四六頁。
（12）真田町誌編纂室編『真田氏給人知行地検地帳（真田町誌調査報告書第二集）』（真田町教育委員会、一九九八年）。
（13）前掲註（12）解説（桜井松夫執筆）、『真田町誌』歴史編上巻（一九九八年）、第三編中世第三章第三節（小池雅夫執筆）・第四節（桜井松夫執筆）。
（14）拙稿「豊臣政権下の信濃検地と石高制」（『信濃』六二巻三号、二〇一〇年）。
（15）初出論文の発表後、宮島義和氏は「真田領における田役について」（『信濃』六四巻八号、二〇一二年）で、田役の賦課基準が面積（蒔高）ではなく貫高であるという見解を示している。これに対して、筆者は真田領の田役が元は「一反役」であり、賦課基準を一反（三六〇歩）＝一二〇文とする仮説を提示した（第四章を参照）。
（16）吉田ゆり子「天正検地と「知行」―信州下伊那郡虎岩郷を事例として―」（『兵農分離と地域社会』校倉書房、二〇〇〇

年。初出一九九〇年）、柴裕之「徳川氏の伊那郡統治と菅沼定利」（『戦国・織豊期大名徳川氏の領国支配』岩田書院、二〇一四年。初出二〇〇五年）を参照。

(17) 拙稿「信濃国下伊那郡虎岩郷における天正期「本帳」と「知行」の再検討」（『駒澤大学史学論集』三四号、二〇〇四年）。

(18) 戦国織豊期の信濃では「国枡」（甲州枡と同等の二斗枡）が基準枡とされ、豊臣政権の基準である京枡（四斗枡）や駿河・遠江の基準枡である下方枡（三斗枡）との換算値が存在した。詳細は、平山優「戦国期東海地方における貫高制の形成過程—今川・武田・徳川氏を事例として—」（『武田氏研究』三七・三八号、二〇〇七・二〇〇八年）、同「戦国期武田領国における貫高制の形成について—甲斐・信濃・西上野三国を事例に—」（柴辻俊六編『戦国大名武田氏の役と家臣』岩田書院、二〇一一年）を参照。

［付記］　宮島氏は、本章の初出論文に対して「武田氏の大名収入となる田役と諏訪社復興のために設定し、上納する田役とは区別して考えたほうが良いと思われる」と述べ、「武田氏の田役とは甲斐国を中心として、貫高を賦課基準とした独特の税制」と評価している（宮島義和『戦国領主真田氏と在地世界』〔六一書房、二〇一三年〕第二章第三節）。しかし、本章で武田領国の田役を「甲斐と信濃では成立過程や賦課基準がそれぞれ異なる」と結論づけたように、宮島氏の著書では事実誤認が多く見られるため、現時点で本文を修正する必要はないと考える。本章では真田氏の田役について、武田氏の収取体制を踏襲したものと評価するに留め、具体的な検討は今後の課題としたい。

第七章　武田氏の普請役

はじめに

第五章では戦国大名武田氏の税制（諸役）について、棟別役の他に田役（田地役）としての普請役も存在した点、普請役には郷村単位で賦課される「郷次《ごうなみ》の普請」と、諸役免許が適用されない「惣国一統の普請」があり、後者が武田氏によって創出された「国役」であった点などを指摘した。続いて本章では、武田氏の諸役の一つである普請役を取り上げ、その実態を明らかにしていきたい。

まず、武田領国における普請役の研究成果と論点を整理する。武田氏の諸役に関する基礎研究を行った柴辻俊六氏(1)は、普請役が棟別銭とともに棟別に懸けられる諸役に含まれるものであると述べ、伝馬役や陣夫役も普請役を基調とした棟別諸役として位置づけている。

一方、近年では地域社会との関係を通して戦国大名権力を評価する視角から、平山優氏(2)の研究成果が提示されている。ここでは武田氏の川除普請について、(1)家臣の知行役として領内の百姓層を動員、(2)洪水の被害を受けやすい地域の人々を受益者負担の形で動員、(3)土豪層が配下の百姓層のみを動員、(4)大名権力が郷村に賦課していた普請役を免許し川除普請に切り替える方法、の四種類に分類し、特に川除普請における労働力編成のあり方から、戦国大名武田氏の権力編成が確立されたことを評価している。

また佐脇敬一郎氏[3]は、武田氏の築城に関する視角から、普請役が永禄三年（一五六〇）から五年頃に棟別役から切り離される形で成立し、「押立」を統合しながら夫役の中核的な位置を占めるようになったこと、領国支配の拡大に合わせて普請体制が強化されていったことを明らかにしている。

さらに最近、柴辻氏[4]が普請役に関する新たな論考を発表したが、佐脇敬一郎氏の説と自説の再確認に留まっており、武田氏の普請役の実態を明確にしたとは言い難い。すなわち、普請役は武田領国における主要な諸役として以前より注目されながら、基本的な事項すら明らかになっていないのが現状である。

そこで本章では上記の問題点を踏まえて、以下の二つを主題とする。一つは、武田氏の普請役に関する基本事項を確認・整理することである。もう一つは、普請役の展開を時系列で整理し、佐脇敬一郎氏が想定する押立公事から普請役への移行、そして元亀～天正年間に武田氏が創出した「惣国一統の普請」に至る流れを追うことで、戦国大名武田氏の普請役の実態について検討したい。

一　武田領国における普請役

1　棟別役と田役

冒頭で整理したように、柴辻氏は普請役を棟別諸役の一つとして捉えている。一方の佐脇敬一郎氏は、棟別役に含まれていた普請の夫役が後に独立し、棟別役と同等な普請役として整備されたと評価している。両氏の見解が果たして妥当かどうか、現存する武田氏の発給文書から確認してみたい。

棟別役としての普請役は、永禄三年（一五六〇）八月の武田家朱印状（「今沢家旧蔵文書」戦武七〇六、「武田家文書」戦武七〇七）に「棟別役之普請、悉皆免許之事」とあるのが初見である。武田氏は弘治年間（一五五五～八）に棟別役を基調とする税制改革を行い、同二年に棟別銭徴収に関する新法（「藤巻家文書」戦武四九三）を発令している（第五章を参照）。詳しくは後述するが、佐脇敬一郎氏によれば「押立公事」から普請役への移行が永禄三年頃を境に行われており、弘治年間の税制改革を契機に、普請役が棟別役の一つとして整備されていったようすが窺える。ただし、その後も奉公の代償として「家壱間御普請役」を免許されているように（「判物証文写」戦武一八三七～八、「望月家文書」戦武一八三九）、普請役は基本的に家（棟別）を単位として賦課されたことがわかる。

その一方で、普請役には棟別に懸かる夫役（棟別役）の他に、田地に懸かる夫役（田役）も存在した（第六章を参照）。田役としての普請役は天文十一年（一五四二）閏三月に「田地之夫」（「諸州古文書」戦武一四〇）とあるのが初見である。その後も「田地役之普請」（「反町十郎氏所蔵文書」戦武二二〇一）とあるように、田役（田地役）としての普請役が棟別役とは別に存在したことが窺える。

武田領国の「諸役」は棟別役と田役、その他の役（伝馬役など）の総称と考えられ（下の図を参照）、棟別役のみを対象とする場合は「棟別」あるいは「棟別諸役」と明記されていることが多い。また、武田氏が普請役を免許する場合は棟別役のみが対象とされ、田役は免許されないこともあった。具体的には、妻帯役の代わりに普請役を免許するが

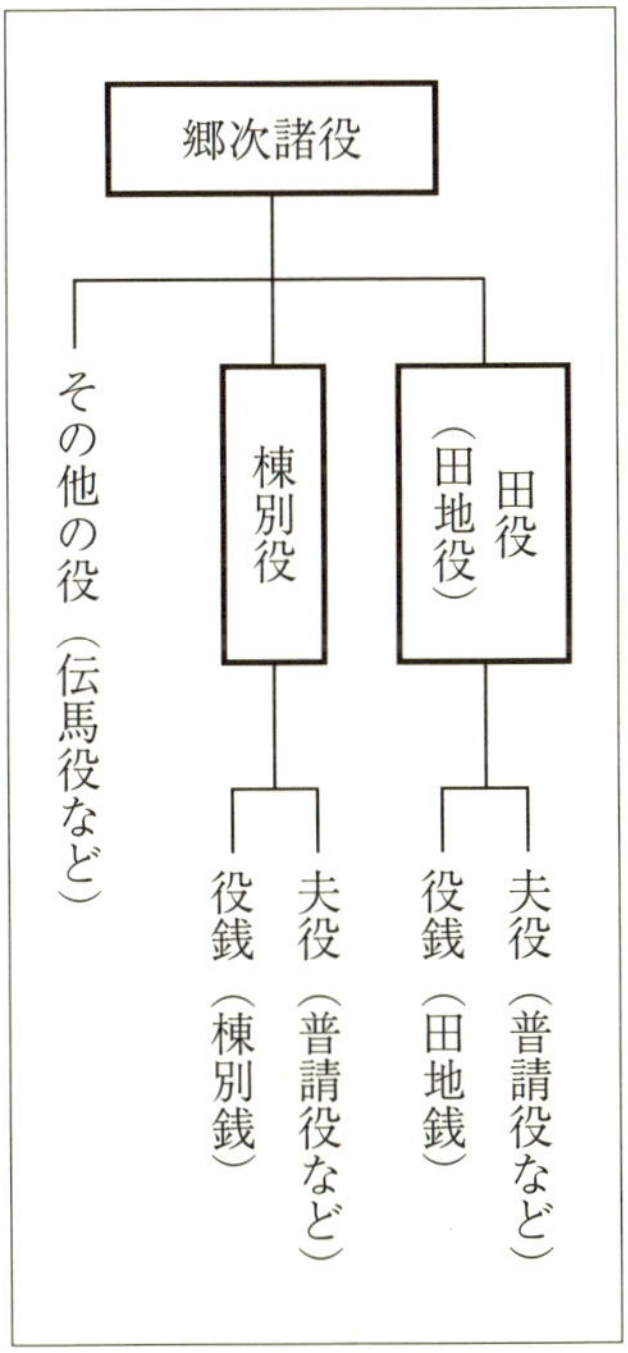

図　武田領国の諸役

「一国一統之御普請」（惣国一統の普請）と「田畠に懸かる諸役」（田役）を累年の通り勤めるよう命じられた例（「康楽寺文書」戦武三〇一〇、「真宗寺文書」戦武三〇一一）や、御岳山中の普請役が「田地役」を除き免許された例（「諸州古文書」戦武三五四九）などが該当する。田役としての普請役も免許することを特記している例（「七条家文書」戦武三一九二）が見られる点からも、武田領国における普請役の賦課・免許は、棟別役（棟別役之普請）と田役（田地役之普請）とで別々に扱われていたと考えられる。

2　郷次普請

武田氏の分国法「甲州法度之次第」五十七ヶ条本（「東京大学法学部所蔵文書」戦武二一八）では、棟別銭の未進分を郷村全体で弁済するよう規定されている（三十四条・三十七条）。このように、武田氏の主要な税収入である棟別銭が「棟別日記」に基づいて郷村単位で賦課されていたことは、既に柴辻氏[5]や平山氏[6]が明らかにしている。

普請役も「郷次之普請」とあるように、基本的には郷村単位での賦課であったが、「府中町次之普請役」（「根津家旧蔵文書」戦武一二七二、「諸州古文書」戦武一二七三〜四）、「宿次之御普請役」（「小倉（保）家旧蔵文書」戦武二五八五、「小倉（武）家文書」戦武二五八六、「『世界の古書店目録』所収文書」戦武二六三三）などのように、町・宿単位でも賦課されていた。また「郷次之諸役」のように、棟別銭・田地銭などの役銭徴収や他の諸役とともに扱われる場合もあった。武田氏は基本的に家（棟別）を単位とし、その集合体である村・町ごとに諸役を賦課していたことが窺える。また平山氏[7]によれば、棟別単位で賦課される普請役には、①地域（居住する郡）の城普請、②他郡で実施される普請、③兵粮運搬などの人足役、この三つがあったとされている。

一方、普請役の免許は軍役衆や職人・商人、寺社などに対して個別に行われており、その例は枚挙に遑がないが、

「上様御奉公」を勤める甲府の職人（「諸州古文書」戦武一二八五～七、「巨摩郡古文書」戦武一二八八、「橘田家文書」戦武一二八九、「加賀美家文書」戦武一二九〇）や、「御屋形様御祈念」を行う山伏（「大井家文書」戦武一三〇三～四、「四鄰譚藪」戦武一三〇五）など、ほぼ全てが武田氏に対する奉公（軍事動員、細工奉公など）の代償として免許されている。

この他、柴辻氏や佐脇敬一郎氏が指摘するように、普請役が人別で賦課・免許された事例も存在する。

〔史料1〕武田家朱印状写（「別本歴代古案」戦武一六〇〇）

定

就海津在城、其方知行北大塩之内弐拾三人之分、普請役之義、御免許者也、仍如件、

庚申（午カ）　土屋右衛門尉

九月廿三日　奉之

内田監物

史料1では海津（長野市）在城の代償として、内田監物の知行地である北大塩（諏訪市）の内で二三名分の普請役を免許されている。

〔史料2〕穴山信君書状写（「楓軒文書纂」戦武二八六二）

昨日者早々相越候、愚意言上候哉、但小田原衆在府之由候条、御隙入候哉、無心元候、仍其方如存知、信州埴原郷被官年中五度六度俵子令運送奉公候、今度御普請人別ニ被相触、令迷惑候、典厩・逍遙軒之被官、彼郷中幷信国之内数多有之候条、同前ニ被申付候様ニ、自土右宗富方へ被遣一札候様ニ可才覚候、同者於埴原郷、廿五人諸役御免之御印判申請度之由、可得　御内儀候、尚塩津治部右衛門可申候、恐々謹言、

（天正五年）九月四日　信君（花押影）

佐野越前守殿

史料2では、信濃国埴原郷（松本市）で穴山信君の被官となっていた者たちが、年内に何度も米の運送を命じられた上、また今回は人別で普請役の徴発を受けたことを迷惑として、武田一族の信豊や逍遙軒信綱の被官と同様に、埴原郷で二五名分の諸役を免許されるべく、印判状の申請を求めている。

詳しくは後述するが、史料1・2のように普請役が人別で免許された事例は、給人・寺社領内の郷村や門前に居住する被官の人数を指すと考えられる。この他にも、駿府浅間社（静岡浅間神社）の神官庁守大夫が被官六名の普請役を免許されている例（「浅間社旧庁守大夫文書」戦武一八三〇）や、同社の神主新宮氏が被官五五名分の普請役を免許されている例（「浅間神社文書」戦武一八三三）などがある。

このように、武田領国の人々は個別に役負担を免許された者を除いて、城普請や川除普請などに徴発されていたと考えられる。また、川除普請（「三井家文書」戦武二二五七）や荒野開発・新屋造立（「小島明二氏所蔵文書」戦武二四〇九）の代償として「郷次之普請役」を免許される例も見られる。この点は、平山氏が川除普請に関する研究の中で既に指摘しているように、公的課役の振り分けによって労働力が創出された事例として注目することができよう。

3　大名の普請と領主の普請

では、領主側にとって百姓や被官の普請役を免許される利点は何であったのか。次の史料から検討してみたい。

〔史料3〕謙室大奕条書写（「永昌院文書」山4四八〇）（前後略）

一、異名普請之事

此二三ヶ年者相州と御不和故、堺目之御普請ニ罷出候条、不及是非申候、只今者甲相御無事上者、如前々伽藍之

再興四壁之縄結等申付度候、
（中略）
一、愚僧比（被）官之事
領中ニ従前々四五人御座候、於其元ニ似相之用所申付候条、公界之御普請已下、御赦免奉頼候、

史料3は永昌院の住持謙室大奕が甲斐郡内領の領主小山田氏に提出した条書で、(8) 当時永昌院領であった猿橋郷（大月市）における諸問題が記されている。このうち四条目では、この二、三年は相模の北条氏との紛争のため、武田氏が永昌院領内の百姓を境目の普請に動員することを受け入れていたが、武田・北条両氏が和睦し無事になったため、伽藍の再興を理由に普請役の免許を求めている。また七条目では、永昌院領内の被官を謙室が使役するため、「公界之御普請」以下の免許を求めている。

寺社の造営や修理、維持管理などに人夫を転用するため、武田氏が普請役を免許した例は、大泉寺の方丈造営のため門前・寺領の人足が他の普請役を免許された例（「大泉寺文書」戦武一二五八）や、大宮浅間神社（富士山本宮浅間神社）の掃除のため「公用之御普請」を免許された例（「浅間社旧四和尚宮崎家文書」戦武二五二〇）、飯縄明神の「宮中修造之御普請」のため一七名分の普請役を免許された例（「仁科家文書」戦武三三〇二）など、数多く見られる。

給人領でも、駿河国志太郡藤枝（藤枝市）の堤再興普請を理由に孕石元泰の知行地（堤内の郷中）の普請役が免許された例（「平野家文書」戦武一七九五）など、既に平山氏が指摘しているように、領内の川除普請に人夫を転用するため、武田氏が賦課する普請役を免許されている。

このような事例は三河の戦国大名徳川氏の領国でも見られ、三河国額田郡深溝（幸田町）の領主松平家忠が記した『家忠日記』(9) には、領内の堤普請のようすが頻繁に登場する。この中で、徳川氏の城普請には領国全体から「惣国人足」

が集められ（天正十三年［一五八五］二月五日条）、徳川氏が着到を行って動員人数を確認していたが（天正十七年八月八日条）、深溝松平領内の水害復興のために堤の修復を行う場合は、徳川氏からの人足賦課が免除された（天正十三年三月七日条）。大名（徳川氏）の城普請と領主の堤普請はいずれも領内の百姓層が徴発されていたが、河川管理は領主の責務であり、領内の堤普請が大名の城普請に優先して実施されていたことが窺える。

もう一つ挙げられるのが、給人知行役として賦課される普請役の存在である。(10) 一例としては、大井左馬允（高政）が「不出馬之間之普請」を免許される代わりに小諸城（小諸市）の「定普請」を命じられている（「武州文書」戦武七一四）。また、史料1の内田監物も在城中は城普請を担わされていたと考えられる。よって、百姓や被官の普請役免許は、領主が知行役を遂行するのに必要な人足を自領内で確保するために、武田氏が行った措置と見なすことができよう。

すなわち、領内の百姓や被官の普請役を大名（武田氏）に免許されることで、武田領国内の領主（給人・寺社）は彼らを使役して自領を維持管理したり、武田氏への知行役を遂行したりすることが可能となるのであり、諸役の賦課・免許は郷村内の限られた労働力を有効に利用するための手段であったことがわかる。

4　徴用人数と日数

北条氏が領国内から徴発していた大普請役の場合、貫高二〇貫文に一名の割合で郷村に賦課され、年に十日間の使役であったことが明らかにされている。(11) これに対し、武田領国で各郷村から城普請に徴用される人数や日数がどのくらいであったのか、現在確認できる史料は以下の二点のみである。

〔史料4〕　武田家朱印状（「三枝家文書」戦武二六六五）

（竜朱印）

定
①帯那之郷悉罷□(出)、毎月三日宛積翠寺御要害之御普請、堅可致勤仕、然而②為始河除、自余之諸普請一切被成御免許
畢者、③御城普請御赦免之御印判、於無帯来人者、云貴云賤不恐権門召出、入(ママ)之御城普請厳重ニ可相勤之由、被
仰出者也、仍如件、
追而、④人夫之内六十已後十七以前者、一切被禁之者也、
天正四年丙子
六月朔日　　跡部民部助
市川備後　　奉之
御印判衆

史料4では、①積翠寺(要害山)城の普請人夫を近隣の帯那郷(甲府市)から徴発し、毎月三日ずつの普請役を勤めること、②代償として川除等の「自余之諸普請」を免許すること、③「御城普請御赦免之御印判」を持たない者を対象とすること、④人夫を十七〜六十歳の者に限定すること、などが命じられている。武田氏から普請役を免許された者が除外されていること、帯那郷の住民全体が徴発の対象とされていることから、この事例は郷村単位で賦課される郷次普請であり、通常の城普請(定期的な城の整備)として行われていたと考えられる。

ただし史料4からは、城普請に関して武田氏が抱えていた問題点も明示されている。一つは武田領国内の各郷村において、権門(武田氏の重臣や有力寺社)の被官となることで、武田氏の諸役賦課を忌避しようとする動向が蔓延していた点である。史料2のように穴山信君が被官の諸役免許を武田氏に申請しているのも、被官化が諸役免許の恩恵を受けるための重要な手段と見なされていたことが、背景として挙げられる(第十三章を参照)。

もう一つは、天正期の相次ぐ城普請にともない、本来は対象外となるはずの老人や年少者も城普請に徴発されていた点である。武田氏はこれらの問題に対し、十七〜六十歳という年齢制限を改めて確認した上で、諸役忌避の動向を排除し郷村全体から人夫を徴発するよう、御印判衆に命じている。

〔史料5〕真田昌幸書状写（「君山合偏」二二　戦武三四八五）

就示　上意令啓候、仍新御館被移御居候之条、①御分国中之以人夫、御一普請可被成置候、依之、近習之方ニ候跡部十郎左衛門方、②其表為人夫御改被指遣候、御条目之趣有御得心、来月十五日ニ御領中之人々も着府候様ニ、可被仰付候、何も③自家十間人足壱人宛被召寄候、軍役衆ニ者、人足之糧米ヲ被申付候、水役之人足可被差立候由上意候、④御普請日数三十日候、委曲跡十可被申候、恐々謹言、

（天正九年）正月廿二日　　真安
昌幸（花押影）

（宛所欠）

次に史料5は、①「御分国中之人夫」をもって新府城（韮崎市）の「御一普請」を行う旨の上意が発せられたことを伝えたもので、②勝頼の近習から人夫改めが派遣され、期限までに上野国内の各領から人夫を供出するよう命じられている。なお、この時に徴発された人足は③家（棟別）一〇間あたり一名、④普請に従事する日数は三十日であった。

福原圭一氏[12]は、史料4・5の事例をいずれも「城郭のメンテナンス」として紹介しているが、史料5は①②の文面から、他の史料に見える「惣国一統の普請」であり、通常の郷次普請とは別に動員されたものと考えられる。天正九年に新府城で大規模な普請が実施され、「惣国」（武田領国全体）から人足が徴発されたことは、同年六月に沼田城（沼田市）の普請が行われた際に、「当年は人夫を赦免したので領主がそれぞれ有償で雇うこと」と指示されたことからも窺

われる（「真田家文書」戦武三五五八）。

普請役の具体的な内容に関する史料はこれだけであり、武田領国全体の普遍的な基準として断定することはできない。また、村ごとの動員人数も不明であるが、基本的には年間に約三十日（郷次普請は月に三日ずつ、「惣国一統の普請」は一回あたり三十日）、十七～六十歳の成人男性を対象に、棟別一〇間につき一名が徴用されたと考えられる。

二　普請役の展開

1　押立公事と普請役

武田氏の発給文書において押立公事が記載されたものは一五点が確認でき（表1）、その初見は天文三年（一五三四）十二月の武田信虎禁制写（表1No.1）である。一方、普請役は同二十三年十一月に「除田地役、同地頭江之公事、其外普請幷徳役」を免許した武田家朱印状写（「甲州信州武州古文書」戦武四二一）が初見である。その後は弘治二年（一五五六）七月の武田晴信判物（表No.7）で「押立夫公事可免許、但除河退之普請之事」とあるように「押立夫公事」と川除普請が並記され、永禄三年（一五六〇）九月の開桃寺（海島寺）宛武田信玄禁制（No.8）を最後に、天正二年（一五七四）まで押立公事の文言は見られなくなる。

これは佐脇敬一郎氏が指摘するように、この頃を境にして押立公事から普請役への転換が行われたことと関連していると思われる。実際に、内田監物に対する押立公事の免許（表1No.6）が後に普請役の免許に改められている例（史料1）や、竜安寺（No.4）・称願寺（No.5）・海島寺（No.8）宛の禁制に見える「門前押立公事」が後に「門前郷次御普請役」（「竜安寺旧蔵文書」戦武二七五五）、「郷次之普請」（「称願寺文書」戦武二一四七）、「其門前御普請役」（「海島寺文書」戦武三一一九）とされていることからも、佐脇敬一郎氏の説を裏づけることができる。

しかしながら、同氏が主張するように「棟別役に含まれていた普請の夫役が、棟別役と同等な普請役として独立した」とは想定できない。むしろ、右の事例で押立公事が全て郷次普請へ改められているように、武田領国において棟別役の賦課体制が確立される中で、給人・寺社領内の郷村や門前に対する武田氏の公事（押立公事）が郷次普請、特に「棟別役之普請」として整備されていったと考えられる。

次に柴辻氏や佐脇敬一郎氏が既に指摘している、天正期における押立公事の事例について見ていきたい。天正二年〜三年の間に押立公事を免許、あるいは賦課を禁止した事例は七例が確認できる（表1No.9〜15）。ただし、そのうちの三例（No.9・10・15）は「門前諸役」と「押立公事」が並記されており、明らかに別の内容として扱われていることがわかる（No.9・15はともに一蓮寺宛で同文）。これらは、北遠の奥山右近助・左近丞兄弟に対し、知行地の上長尾（川根本町）で武田氏以外の命令による「人夫等押立」を禁じた例（No.13）と同様に、諸役以外の不当な人夫の徴発全般を取り締まったものと考えられる。

このように、天正期に見られる押立公事は、永禄期以前の普請役とは別の内容であり、「公事の強要（強制徴発）」を指す文言として使われていたと考えられる。(13) あるいは、戦国期以前にも大名・領主による人夫の徴発を「押立」と称していた可能性はあるが、ここで論証することは困難である。記して後考を俟ちたい。

2　郷次普請と「惣国一統の普請」

武田氏の発給文書において「惣国一統の普請」、あるいはそれと同様の文言が見られる事例は一〇点が確認できる（表2）。初見は元亀二年（一五七一）十一月に駿府浅間社に宛てられたもので、「一国一統之時節」を除いて宮崎町（宮ヶ

表1 「押立公事」の事例

No.	年月日	文書名	宛所	内容	出典	
1	天文3・12・24	武田信虎禁制写	(欠)	「**押立公事**」を禁止**【押立公事の初見】**	諸州古文書三上	七八
2	天文11・12・12	武田晴信制札	能浄寺	門前棟別家一(間分)を免許し、「惣之**押立公事**」を禁止	内藤家文書	一五三
3	天文15・3・12	武田家禁制	慈照寺	「門前**押立公事**」を禁止	慈照寺文書	二〇〇
4	天文17・6	武田家禁制	竜安寺	「門前**押立公事**」を禁止	竜安寺旧蔵文書	二五一
5	天文22・2・13	武田晴信制札	称願寺	「門前**押立公事**」と諸役を免許(伝馬役を除く)	称願寺文書	三六一
6	天文24・4・25	武田家朱印状写	内田監物	佐野山在城につき知行北大塩23人前の「**押立公事**」を免許	別本歴代古案	四三二
7	弘治2・7・23	武田晴信判物	(恵林寺・継統院・長興院)	被官23人分の「**押立夫公事**」を免許(川除普請を除く)	恵林寺文書	五〇四
8	永禄3・9・10	武田信玄禁制	開桃寺(海島寺)	「門前**押立公事**」を禁止	海島寺文書	七〇九
9	天正2・3・28	武田勝頼禁制	一蓮寺	「門前諸役」と「**押立公事**」を禁止	一蓮寺旧蔵文書	二二七三
10	天正2・3・28	武田勝頼判物写	(欠)	「門前諸役」と「**押立公事**」を禁止	巨摩郡古文書	二二七四
11	天正2・8・14	武田家朱印状	林安右衛門尉	1月に馬3疋分・門屋4間の「**押立公事**」を免許	林家文書	二三三一
12	天正2・8・24	武田勝頼禁制	開桃寺(海島寺)	「門前**押立公事**」を禁止	海島寺文書	二三三七
13	天正2・11・21	武田家朱印状	奥山右馬助・同左近丞	直の御印判以外による上長尾への「人夫等**押立**」を禁止	奥山家文書	二三七九
14	天正3・2・13	武田勝頼判物	千灯院(泉動院)	「寺内**押立公事**」を禁止	泉動院文書	二四五四
15	天正3・3・20	武田勝頼禁制	一蓮寺	「門前諸役」と「**押立公事**」を禁止**【押立公事の終見】**	一蓮寺旧蔵文書	二四七二

出典：『戦国遺文武田氏編』。数字は史料番号。

崎、駿府浅間社の門前町）の普請役を免許する内容となっている（表2№1）。

また、「惣国一統の普請」の文言は見られないものの、同様の内容を示した文書が実際に発給されている。

〔史料6〕武田家朱印状（「工藤家文書」戦武一六七五）

飯沼　山本　毛賀　南山　今田　南原　市田
牛牧　吉田　河野　田村　林　小河　阿島
富田　虎岩　伊久間　松尾　下条　知久衆　今田衆
　　以上
以右郷中之人足、大島之普請可相勉、此内或軍役之人之被官、或借名於権門、令無沙汰者、不論是非、可被加御成敗者也、仍如件、
元亀二年辛未　三月十七日（竜朱印）　原隼人佑奉之
　　秋山伯耆守殿

史料6では、信濃国伊那郡の郷中から大島城（松川町）の普請人足を徴発し、知久衆・今田衆を含めた「軍役之人之被官」や「権門」の配下であっても例外としないよう、飯田城代（伊那郡司）の秋山虎繁に伝達している。前述の通り、軍役衆や権門（武田氏の重臣や有力寺社）の被官は諸役免許の恩恵を受けていたが、武田氏は今回これを認めず、大島城の普請に人足を徴発していたことがわかる。

また元亀三年十一月には駿河の臨済寺に対し、領内では「一国平均課役」があっても諸役・諸公事を除き不入とする一方で、普請人足を申し付けることを伝えている（「臨済寺文書」戦武一九九四）。以前から守護不入の特権を認めら

表2　「惣国一統の普請」の事例

No.	年月日	文書名	宛所	内容	出典	
1	元亀2・11・25	武田家朱印状	（駿府浅間社）新宮大夫	宮崎町の普請役を免許、ただし「**一国一統之時節**」は普請役を勤める	浅間神社文書	一七五四
2	元亀3・4・18	武田家朱印状	（駿府浅間社）新宮神主	新宮氏被官55人分の普請役を「**惣国一統之御普請之時節**」であっても免許、宮中の掃除を勤めさせる	浅間神社文書	一八三三
3	元亀4・10・19	武田家朱印状写	佐野清九郎	家10間分の諸役免許、ただし「**国中一統ニ被仰付御普請**」は勤めること（先判安堵）	判物証文写	二一九四
4	元亀4・10・19	武田家朱印状	佐野善次郎	家10間分の諸役免許、ただし「**国中一統ニ御普請被仰付砌**」は勤めること（先判安堵）	佐野家文書	二一九五
5	元亀4・11・25	武田家朱印状写	上州坂本郷之地下人	伝馬奉公の代償として御普請役を免許、ただし「**上州一統之御普請**」は勤めること	雑録追加七	二二二一
6	天正1・12・26	武田勝頼判物	富士郡本門寺	門前の家10間分の諸役を免許、ただし「**総国一統之城普請**」を除く	西山本門寺文書	二二四九
7	天正2・6・20	武田家朱印状	（駿府浅間社）新宮神主	新宮氏被官55人分の普請役を「**惣国一統之御普請**」であっても免許、宮中の掃除を勤めさせる（先判安堵）	浅間神社文書	二二九九
8	天正4・7・1	武田家朱印状写	富士郡本門寺	「**惣国一統之御城普請**」を除く「郷並之諸役」を免許しているので、今後の催促を禁ずる	諸州古文書五	二六八五
9	天正6・8・21	武田家朱印状	白鳥康楽寺	妻帯役を懸ける代わりに御普請役を免許、ただし「**一国一統之御普請**」と「田畠に懸かる諸役」（田役）は累年の通り勤めること	康楽寺文書	三〇一〇
10	天正6・8・21	武田家朱印状	善願寺	妻帯役を懸ける代わりに御普請役を免許、ただし「**一国一統之御普請**」と「田畠に懸かる諸役」（田役）は累年の通り勤めること	真宗寺文書	三〇一一

出典：『戦国遺文武田氏編』。数字は史料番号。

れていた有力寺社に対しても、武田氏は普請役を賦課し、人足の確保に躍起になっていたことが窺える。

武田氏が永禄末～元亀年間に諸役免許の対象者を拡大し、軍事力を確保したことは第五章でも述べた。また一方で、多くの先学が指摘するように、永禄十一年末の駿河侵攻に端を発する戦線の拡大によって、各地の城普請の必要性が高まったことも事実である。特に駿河では、江尻（静岡市清水区）城代の穴山信君に「其表諸城へ用心普請等」を油断なく勤めるよう指示が出され（「東京大学史料編纂所所蔵文書」戦武三三〇七）、田中城（藤枝市）や江尻城など、拠点となる城郭の整備が進められたことが確認できる（「友野氏旧蔵文書」戦武二五六九、「鈴木文書」戦武三〇七六）。

武田氏によって新たに動員された兵（新衆）の諸役免許が限定されたものであったことは、名字を持たない一五名の軍役衆が在陣の間のみ「郷次之普請役」を免許され、在郷の時は「身体相当之普請」を勤めるよう命じられた事例（「三枝家旧蔵文書」戦武四二五四）からも明らかである。また逆に、駿河国内の商人が「御分国中何之御城之御普請」を勤めることを申し出たのに対し、往還の諸役（通行税）を免許した事例（「三木家文書」戦武二六七三、「大石為一氏所蔵文書」戦武二六七四、「渡辺家文書」戦武四二七〇）も見られる。

〔史料7〕武田信綱判物（「湯沢家文書」戦武三五二七）

下伊奈之内逍遙軒知行於小川郷中、自余之主人をもとむるのミならす、けんい《権威》をかり、大島之惣次之御ふしん《普請》をふさた《無沙汰》し、郷なミ《次》の人やく《役》をけたい《過怠》致候ともから《輩》、向後改《ママ》雖之、彼郷中を可有追放、もし違儀候ともからあらハめし《召》執、大島へ可進之候者也、

（天正九年）三月廿九日　逍遙軒（花押・「信綱」朱印）

さらに史料7では、武田逍遙軒信綱の知行地である信濃国伊那郡小川郷（喬木村）に対して大島城普請の人足を徴発した中で、「郷次の人役」（郷次普請）の他に「惣次の御普請」（惣国一統の普請）が明記されている。郷内の人々が武田氏

の重臣や有力寺社の被官となることで諸役賦課を忌避しようとする動向がここでも見られるが、「惣国一統の普請」が免許された事例で現在確認できる史料は、駿府浅間社の神主新宮氏の被官五五名分を宮中の掃除（維持管理）を条件に認めたもの（表2No.2・7）だけであり、武田氏は通常の郷次普請を免許しても、「惣国一統の普請」を免許することは基本的になかったようである。

すなわち「惣国一統の普請」は、諸役免許の恩恵を受けている者を含めて「惣国」（武田領国全体）から普請人足を徴発するために創出された「国役」であり、通常の郷次諸役よりも上位に位置づけられた公事であったと考えられる。また「上州一統之御普請」（表2No.5）のように、特定の地域（国・郡など）を対象として広域的に賦課される普請役も存在したようである。

武田氏が「惣国一統の普請」を諸役免許の適用外となる普請役として位置づけていたことは、駿河国富士郡の本門寺の門前家一〇間分について、「直判」で「惣国一統之御城普請」を除く「郷並之諸役」を免許したにも拘わらず、催促が行われていることを非難した上で、諸役免許を徹底するよう命じている史料（表2No.8）からも窺い知ることができる。実際に、「惣国一統の普請」の文言が見られる地域は駿河が七点（No.1〜4・6〜8）、上野が一点（No.5）、信濃が二点（No.9・10）であり、これらの普請人足が境目の城普請に徴発されていたことは容易に想像できよう。

その一方で、際限のない城普請は武田領国内の地域社会を疲弊させていった。天正六年四月には、先判で駿府八幡宮（静岡市駿河区）の人夫徴発を免許したにもかかわらず、「諸城之御普請」が際限なく行われているため、在家一〇間分の御普請役を改めて免許している（「八幡神社文書」戦武二九六四）。その代償として社殿の補修や掃除を行うよう命じられていることからも、駿府八幡宮が先の永昌院の事例と同様に、武田氏の普請役賦課によって自領の維持管理もままならない状況に陥っていたことが窺える。

各地の城普請を遂行するために人足を確保したい戦国大名に対して、領国内の村や町に居住する人々は有力者の被官になることで諸役を忌避し、領主（給人・寺社）側は自領の維持、あるいは自らに課せられた知行役の遂行のために人足を使役するべく、領内に居住する百姓や被官の諸役免許を勝ち取ろうとした。また、元亀～天正年間の戦線の拡大にともなって、武田氏は郷村から新たな兵を確保する一方で諸役免許者を増加させ、財源（棟別銭）や夫役（普請役など）の負担者を減少させるという矛盾を領国内に内包することとなった。このような状況下で、武田氏は郷次普請を含む従来の諸役賦課体制を転換させ、より上位の「国役」として、諸役免許が適用されない「惣国一統の普請」を創出したといえよう。

おわりに

武田領国における普請役は、郷村単位で賦課される郷次諸役の一つであり、棟別に懸かる夫役（棟別役）と田役（田地役）としての普請役の双方が存在した。ただし、現存する発給文書を見る限り、普請役の免許は棟別役を基調として行われていたようである。武田氏は基本的に、棟別銭と同様に家（棟別）を賦課単位とし、その集合体である村・町ごとに普請人足を徴発していたことが窺える。また、普請役が人別で免許された事例は、給人・寺社領内の郷村や門前に居住する被官の人数を指しており、武田領国内の村や町に居住する人々は個別に役負担を免許された者を除いて、城普請や川除普請などに徴発されていたと考えられる。各郷村における普請役の賦課基準は、現存する史料を見る限り、年間に約三十日（郷次普請は月に三日ずつ、「惣国一統の普請」は一回あたり三十日）、十七～六十歳の成人男性を対象に、棟別一〇間につき一人が徴発されていたようである。

一方、武田領国内の領主（給人・寺社）も領内の百姓や被官の普請役を大名（武田氏）に免許されることで、彼らを使役して自領を維持管理し、武田氏に課せられた知行役を遂行することができた。このように、諸役の賦課・免許は郷村内の限られた労働力を有効に利用するための手段でもあったことがわかる。

普請役は佐脇敬一郎氏が既に明らかにしたように、永禄三年（一五六〇）頃を境にして押立公事からの転換が行われた。しかし、同氏が主張するように「棟別役に含まれていた普請の夫役が、棟別役と同等な普請役として独立した」のではなく、武田領国において諸役賦課体制が確立される中で、給人・寺社領内の郷村や門前に対する武田氏の公事（押立公事）が郷次普請、特に「棟別役之普請」として整備されていったと考えられる。また、天正期に見られる押立公事は、現存する史料を確認した限りでは、永禄期以前の普請役とは別の内容として扱われている。

戦国大名武田氏は年貢以外の公事＝諸役を、領国内に居住する者すべてが負担する「一国平均之課役」として位置づけ、弘治年間に税制改革を行って棟別銭を柱とする財源を確立するとともに、武田氏への奉公を行う者（軍役衆・職人など）と諸役負担者を峻別することで、領国内における身分編成を行い、自らの支配体制に組み込んでいった。また、信虎期から郷村や寺社に対して賦課されていた武田氏の公事（押立公事）を、永禄年間初期に普請役として整備することで、領国内の限られた労働力を効率的に動員できる体制を確立した。

一方、元亀二年（一五七一）を初出とする「惣国一統の普請」は、戦線の拡大に伴う城普請と人足確保の必要性から、諸役免許者も対象として「惣国」（武田領国全体）から普請人足を徴発するために武田氏が創出した「国役」であり、通常の郷次諸役よりも上位に位置づけられた公事（夫役）であった。すなわち元亀～天正年間は、武田氏が従来の諸役賦課体制を転換させ、戦国大名「国家」の変革を行った画期として評価できる。

註

（1）柴辻俊六「戦国期の棟別役」（『戦国大名領の研究―甲斐武田氏領の展開―』名著出版、一九八一年。初出一九七三年）。

（2）平山優「戦国期における川除普請の技術と人足動員に関する一考察―甲斐国を事例として―」（『武田氏研究』三一号、二〇〇五年）。以下、平山氏の見解は本論による。

（3）佐脇敬一郎「甲斐武田氏の普請役について」（『信濃』五七巻七号、二〇〇五年）。以下、佐脇敬一郎氏の見解は本論による。

（4）柴辻俊六「武田氏領の普請役」（『戦国期武田氏領の地域支配』岩田書院、二〇一三年。初出二〇一一年）。なお、柴辻氏は拙稿（本章の初出論文）の発表後に本論を収録した単著を刊行しているが、拙稿に関する言及は全くない。

（5）柴辻前掲註（1）、同「武田領の反銭と棟別役」（『戦国大名武田氏領の支配構造』名著出版、一九九一年。初出一九八二年）、同「武田領の諸役体制」（同上。初出一九八七年）。

（6）平山優「戦国大名の諸役賦課と納入の実現形態―棟別と「郷中」の関係を中心に―」（『戦国大名領国の基礎構造』校倉書房、一九九九年。初出一九八八年）、同「郷村内身分秩序の形成と展開―郷村祭祀と家役との関連を中心に―」（同上。初出一九九一年）。

（7）『山梨県史』通史編2中世（二〇〇七年）第八章第一節（平山優執筆分）。

（8）条書の内容は、長谷川幸一「武田領国における寺院の存在形態―永昌院文書「謙室大益条書写」の検討を中心に―」（柴辻俊六編『戦国大名武田氏の役と家臣』岩田書院、二〇一一年）で詳細に検討されている。

（9）『増補続史料大成』第十九巻（臨川書店、一九八一年）。詳細は拙稿「三河国衆としての深溝松平氏」（久保田昌希編『松平家忠日記と戦国社会』岩田書院、二〇一一年）を参照。

(10) 佐脇栄智「後北条氏の知行役―その出銭と普請役―」(『後北条氏と領国経営』吉川弘文館、一九九七年。初出一九七八年)では、北条氏の家臣(給人)が小田原城や在番する城の普請に従事する知行役について明らかにしている。

(11) 佐脇栄智「後北条氏の夫役について」(『後北条氏の基礎研究』吉川弘文館、一九七六年。初出一九七四年)。

(12) 福原圭一「武田氏の築城についての一考察」(『信濃』四五巻一一号、一九九三年)。

(13) 初出論文では林安右衛門尉の事例(№11)について、「「押立公事」は「商買之諸役」と同意語」としたが、本文では削除した。

第三編　武田氏の経済政策

第八章　武田氏と「借銭法度」

はじめに

甲斐武田氏が制定した「甲州法度之次第」(以下「甲州法度」と略す)は、戦国大名の分国法に関する研究の中で着目され、多くの研究成果が提示されている。最初に「甲州法度」の評価を行ったのは三浦周行氏[1]であり、全体的に武断的色彩に富み、幕府法「式目」との共通点を指摘した上で、成立年代については五十五ヶ条が天文十六年(一五四七)、追加二ヶ条が同二十三年の制定という見解を示している。また、木島誠二氏[2]は隣国駿河の戦国大名今川氏が大永六年(一五二六)に制定した「今川仮名目録」を踏襲したものと評価している。

次いで、戦国大名研究が隆盛を迎えた一九七〇年代には、柴辻俊六氏[3]が棟別役や人返し、喧嘩両成敗などの個別条項に注目し、武田氏が発給した裁許状の内容から、「甲州法度」が武田氏の領国支配の中で貫徹されていた点を強調している。

一方、近年の研究成果では、平山優氏[4]が「甲州法度」の性格を「戦国大名領国における共通問題に対処するため、今川氏の法度を武田領で適用したもの」と定義づけ、後に追加された三十二ヶ条については、当時の武田領国が直面していた問題を孕んでいたと述べている。平山氏は特に、武田氏の被官である地頭層が抱えていた問題に着目し、災害や戦乱に伴う不作、さらに度重なる信濃侵攻で疲弊した甲斐において、地頭層と百姓層の対立が激化していた状況を挙げ、武田氏はその中で双方の対立を調停し、地頭の恣意を規制しつつ百姓層の抵抗を押さえ込むことで、領国内諸階層に対する権力を強化したと結論づけている。また菅原正子氏は、[5]「甲州法度」を庶民ではなく有力家臣を対象とした「領主の法」と評価し、武田氏の発給文書に見られる「国法」文言は「甲州法度」ではなく在地の慣習法であったと述べている。しかし、平山氏は地頭・百姓間の相論、菅原氏は「国法」との関連で「甲州法度」を取り上げており、全体の内容や歴史的意義については考察の対象としていない。

そこで本章では、「甲州法度」の条文で最も多い借銭・借米（以下、借銭に統一）条項に注目したい。ただし、「甲州法度」の借銭条項を詳細に検討した先行研究はほとんどなく、柴辻氏が唯一「「甲州法度」の中でもとりわけ先進的な内容をもつ条項」としながらも、「土地制度の固定化」政策として評価しているに過ぎない。

戦国期研究では近年、地域社会との関係を重視する立場から戦国大名権力のあり方が注目されているが、本章ではこれらの研究動向を踏まえて、借銭条項を中心とした「甲州法度」の分析を行い、その制定の意義について再検討を試みたい。

一　「甲州法度」における「借銭法度」の位置

1　制定年代と諸本

「甲州法度」に数種類の写本が現存することは『中世法制史料集』[6]で紹介されているが、その中でよく知られているのが二十六ヶ条本（「保坂潤治氏旧蔵文書」戦武二一七）と五十七ヶ条本（「東京大学法学部所蔵文書」戦武二一八）である。

田中久夫氏[7]は二十六ヶ条本と五十七ヶ条本を対比し、天文十六年(一五四七)六月に駒井政武(高白斎)が起草した「甲州新法度之次第」[8]二十六ヶ条を、武田晴信(信玄、以下信玄で統一)が採用・制定し、追加二ヶ条が制定された天文二十三年五月までの間に三十ヶ条を随時追加(僧侶の妻帯に関する条項は削除)して成立したのが五十七ヶ条本であると述べており、平山氏もこれを支持している。

一方、柴辻氏は五十五ヶ条を天文十六年、追加二ヶ条を天文二十三年の制定とする一方で、五十七ヶ条本が原本に最も近い形を留めており、二十六ヶ条本は五十七ヶ条本からの抄本であると評価している。また菅原氏は、五十七ヶ条本の奥書に「右五十五箇条者、天文十六年丁未六月定置之畢、追加二箇条者、天文廿三年甲寅五月定之」とあることを根拠として、天文十六年六月一日に成立した二十六ヶ条から妻帯役に関する条文を削除し、同年の六月中に三十ヶ条を追加して制定されたのが五十五ヶ条本であったと述べている。

この奥書の通りであれば、柴辻氏が述べているように、二十六ヶ条本が五十七ヶ条本からの抄本という可能性も否定できない。しかし、妻帯役に関する条文が五十七ヶ条本には見られない点を考えると、二十六ヶ条本には見られない三十ヶ条は追加法として捉えるべきであり、現時点では菅原説が妥当であると思われる。

2　条文の分類と「今川仮名目録」との関連

次に、「甲州法度」五十七ヶ条を、妻帯役に関する条文を除く二十五ヶ条と追加三十二ヶ条に分けた上で内容の分類を行う。「甲州法度」の条文の分類は平山・菅原両氏も行っているが[9]、条文の内容を重視して分類した結果、以下の一二項目を抽出することができた(表1)。

①年貢・公事収取に関すること(三ヶ条+追加五ヶ条=計八ヶ条)

表1「甲州法度」五十七ヶ条本の内容

項目（～に関すること）	条数	26条	内容	仮名目録
年貢・公事収取	1	1	地頭が罪科人の跡職と称して、その田畠を没収することを禁止。	1条
	5	5	係争地の田畠は、年貢地であれば地頭の裁量に任せる。恩地は命令をもって定める。	
	6	×	百姓が年貢を滞納することは、罪科が重い。百姓地においては、地頭の判断に任せて年貢を収納させる。	
	7	6	名田地を理由なく地頭が没収することは非法。ただし、年貢を滞納している場合はやむを得ない。	
	9	×	地頭の申し出によって田札を立てた田地に対して、百姓が理由なく耕作放棄することを禁止。ただし、耕作しなくとも、年貢さえ弁済すれば問題はない。さらに、地頭に問題がある場合は、知行の半分を没収。	
	13	×	百姓陣夫が陣中で殺された場合、その時に限り主人の陣夫役を30日間免除。陣夫が逃亡したのに、元の主人に届け出ないまま召し抱えた場合、数年を経過しても罪科は免れない。また、陣夫が理由なく主人に殺害された場合、その地頭に10年間陣夫役を勤めなくてもよい。	
	54	×	百姓が年貢・夫公事以下を無沙汰した時に質物を取り、理由なく処分することは禁止。ただし、年期を過ぎた場合は禁止に及ばない。	
	57	×	百姓に隠田があった場合、地頭の見聞に任せて改めること。しかし、百姓に言い分があれば、実検使を遣わして裁定する。もし地頭に非分があれば処罰する。	
地頭の知行地・所領問題	10	8	恩地で自然災害による損耗があった場合でも、替地を望んではならない。	
	11	×	恩地の所持者で、天文10年以前の10ヶ年に地頭へ夫公事を納めていない者は、改めて納めるには及ばない。ただし、9年以下については、実情に応じて命令をする。	
	12	9	私領・名田以外の恩地を理由なく売却することは禁止。	13条
	31	×	他人を養子とする場合、相続の許可を得ること。その後、実子があっても、実子に相続させることはできない。ただし、継母に対して不孝であれば、悔い還してよい。恩地については、亡夫の譲状に任せる。	

山野地の境界	8	7	山野地を開墾する際、境界が判然としない場合は中分とする。	3条
訴訟	2	2	訴訟が裁判の場に持ち出された後、奉行人以外の者の披露を受けてはならない。	
	19	14	理由なく寄親を嫌うことはいけない。ただし、寄親の非分が際限ない場合は、訴状をもって訴訟せよ。	追加3条
	24	21	相論の途中で狼藉をはたらいてはいけない。その場合、相手側の勝訴とする。	4条
	27	23	本来の奏者を差し置き、別人に依頼して訴訟を企てたり、他人の寄子を望んではいけない。	追加2条
	28	24	奏者は自分の訴訟を披露してはならない。寄子・親類・縁家などの贔屓をすることは禁止。	9条
	29	25	職に任ぜられても、分国諸法度に違犯してはならない。披露せず勝手に執行すれば、その職を改易する。	
	55	26	晴信が法度に違反していることがあれば、貴賤を問わず目安をもって申し出ること。	
刑事事件	17	12	喧嘩のことは、理由を問わず成敗を加える。	8条
	25	22	子供の口論は咎めない。	11条
	26	×	子供の殺人は成敗に及ばない。ただし、13歳以上の者は罪になる。	12条
他国との交渉	3	3	内諾を得ずに、他国へ音物や書状を遣わすことは禁止する。	追加17条
	4	4	他国人と縁戚関係を結んだり、主従関係を結ぶことは、謀反の原因となるので禁止する。	追加7条
被官・下人	14	10	親類・被官関係を密かに誓約することは逆心と同じ。	
	15	11	譜代被官が他人に召し仕えた時、元の主人が見つけ次第に捕まえることを禁ずる。理由を告げて取り返すこと。	5条
	16	×	奴婢の逐電以後、路次で出会い、現主人に糺そうとして私宅へ連れ帰ることを禁ずる。まず現主人方へ返し置くこと。	
	18	13	被官人の喧嘩や盗賊などの刑罰は、その主人に及ばない。	10条
	53	×	譜代の被官が主人に届けず、子を他の被官に出したり、田畠を全て譲与することは、今後禁ずる。ただし、嫡子を元の主人に出しておけば、その他の子への譲与は禁止しない。	

項目（〜に関すること）	条数	26条	内容	仮名目録
家中での行動	20	15	乱舞・遊宴・狩猟・漁猟にふけり、武道を忘れぬこと。	
	23	20	被官人の出仕の座席に異論を出してはいけない。	32条
	30	×	近習の者は、世間の是非や高声を発することを禁止。	
宗教問題	22	18	浄土宗と日蓮宗は、分国中で法論してはならない。	28条
	52	×	禰宜や山伏らは、主人を持ってはならない。この旨に背けば、分国中の徘徊を禁止する。	
棟別役	32	×	棟別法度のことは、すでに棟別日記を郷中へ申し渡してあるので、該当者が逐電・死去しても、郷中で弁済すること。新屋の改めは行わない。	
	33	×	他郷へ家屋を移す者があれば、追跡して棟役銭を取ること。	
	34	×	家を捨て、家を売って国中を徘徊する者は、追跡して棟別銭を取ること。ただし、本人に余裕がない場合は、屋敷の新たな所有者が弁済すること。棟別銭が20貫文以内は所有者が弁済すること。それ以上は、郷中全体で弁済すること。	
	35	×	棟別についての詫言は禁止。ただし、逐電人・死人が多数あり、棟別銭が倍額に及ぶ場合は披露せよ。	
	36	×	悪党として成敗した家の棟別役は納めなくてもよい。ただし、郷中に新屋があれば、代替として棟別銭を取ること。新屋がなければ差し引く。棟別銭を田地に懸けてはならない。	
	37	×	川流れ家の棟別役は、新屋をもって弁済せよ。新屋がなければ、郷中で弁済せよ。もし流れ家が10軒以上になった場合は、これを改める必要はない。	
借銭・借米	38	×	借銭法度のことは、返済しない者の田地を差し押さえる場合、古い証文が優先する。ただし、借状に間違いがなければ、その方を優先する。	
	39	×	同じく田畠などの借用状の差し押さえは、古い方を優先すること。偽物は罪科に処す。	
	40	×	親の負債を子が返済することは当然である。子の負債は親に懸けてはならない。ただし、子が早世し、親が子の跡を継いだ場合は、子の負債を親が返済すること。	
	41	16	負債者が遁世と号し、逐電と号して分国中を徘徊してはならない。従って徘徊を許容する者は、その負債を弁済せよ。	

	43	×	恩地を借用状に書き載せたものは、披露なしに受け取ってはならない。	
	44	×	逐電人の田地を、残った者が取った場合は、年貢・夫公事以下を地頭に弁済すること。	
	45	×	穀米地には担保をかけてはならない。ただし、耕作者が虚言を弄した場合は、年月を経ていても罪科に処す。	
	46	×	負債者が死去した場合は、証人の署名を確かめて、その人に催促すること。	
	47	×	連判をもって借銭をし、その仲間が死去・逐電した場合は、一人となっても弁済せよ。	
	48	×	適度な質物は取ってもよい。利潤の勘定に損失がない場合は、催促を加えた上で、なお無沙汰をしたら、証人を立てて質物を売ること。	
	49	×	負債の担保として、年期を定めて田畠を渡したり、年貢の分量を書き加えて売却する場合は、売却人・買取人ともに、その地頭・主人に届けること。もし届けておらず、地頭が子細を取り調べた時になって、買取人が負債者の借状を所持していても無効である。	
	50	×	米銭借用のことは、その額が倍額になったら催促を加えよ。正規に地下人から借銭しておいて、軽輩と軽視して負債者が返済しないならば披露せよ。	19条
	51	×	銭主が逐電した場合は、賃借帳を取り調べ、銭が不足していたら、その田地・屋敷を取り上げてよい。年期地については別に沙汰するが、年貢・夫公事は地頭へ速やかに納めること。	
	56	×	年期を定めて質入れした田畠は、10ヶ年を限り元金を返して請け戻すこと。借り主が貧困によって返済できない場合は、なお10ヶ年を追加して待つこと。その期限が過ぎれば貸し主の意志に任せる。	
その他	21	17	流木は従来通り拾ってもよいが、橋は元の所へ返すこと。	27条
	42	×	鐚銭は、許容された市場以外で撰銭をしてはならない。	

「26条」…「甲州法度之次第」二十六ヶ条本における条項の有無（数字は条数）
ただし、僧侶の妻帯役に関する条項（第19条）を除く
「仮名目録」…「今川仮名目録」における条項の有無

②地頭の知行地・所領問題に関すること(二ヶ条+追加二ヶ条=計四ヶ条)
③山野地の境界に関すること(一ヶ条)
④訴訟に関すること(七ヶ条)
⑤刑事事件に関すること(二ヶ条+追加一ヶ条=計三ヶ条)
⑥他国との交渉に関すること(二ヶ条)
⑦被官・下人に関すること(三ヶ条+追加二ヶ条=計五ヶ条)
⑧家中での行動に関すること(二ヶ条+追加一ヶ条=計三ヶ条)
⑨宗教問題に関すること(一ヶ条+追加一ヶ条=計二ヶ条)
⑩棟別役に関すること(追加六ヶ条)
⑪借銭・借米に関すること(一ヶ条+追加十三ヶ条=計十四ヶ条)
⑫その他(一ヶ条+追加一ヶ条=計二ヶ条)

このように見ていくと、「甲州法度」の二十五ヶ条と追加三十二ヶ条の特徴が明確になる。すなわち、二十五ヶ条で最も多いのは④であるが追加条項は見られない。一方、⑩と⑪は追加三十二ヶ条の柱として位置づけられる。この中間にあるのが①②⑦であり、二十五ヶ条で制定された条文だけでは紛争解決への対応ができないため、追加法として制定されたものと位置づけられよう。

続いて、「今川仮名目録」との関連について分析する。前述したように、「甲州法度」に「今川仮名目録」と重複する条文があることは多くの先学によって指摘されているが、平山氏も「甲州法度」二十六ヶ条のうち十二ヶ条が同文か、やや改変したものであり、「今川仮名目録」の条文の一部を改変して武田領に適用したものと評価している。

これに対し、菅原氏は「甲州法度」独自の条文が過半数を超えていることを指摘した上で、「甲州法度」の独自性を強調している。確かに、「甲州法度」と「今川仮名目録」を比較すると、④⑤⑥⑦が重複している一方で、①②⑩⑪は「甲州法度」独自の条文が多いことがわかる。すなわち、これらの条文に「甲州法度」の独自性と、武田氏が直面していた問題が表れていると言えよう。このうち、①②は平山氏、⑩は柴辻氏[10]や平山氏[11]の研究成果があり、第五章でも取り上げているので、次項以降では⑪の借銭に関する問題を中心に検討していく。

3 「借銭法度」の分析

「甲州法度」五十七ヶ条の内容を項目ごとに分類すると、借銭に関する条項は十四ヶ条あり、「甲州法度」の中で最も多いことは前項でも指摘した。特に、冒頭の条文である第三十八条に「借銭法度之事」とあり、これ以降の条文の大部分（二十ヶ条中十四ヶ条）が借銭に関する条文であることから、本章ではこれらの条文を「借銭法度」と総称する。ここでは「借銭法度」の内容を分析し、戦国大名武田氏が直面していた諸問題について検討する。

〔史料1〕甲州法度之次第写（「東京大学法学部所蔵文書」戦武二一八）

一、（第三十八条）借銭法度之事、無沙汰人之田地、従諸方相押之事、以先札可用之、但、借状至無紛者、其方ヘ可落着事、

一、（第三十九条）同田畠等、方々ヘ書入借状事、可用先状、雖然至謀書謀判者、可処罪科、負主之事、彼借状方江可渡之事、

一、（第四十条）親之負物、其子可相済事勿論也、子之負物、親之方ヘ不可懸之、但、親借状加筆者、可有其沙汰、若又就早世、
親至拘其遺跡者、雖為逆儀、子之負物可相済之事、

一、（第四十一条）負物人或号遁世、或号逐電、分国令徘徊事、罪科不軽、然者、於許容之族者、彼負物可弁済之、但売身奴婢等
之事者、可任先例、

一、(第四十三条)載恩地於借状事、無披露不可請取之、其上出印判、可相定之、若彼所領主令逐電者、随事之体可有其沙汰、過年期者、可挙先判、若依侘言、就出置者、恩役等可相勤之事、
一、(第四十四条)逐電人之田地、取借銭之方者、年貢夫公事以下、地頭ヘ速可弁済事、但、地頭負物相済者、彼田地可相渡事、
一、(第四十五条)穀米地負物不可懸之、但、作人構虚言者、縦雖経年月、可処罪科事、
一、(第四十六条)負物人有死去者、正口入人之名判、其方へ可催促之事、
一、(第四十七条)以連判就致借銭、若彼人数内令逐電死去者、縦雖為一人、可弁償之、
一、(第四十八条)相当之質物之儀者、如定、若過分之質物、以少分取之者、縦雖過兼約期、聊爾不可沽却、利潤之勘定至無損亡者、五三月相待、頻加催促、其上令無沙汰者、以証人可売之、
一、(第四十九条)負物之分定年期、渡田畠、又者書加土貢之分量、欲令沽却者、売人幷買人、其地頭主人ヘ可相届、無其儀之上、或依折檻主人取放之、或有子細地頭改之時、縦買人雖帯負物之借状、不能信用、
一、(第五十条)米銭借用事、至一倍者、頻可加催促、此上猶令難渋者、可有其過怠、自然地下人等借銭之処、軽不肖負物人令無沙汰者、可披露、是又右同前、
一、(第五十一条)蔵主就逐電者、以日記相調、至銭不足者、其田地屋敷可取上、但、永代之借状於二伝者、不可懸之、年期地之事者、可有其沙汰、年貢夫公事等者、地頭ヘ速可勤之事、
付、借銭経年期者、負物不可懸之、
一、(第五十六条)定年期之田畠、限十ヶ年、以敷銭合請取、彼主依貧困、於無資用者、猶加十ヶ年、可相待、過其期者、可任買人心、自余年期之積者、可准右、

史料1で挙げた十四ヶ条は、大きく分けて三つの内容に分類できる。一つ目は負債者が逐電・死去したり、債権者

が負債者の財産を差し押さえたりする際の措置についてで、第三十八～四十一・四十四・四十六・四十七・五十一条の計八ヶ条が存在し、「借銭法度」の中では最多である。

その内容は、借銭返済を滞納した者の田地を大勢で差し押さえる場合、先に作成した文書を優先する（第三十八・三十九条）、子の負債を親に肩代わりさせることを禁止（第四十条）、逐電人の田地を借銭の担保として取った者が年貢・夫公事負担の義務を負う（第四十四条）、負債者が死去した時は保証人が弁済の責任を負う（第四十六条）、連名で借銭を行って一人が死去した場合は残った一人が弁済する（第四十七条）などである。負債者が死亡・逃亡した後、残された親族と債権者、または債権者同士の紛争を防止するための基本法という位置づけができる。

二つ目は年期や利息、質物などに関する条文で、第四十八～五十・五十六条の四ヶ条が存在する。内容は、借銭の年期中に担保を売却することを禁止（第四十九条）、借銭の利息が元本の二倍になったら返済を催促できる（第五十条）、困窮で借銭を返済できない場合はもう十ヶ年返済を延長できる（第五十六条）などである。こちらは基本的に、負債者と債権者との間の、返済や催促に関する規則を定めたものであるといえる。

残りは恩地を担保にして貸借を行った場合は必ず武田氏に披露するよう定めた条項（第四十三条）、穀米地に負物を懸けることを禁止した条項（第四十五条）である。このうち二十六ヶ条本にあるのは、負債者が逃亡することを禁じた第四十一条だけで、残りは追加法として位置づけられる。

特に、借銭条項の大部分を占める先の二点が、武田領国内で特に重要視されていたことを窺い知ることができる。こうした状況が戦国期に普遍的な問題であったのか、あるいは武田領国内独自の問題であったのかということを見極めるために、前項に引き続いて再度「今川仮名目録」との比較検討を行いたい。

〔史料2〕(12)

一、（第十九条）借銭の事、一倍になりて後、二ヶ年之間は、銭主相待べし、及六ヶ年、不返弁ば、当奉行幷領主にことはり、可及譴責也、米銭共に利分の事は、契約次第たるべし、

一、（第二十条）借用之質物に知行を入置、進退事尽るゆへに、或号遁世、或欠落のよし、侘言を企る儀有之、去明応年中歟、庵原周防守此儀ありし、譜代之忠功もだし難きにより、一旦随其儀畢、但、以料所焼津ノ郷、銭主に遣之、（後略）

史料2の第十九条では、「借銭の返済額が元本の二倍になった後、二年間までは返済を猶予し、六年経っても返済がない場合は、今川氏の奉行と領主に断った上で負債者を処罰する。米銭共に利息は契約通りにせよ（勝手に利息を増減してはならない）」とある。また第二十条は有名な条文であるが、「今川氏の給人が知行地を担保にして借銭をしていながら、その返済ができずに銭主との間で相論になっていることについて、一度は給人を救済するが、二度目は所帯を没収する」と記されている。ここでの特徴は、今川氏の給人が抱えていた負債と、その救済に重点が置かれている点である。武田氏の場合も、給人と地下人との間に知行地を担保とした貸借関係があり、給人が借銭を返済できずに、武田氏が介入しなければならない状況にあったことは、平山氏が既に明らかにしている。

しかし、「甲州法度」には給人の救済条項はなく、借用した額が（利息を含めて）倍額になったら催促を加えるよう定めた第五十条の前半部と、「今川仮名目録」の第十九条に共通項が見られるに過ぎない。よって、「借銭法度」は、武田氏が領国内の問題に対処するため、独自に制定した条項であったと見なすことができる。特に、天文二十三年までに「甲州法度」に追加された条項が、武田領国内で特に解決しなければならない問題であったとする平山氏の見解に従うならば、「甲州法度」の追加条項で最も多数を占める「借銭法度」こそ、当該期の武田氏が直面していた最重要課題であったと言えるだろう。

二　「借銭法度」制定の背景

1　当該期の社会状況

ここでは、戦国期の甲斐郡内地域の状況を記録した『勝山記[13](妙法寺記)』から、「借銭法度」が制定された時期の前後にあたる、天文～永禄年間の甲斐国内の状況について見ていく(表2)。これによると、「甲州乱国となる」と記された明応元年(一四九二)以降、甲斐では毎年のように戦乱・疫病・災害などで多くの被害者を出していたことがわかる。『勝山記』の記述は永禄六年(一五六三)で終わっているが、『王代記』(山6一九一)にはさらに、永禄八年の状況として「天下渇水、人民死す」とある。実際に、同年には信濃国内で田畠が不作となって庶民が困窮し、その過半が逐電する事態になっているが(「井出家文書」戦武一〇五二)、この原因も旱害によるものであったと考えられる。

次に、穀物売買の相場について検討する。『勝山記』には天候や災害・事件等の他に、その年の物価も詳しく記されているが、この中で特に多いのが、「ツマル」という表現である。これは春麦の収穫が行われる以前の食料不足の時期に売買が止まり、人々が困窮している状態を指す言葉と考えられる。また、飢饉で物価が高騰し、売買が成立しない場合だけでなく、豊作で物価が下がり売買が盛んであっても、「銭ケカチ」(銭不足)が発生し、結局は「世間ツマル」という状況になっている。売買はもちろん、年貢・諸役納入も基本的には精銭が用いられており、天文十九年(一五五〇)・二十三年・二十四年には撰銭が行われている。「甲州法度」の四十二条に撰銭に関する条項があることからもわかるように、慢性的な精銭不足は甲斐国内の流通を阻害し、民衆の困窮を招く結果になったと考えられる。

甲斐・信濃に現存する、戦国期の売券・借用状の作成月を分類すると(表3)、四～五月が三点(表3No.1・2・7)、

表2　『勝山記』に見る甲斐国内の情勢（明応元年～永禄8年）

年号	西暦	事件・戦争	天候・災害	物価・世情
明応元	一四九二	**6月11日、甲州乱国となる**		
2	一四九三	甲州もっての外に物騒		世間富貴、売買安
3	一四九四	武田信縄と信恵が合戦	不作、半分も実らず	売買吉
4	一四九五	伊勢宗瑞が甲州へ打入る	7月13日大風、一本も実らず、飢饉	
5	一四九六		8月16日に大水大風、全て不作	
6	一四九七			秋も耕作吉、稗豊作、売買吉
7	一四九八		**8月25日辰刻に大地震**、同月28日の大雨・大風で、西海・長浜・大田輪・大原で倒壊、足和田・小海は流出。大飢饉	
8	一四九九		正月5日大地震、正月中に大風吹く	**売買事の外高く春ツマル**、大麦・小麦共によし
9	一五〇〇		地震続く、6月4日に明応7年以上の大地震	
10	一五〇一		6月に夜昼大雨、大水出て悉く水没	10～20年ないほどの豊作
文亀2	一五〇二	伊勢宗瑞が甲州へ打入る	大雨	世間は十分に吉
3	一五〇三		8月に悪風が吹いて不作	世間凶
4	一五〇四		3月まで雪降らず	**世間事の外ツマル**
永正2	一五〇五		稗が全滅。大旱、大飢饉、人馬多く死ぬ／冬は例年になく寒い	
3	一五〇六		耕作をしない者は翌年春まで困窮	前年冬～春は物価高、秋は豊作
4	一五〇七	武田信縄死去		

5	一五〇八	武田信虎と信恵が合戦、信恵ら討死	大雨で不作、秋作は悉く悪い	世間富貴
6	一五〇九	秋に都留郡に軍勢乱入、河口を焼く		売買高し、秋作は吉
7	一五一〇	戦乱続く。春に武田氏と小山田氏が和睦		大麦・小麦吉
8	一五一一		疫病流行、大風2～3度吹く。8月に大水出て作物に被害	十分の富貴四分三分に成る
9	一五一二		3月18・19日に大雪、通路悉く止まる	**前年より売買なし、売買がないため世間大いにツマル**
10	一五一三		咳病流行、不作	**撰銭起こる**、売買安し
11	一五一四		世間暖か	物価安、**売買は自在だが撰銭のため銭不足**
12	一五一五	武田氏と大井氏が合戦。駿河衆が甲州との国境を封鎖	これまで以上に寒い／大地が凍り、芋や菜が収穫できず飢饉になる。粟・稗などの作物は全て不作	物価は前年と同じく安い。**撰銭止まず**
13	一五一六	駿河と甲斐の戦乱続く。他国との路次が塞がり通行できず。9月28日に駿河勢が国中を悉く焼く		**春からツマル**、特に大麦の物価が高い。**撰銭が盛んになる**
14	一五一七		大雪で路次が悉く塞がる／食物がなく鳥獣餓死	売買よし
15	一五一八	5月に駿河と甲州都留郡が和睦	7月13日の大風で作物に被害、不作。8月26日夜に大霜降り、翌日まで消えず。不作のため蕨を9月まで掘り、翌年5月まで掘る	**世間ツマル、米の流通が止まったため、米の売買がなく、都留郡で一粒もなくなる**
16	一五一九	武田信虎が甲府へ本拠を移す	日本国中で飢饉、諸国で餓死者が出る	**撰銭起こる**、秋作は吉、国中富貴

年号	西暦	事件・戦争	天候・災害	物価・世情
永正17	一五二〇	武田氏と栗原氏・大井氏が合戦	8月13～18日まで降り、作毛悉損	売買吉
大永元	一五二一	駿河勢が2月に侵攻、10月に府中飯田で合戦、11月に上条で合戦、駿州衆が多く戦死して退却		
2	一五二二		全て(特に粟)不作	物価安
3	一五二三		大原荘を始め都留郡で飢饉	夏は大麦吉
5	一五二五	武田氏と北条氏が和睦		売買は吉だが**銭不足**
7	一五二七	甲斐と駿河で和睦	春夏大疫起る	
8	一五二八	**徳政令実施。3年以内の借物は押し潰し、それ以後は本なし**	6～8月まで日照り。5月16日に大雨、17日に大水出て、田畠悉く流出	
享禄2	一五二九	国中への路次不通。11月15日に開通		春は物価安、特に大麦・小麦吉。秋は世の中吉、**銭不足**
3	一五三〇		正月から暖かく、雪一粒も降らず／7・8月に疫病発生、死人多く出る	春は全て物価安、**銭不足**
4	一五三一	武田氏と栗原氏・諏訪氏らが合戦	子供たちが病にかかり、多くが死ぬ	**春人々ツマル**、物価は安い
5	一五三二		天下皆悉く日照り	**春は人々ツマル**、大麦・小麦共に吉。秋世中吉
天文2	一五三三	扇谷上杉朝興の女が武田晴信に嫁ぐ	5～8月まで大雨降り、作柄悪い。ソバ以外は不作	春は此方福貴、不作だが物価は安い。**銭不足**
3	一五三四	前年武田晴信に嫁いだ扇谷上杉朝興の女が死去	春に餓死者、次に疫病流行。8月～翌年4月まで蕨を掘り生き延びる	**春に人々ツマル**。疫病でも物価安、**銭不足**。大麦は豊作。秋は十分であったが、大風のため三ヶ一の世の中。米・大豆以外は安い

4	一五三五	北条氏と小山田氏が合戦	2月大風が吹き、家が倒壊。咳病が流行して死人が多く出る	
5	一五三六	今川氏輝死去。義元が家督を継ぐ	正月14日に大風吹き、家が倒壊。5～7月まで雨降り、餓死者多く出る。疫病も流行	
6	一五三七	武田信虎の女が今川義元に嫁ぐ	10月16日に雪降る。近年にない寒さ／疫病流行、餓死者多く出る	疫病のため売買なし
7	一五三八	甲州と相州の取合止まず	正月17日～2・3月まで大風。冬の寒さで大麦不作、大原では作柄全滅。この春も餓死者多数	
8	一五三九	甲相両国の取合止まず	冬は暖かく、民も喜ぶ／12月15日に大風・大水	大原福貴、此方は困窮
9	一五四〇	武田氏が信州佐久郡へ侵攻	5・6月の大雨で世中散々。8月11日に大風吹き、河口湖沿岸の家屋が倒壊し、鳥獣が皆死ぬ	春は物価安、特に大麦豊作。
10	一五四一	**6月、武田晴信が父信虎を駿河へ追放、一国平均安全になる**	**春に過去100年ない程の飢饉、人馬多く餓死。8・9月に大風吹く**	世の中一向悪し
11	一五四二	武田氏が信州諏訪郡へ侵攻	秋に大風三度吹き、多くの人が餓死。3年続けて餓死者多数	餓死者多数でも物価安、**銭不足**
12	一五四三			正月より物価安
13	一五四四		大麦不作のため、夏に餓死者多数。秋も不作でさらに餓死者増える。干し葉で命をつなぐ	春世間福貴
14	一五四五	武田氏が信州箕輪城を攻める	5～7月まで雨一度も降らず／**春人々ツマル**。2月11日に富士山の雪水が吉田へ流出、人馬と下吉田の麦を悉く押し流す	大水で残った大麦・小麦は吉

年号	西暦	事件・戦争	天候・災害	物価・世情
天文15	一五四六		7月5日、大雨で大水が出て近辺の山が崩れ、田地を悉く押し流す。特に尾垂の被害甚大。また15日には大風吹き、作物を悉く吹き飛ばす。このため餓死者多数	大水、大風、餓死者多数でも物価安
16	一五四七	信州と甲州の取合続く。一年に二度の出兵のため、奉公人は信州への出陣を忌避		この年も世中は半分だが、**銭不足のため物価安。世間ツマル**
17	一五四八	武田氏が信州塩田原で村上氏に敗戦		作柄は全て吉、世間福貴
18	一五四九	**地下衆へ過料銭を賦課**	**4月14日夜中、52年前の明応地震以来の大地震**	前年以上に福貴、売買は2年前からさらに安くなる
19	一五五〇	武田氏が戸石城で敗戦（戸石崩れ）。信州・甲州の取合止まず	6月に大雨降り大水出る。7・8月の大雨・大風で餓死者多数。春に子供たちが疫病にかかり、下吉田だけで50人が死ぬ	**春に撰銭起こる**
20	一五五一	信州・甲州の取合止まず。**地下衆へ過料銭を賦課**、欠落増加	前年に引き続き、春に餓死者多数	大麦は豊作だが、**春のツマリが続く。世中悪く、世間ツマル**
21	一五五二	この年も信州へ出陣。今川義元の女が武田義信に嫁ぐ	不作／正月は風も吹かず暖かい	
22	一五五三	第一次川中島合戦	5～9月の日照りで水が干上がり、冬に水不足、大麦不作	世中は売買盛ん、全て安い
23	一五五四	7月に信州へ出陣。北条氏康の女が今川氏真に、武田晴信の女が北条氏政に嫁ぐ	余りの暖気のため、芋が豊作／腹病流行し、多くの人が死ぬ。7月から雨降らず、河口湖の水が干上がる。3年続けて日照り。8月23日の夜大風吹き、家をなぎ倒し、人馬を悉く打ち殺す	世間福貴、**撰銭**、物価安、**銭不足**

24	一五五五	第二次川中島合戦。出陣が続き、人馬の疲れがひどい	正月・2月は暖気	**南金という銭が出て、撰銭が起こる**
弘治2	一五五六			春は物価安だが、**世間ツマル。銭不足**
3	一五五七	第三次川中島合戦	冬中暖気	多くの人が困窮
永禄元	一五五八		8月5日に大風吹き、粟・芋・大麦・小麦は不作。稲・大豆・小豆は豊作	物価安
2	一五五九		正月に雪水出て、悉く田地・家・村を流す。4月15日に大水降り、夕顔・茄子・麻・稗苗、特に鶩菜を悉く押し流す。大麦は半分の出来。12月7日に大雨降り、雪水出て、法華堂・中村が流出	春は物価安
3	一五六〇		2月20日に大雪降り、筒粥には何も入らず、鹿鳥を残らず取る。6月13日から10月まで雨降り、作物は壊滅。永禄2年～4年の3年間疫病が流行、悉く人が死に、村郷明く	
4	一五六一	第四次川中島合戦	正月2日に大雪降り、薪不足。冬日照り、11・12月に雪降らず	秋は半分の作柄だが、物価は安い
5	一五六二		10～12月まで日照り／稲は全滅	3年の間世の中吉
6	一五六三		5月に大風吹き、大麦を吹き散らす。7月22日～8月2日まで20日間大水出て、田畠を悉く押し流す。河口湖沿岸は悉く海になる	世の中は悪いが、物価は安い
8	一五六五		天下渇水、人民死す(『王代記』)	

表3　戦国期の甲斐・信濃における売券・借用状

№.	年月日	文書名	国名	売主・借主	買主・貸主	形態	出典
1	天文19・4・吉	宮原内匠助証文写	甲斐	宮原内匠助	風間清五郎	借用	風間家文書　戦武　三〇七
2	永禄9・5・1	大和田善左衛門証文	甲斐	善さへもん	や七郎	年季売(13年)	三浦小一郎家文書　戦武　九九〇
3	永禄9・10・5	いつも等連署証文	信濃	いつも・太郎	新左衛門	永代売	河野通俊家文書　戦武一〇二九
4	元亀2・12・13	けいかい宗右衛門証文	信濃	けいかい宗右衛門・同しそく小太郎	宮下新左衛門	永代売	河野辰恵家文書　戦武一七六一
5	元亀3・12・28	願念証文	甲斐	願念	末木淡路守	永代売	八田家文書　戦武二〇〇八
6	天正2・1・20	竹村久左衛門尉証文	信濃	竹村久左衛門尉	河野筑前守	借用	河野辰恵家文書　戦武二二六〇
7	天正18・4・5	河野ち右衛門証文	信濃	かわの　ちゑもん・つかい　あんゑもん	ミやの下ちくこ	永代売	河野通俊家文書　信17　一〇九
8	天正18・12・14	縫左衛門証文	信濃	ぬいさへもん	ちくこ	永代売	河野通俊家文書　信17　二二六

出典：「戦武」＝『戦国遺文武田氏編』。数字は史料番号。「信」＝『信濃史料』、数字は巻号・頁番号。

十月が一点(№3)、十二～一月が四点(№4～6・8)となる。阿部浩一氏[14]によれば、十月から翌年の一月は米や秋麦の収穫時期で、その年の年貢納入期限にもあたるとされ、また四～五月は春麦の収穫時期であり、前年の未進年貢の納入期限にあたるとされている。『勝山記』を見ても、この時期に飢饉が最も多く発生していることがわかる(表2)。

すなわち、天文～永禄期の武田領国では、戦乱・災害などによって、武田領国内の給人・百姓層が困窮し、飢饉を生き延びるため、あるいは軍役負担や年貢納入等のために借銭を重ねていた状況があったことがわかる。「借銭法度」

を含む「甲州法度」五十七ヶ条は、このような状況下で制定されたと考えられる。

2 武田領国における「蔵主」

次に、債権者として武田氏の「御蔵」を管理し、その米銭で金融活動を行っていた者たちの存在に注目したい。戦国期の「御蔵」とその機能については、阿部氏による詳細な検討が行われている。その中で、武田領国でも領内から徴収された米銭などを収納する「御蔵」が存在し、与えるべき知行地がない給人に対して「蔵米」を給付する一方、米銭の貸し付けが行われていたことが明らかにされている。

例えば、『勝山記』の天文二十一年条に、「此年吉田ノトモヤニ、ツチツカノ宮内さへもん殿、屋形ノ御蔵ヲ被立候」とあり、土塚（笛吹市一宮町）の宮内左衛門が吉田（富士吉田市）に「屋形」（武田氏）の「御蔵」を建設したことが記されているが、阿部氏によれば、これも年貢集積の拠点とするため、武田氏によって設置された「御蔵」の一つとされている。これら「御蔵」の管理者は、北条領国では「蔵元（蔵本）」と呼ばれ、主に在地に居住する富裕層（有徳人）がその任にあたっていた。武田領国では「蔵主」[15]として見え、史料3のように債権者として米銭の貸し付けも行っていたことがわかる。

〔史料3〕武田家朱印状（「風間家文書」戦武二一〇）

（竜朱印）

風間佐渡守預之御蔵銭、合六貫二百文借用申候ニ付而、所帯之内弐貫文之所、ふり被申候、何時成共合六貫仁百文
之所済ニ付てハ、無相違可返者也、仍為後日状如件、
天文拾六丁未

正月吉日

借用人

宮原内匠助

蔵主

風間佐渡守

〔史料4〕武田家朱印状（「渋江家文書」戦武一九七）

（竜朱印）

土屋神拾郎御蔵銭致無沙汰就懸落候、彼田地屋敷合五貫文之所、渋江右近允相拘候ニより、両御蔵銭合拾貫文、わきまへ相澄候間、自今以後、此外之御蔵銭以下、不可懸之候、此内参貫文者、可為御恩者也、

天文十四乙巳

十二月廿五日

渋江右近允

史料3では、「蔵主」の風間佐渡守が預かっていた「御蔵銭」のうち六貫二〇〇文を、宮原内匠助に貸し出すことを武田氏が許可し、相違なく返済するよう命じている。また史料4では、「御蔵銭」の貸し付けを受けていた土屋神十郎が欠落したため、彼の田地屋敷を入手した渋江右近允に対して「御蔵銭」一〇貫文を弁済させ、このうち三貫文を給分として与えている。武田氏は「御蔵」の米銭を「蔵主」に管理させ、貸し付けや返済にも厳しい態度で臨んでいたことが、これらの例からも窺える。なお「甲州法度」の第五十一条では、「「蔵主」の逐電が起きた場合は「日記」の記載通りに弁済させ、銭が不足した場合は、その田地屋敷を没収する」と定められており、蔵主自身の逃亡にも厳

しい規定が設けられていたことがわかる。では、彼ら「蔵主」の身分はどのようなものであったのか。

〔史料5〕徳川家朱印状写（「八田家文書」山4七二二）

年来拘置田畠屋敷永代買等、如先規之年貢地頭方江速於納所者、如前々向後不可有異儀、然者棟別拾間免許幷被
官等可為国次之事、
右領掌不可有相違之状如件、

天正十一年　　　　本多弥八郎
九月廿一日　　　　　奉之
八田村新左衛門尉殿

史料5では、武田氏滅亡直後の天正十一年（一五八三）に、武田時代と同様に、地頭への年貢納入を条件として、八田村の末木新左衛門尉が所有する田畠・屋敷等の財産や棟別役の免許等を、徳川氏が安堵したものである。末木（八田）氏は武田氏の「蔵前衆」の一人とされ、武田氏の年貢集積を支える経済官僚であったとする評価が行われている[16]。『甲陽軍鑑』[17]や『甲斐国志』[18]によると、「蔵前衆」として末木氏の他に、諏訪春芳・松木桂林などがおり、いずれも「地下人」身分であったとされている。

一方、当該期の売券・借用状に見える買主・貸主には、先に挙げた末木氏や風間佐渡守の他に、甲斐国都留郡大嵐（富士吉田市）の弥七郎や、信濃国伊那郡河野郷（長野県豊丘村）の宮下新左衛門などがいる。彼らは武田氏の給人（軍役衆）ではなく「地下人」身分であり、年貢収入や人を担保とした売買・賃借を行っていた。これらの「蔵主」は武田氏の「蔵前衆」と同一であり、武田氏は地下人、特に「有徳人」層の経済力を利用して、年貢集積や金融活動を行わせていたと考えられる。

「甲州法度」第五十条の後半部分で、「給人が地下人から借銭をしておきながら、相手が軽輩であるからといって借物を返さない場合は、武田氏に訴えること」と規定されていることから、武田氏の給人が在地の「有徳人」から借銭をし、返済をめぐって相論になる事例が多く存在したのではないか。「蔵主」は地下人身分でありながら、武田氏の経済基盤として位置づけられていたことが、この条文からも窺える。

三　借銭・売買をめぐる相論と武田氏の裁定

従来の先行研究において、「甲州法度」との関わりを示す史料として検討されてきたのが、相論の裁定に際して発給された裁許状である。例えば、柴辻氏は次の史料を、第四十八条の質物没収に関するものとして取り上げている。

〔史料6〕曾禰虎長等連署証文（「河野家文書」戦武一〇三八）

信州下伊奈川野（河野）之郷田地問答御下知之次第

一、従宮下新左衛門所、藤四郎去辛酉・壬戌（永禄四年・五年）両年米銭借用依無紛、藤四郎名田之内七百五十文之所、其方請取作仕来之処ニ、彼借物不相済、去年彼田地、以強儀藤四郎取放候事、背国法之条、為其過怠、来丁卯（永禄十年）一歳、右之田地相計、翌戊辰（永禄十一年）之正月藤四郎方へ可返置之事、

一、孫左衛門田地之御年貢未進、其方御代官衆へ弁済、剰以証状、自孫左衛門方七百五十文田地、永代請取之上者、於于自今以後可相計之事、

以上

曾禰

（永禄九年）
丙寅
　十一月四日　　　　虎長（花押）
　　　　　　　　原隼人佑
　　　　　　　　　昌胤（花押）
　　宮下新左衛門

柴辻氏は一条目の「国法」が「甲州法度」第四十八条に該当するとして、宮下が藤四郎から過分の質物を取っていたこと、藤四郎が借銭を返済する以前に宮下が強引に田地を売却したことが「国法」に抵触していたと述べている。これに対して菅原氏は、史料6では返済分以上の質物を強引に奪い取ったことが問題とされているのであって、質物の売却を主要な問題とした「甲州法度」第四十八条とは厳密には同じ内容とはいえないと主張している。しかし、史料6で田地を「強儀をもって取り放した」のは宮下ではなく藤四郎であり、史料解釈が根本から異なる以上、両氏の主張は何れも成り立たない。この場合の「国法」は、黒田基樹氏が指摘する通り[19]、「甲州法度」以外の基準（世間法）に依拠していたと考える方が妥当であろう。

次に、柴辻氏が第十二条（恩地の沽却禁止）の事例として挙げている史料について検討してみたい。

〔史料7〕栗原信盛・原昌胤連署証文（「藤沢家文書」戦武一三三七）

　　板山孫左衛門尉幷玉泉坊与其方田地問答御下知之次第

一、板山御恩地拾壱貫文余之所、去己巳年（永禄十二年）其方買執候之砌、五百文之所号隠居分、板山一世中証文相添出置之上者、
　至只今不可有異儀之事、
一、右五百文増分六百五十文之所、孫左衛門尉相押之由、以証文五百文之所計孫左衛門尉ニ其方出置、則者増分孫
　左衛門尉不可有綺之事、

一、九百三十文之所、自孫左衛門尉方書加手形相渡候上者、可為其方計之事、
一、隠居分五百文之所、孫左衛門(ママ)玉泉坊沽却、近年玉泉坊令耕作候之内、孫左衛門尉去巳(永禄十二年)年欠落之時節、其方玉泉坊問答中之年貢之事者、既孫左衛門尉一世中不可有相違之由、契約無紛候、然即者問答之内之年貢、玉泉坊方へ其方可弁済之事、
一、従玉泉坊方、其方請取候年貢参百文之分、無異儀玉泉坊可弁済事、
一、隠居分五百文幷三百文之所、三ヶ年問答之内者、互不可有利分候、但三ヶ年外之利分之儀者、不可及御下知之事、
一、玉泉坊相拘隠居分五百文之所、板山死後ニ者其方請取砌、敷銭壱貫文玉泉房方へ相渡、田地可計之事、
一、板山孫左衛門尉与雖非父子固候、御恩地以少礼儀、永其方相計、即者孫左衛門尉存命之間、別而可加懇切之事、

以上

右如此、任望御沙汰帳書写相渡候、弥仕(ママ)候文言、不可致相違者也、仍如件、

(天正二年)甲戌　　栗原
　　　　　　　　　　信盛(花押)
八月十日　　原隼
　　　　　　　　　　昌胤(花押)

保科八郎左衛門尉殿

史料7は、保科八郎左衛門尉・板山孫左衛門尉・玉泉坊の三者による「田地問答」に対する武田氏の裁許状である。確かに、板山が武田氏から与えられていた恩地に関する内容ではあるが、「問答」の内容はより複雑な状況にあったことがわかる。

武田氏が板山に与えた御恩地一貫文余の田地を、三年前の永禄十二年(一五六九)に保科が買い取った際に、板山の

在世中は五〇〇文分を隠居分とすることを決め、証文も取り交わした(第一条)。しかし、板山は隠居分として手元に残された五〇〇文分の田地を玉泉坊に売却し、近年まで玉泉坊が耕作してきた(第四条)。このため、隠居分五〇〇文と、この田地の増分六五〇文の帰属をめぐって、保科・板山・玉泉坊の間で「問答」となったのである。さらに、玉泉坊は保科に対して三〇〇文分の年貢を負担していたが、係争中は年貢を未進していた(第五条)。これに対する武田氏の裁定は以下の通りである。

(1)隠居分五〇〇文と増分六五〇文は板山の分として渡し、証文も取り交わしたのであるから、増分も板山のものである(第二条)。残りの九三〇文分は、板山から保科に手形を渡してあるので、保科のものである(第三条)。

(2)隠居分五〇〇文の年貢の取り扱いについては、既に板山の在世中は板山のものとする「契約」を結んでいるので、保科から玉泉坊へ年貢分を弁済すること(第四条)。

(3)玉泉坊から保科が受け取っている年貢三〇〇文分は、異議なく玉泉坊が弁済すること(第五条)。板山の隠居分五〇〇文と保科の年貢分三〇〇文の所は、三年間の係争中は互いに収取してはならないが、三年間以外の収取分については、武田氏の下知を受ける必要はない(第六条)。

(4)玉泉坊が現在所持している板山の隠居分五〇〇文の所は、板山の死後に保科が受け取る際に「敷銭」一貫文を玉泉坊に渡し、保科が田地を受け取ること(第七条)。板山と父子の関係にはなくとも、板山の御恩地は永く保科が管理し、板山が存命の間は懇切にすること(第八条)。

事の発端は、困窮した板山が武田氏から与えられた恩地を複数の相手に売却したことにあった。不作などによる収入減や軍役負担で困窮した給人層が恩地を勝手に売却していたことは既に平山氏が指摘しており、今回の状況も同様であったと考えられる。

ただし、武田氏は「甲州法度」第十二条で、恩地を理由なく売却することを禁じてはいるが、特別な事情がある場合は、理由を届け出た上で年期を定めて売買するよう定めており、恩地の売買を全面的に禁止していたわけではない。第四十三条にもある通り、恩地の売買・貸借が武田氏に披露された場合は、武田氏が買主・貸主に印判状を発給し、恩役(軍役)などを勤めることを条件に恩地の所持を認めていた。史料7の場合も、板山・玉泉坊の権利を保護する一方で、最終的には買主の保科に所有権が認められており、恩地の売買をめぐる武田氏の裁定は「借銭法度」の条文の通りであったことがわかる。

この他に史料7で注目されるのは、売買「契約」の際の「証文」や「手形」を根拠として裁定が下され、武田氏が保科の懇請で「沙汰帳」の内容を書き写して裁許状を作成し、保科に手渡した点である。なお、柴辻氏は「沙汰帳」を訴訟に際しての判例集と解釈しているが、この場合は裁許の結果を武田氏側で記録したものであろう。恐らく、保科は武田氏の裁許状を板山と玉泉坊に提示し、「問答」の解決を図ったと考えられる。

訴訟の際に売買・貸借の証拠書類が重視されたことは「借銭法度」にも明記されており、特に債権者が複数存在した場合は、確実な「借状」を所持している者が権利者とされた(第三十八条～第四十三条)一方で、「謀書」(偽文書)であることが判明した場合は罰せられることになっていた(第三十九条)。

永禄七年三月、甲斐国都留郡大田輪(富士吉田市)の善左衛門が同郡大嵐の弥七郎に五年間の年季で田地を質入れした際に作成した証文(「三浦(小)家文書」戦武八七九)にも、「この案文の先として、公方政所までも仰せらるべく候」という文言があり、この貸借をめぐって訴訟となった際は、この文書を証拠書類として「公方」(武田氏)に提出することが想定されている。このように、在地側においても、相論の際には武田氏の裁定を受け、その権益を保護してもらうという認識がなされていたことがわかる。

おわりに

最後に、「甲州法度」五十七ヶ条のうち、妻帯役に関する条文を除く二十五ヶ条と、残りの追加三十二ヶ条(天文二十三年(一五五四)に追加された二ヶ条を含む)、特に「借銭法度」の評価を通して、「甲州法度」制定の歴史的意義についてまとめておきたい。

まず二十五ヶ条は、給人の所領問題や訴訟を中心とした、武田氏の「家中の法」である。これらの条文は給人同士の「自力」による紛争解決を規制し、当主への「披露」を経て、武田氏の裁許を受ける体制を明確化したものとして評価できる。一方、追加された三十二ヶ条は、地頭との相論の際に百姓側の義務・権利に言及している点や、棟別役などの諸役納入に関する規定がある点など、明らかに領国内に居住する者全体を対象とした「領国の法」である。これらは、二十五ヶ条で制定された条文だけでは紛争解決への対応ができないため、追加法として制定されたものと位置づけられる。

特に「借銭法度」は、武田氏が「今川仮名目録」等の他の分国法とは異なる独自の形で成文化したものであった。「借銭法度」が制定された背景には、戦乱や災害で武田領国内の給人・百姓層が困窮し、借銭を重ねていた当該期の社会状況の他に、武田氏の「御蔵」を管理し、その米銭で金融活動を行う「蔵主」の存在があった。彼らは武田氏の経済基盤として位置づけられており、給人・百姓層を中心とする負債者側と「蔵主」を中心とする債権者側の売買・貸借をめぐる相論を武田氏が裁定する際、その基準として定めたのが「借銭法度」であったと評価することができる。その原型は「国法」と称される在地の慣習法であったと推測され、売買・貸借の際に作成された文書が武田氏の裁定を受ける際の重要な証拠書類となっていた。

戦国大名武田氏は「借銭法度」を含む「甲州法度」を制定することによって、「自力」による紛争解決を規制する一方、自らの権力基盤である給人・百姓層や「蔵主」などの権益を保護することで、「分国」＝大名領国を支配する公権力として、自らの正当性を確立していったのである。

註

（1）三浦周行「武田氏の法律『甲州法度』」（『法制史の研究　続』岩波書店、一九二五年）。

（2）木島誠二「塵芥集に就いて」（『歴史と地理』二七巻六号、一九三〇年）。

（3）柴辻俊六「甲州法度の歴史的性格」（『戦国大名領の研究―甲斐武田氏領の展開―』名著出版、一九八一年。初出一九七八年）。以下、柴辻氏の見解は本論による。

（4）平山優「戦国大名武田氏の在地支配―地頭と寄子、百姓の争論を中心に―」（笹本正治・萩原三雄編『定本・武田信玄』高志書院、二〇〇二年）。以下、特に断らない限り、平山氏の見解は本論による。

（5）菅原正子「戦国大名と「国法」―武田・北条氏領国の場合―」（『武田氏研究』三六号、二〇〇七年）。以下、菅原氏の見解は本論による。

（6）佐藤進一他編『中世法制史料集』第三巻（岩波書店、一九六五年）四四〇頁。

（7）田中久夫「武田氏の妻帯役」（『日本歴史』四六号、一九五二年）。

（8）『甲陽日記（高白斎記）』（山6九〇）。

（9）菅原氏は近代法の基準で「甲州法度」の内容を分類しているが、本章では菅原説には拠らず、主に平山氏の分類を参考に、条文の内容を重視して分類を行った。

（10）柴辻俊六「戦国期の棟別役」（前掲『戦国大名領の研究』。初出一九七三年）、同「武田領の反銭と棟別役」（『戦国大名武田氏領の支配構造』名著出版、一九九一年。初出一九八二年）、同「武田領の諸役体制」（同上。初出一九八七年）。

（11）平山優「戦国大名の諸役賦課と納入の実現形態―棟別と「郷中」の関係を中心に―」（『戦国大名領国の基礎構造』校倉書房、一九九九年。初出一九八八年）、同「郷村内身分秩序の形成と展開―郷村祭祀と家役との関連を中心に―」（同上。初出一九九一年）。

（12）『中世政治社会思想　上』（岩波書店、一九七二年）一九七頁。

（13）『勝山記（妙法寺記）』には数種類の写本が現存するが、本章では『山梨県史』所収の『勝山記』（山6二三三～二四五）を引用する。

（14）阿部浩一「戦国大名領下の「蔵」の機能と展開」（『戦国期の徳政と地域社会』吉川弘文館、二〇〇一年。初出一九九四年）。以下、阿部氏の見解は本論による。なお、表3は第九章の表と重複するが、本章の論旨を明確にするために追加し、さらに阿部氏の見解を引用した。

（15）天文二年に伊達氏が制定した「蔵方之掟」によれば、「蔵主」は「置主」（債務者）から質物を預かる債権者とされている（前掲註6、一九一頁）。なお、史料4の解釈を本文のように改め、第二節2の文章も修正した。

（16）村上直「武田家臣団の解体と蔵前衆（上）（下）」（『日本歴史』一四六・一四八号、一九六〇年）。また、末木氏の系譜や地域社会との関わりについては、平山優「戦国末期甲斐国における在地秩序について」（『武田氏研究』六号、一九九〇年）、秋山敬「戦国商人末木氏の系譜について」（『武田氏研究』一三号、一九九四年）などの研究成果が発表されている。

（17）酒井憲二編『甲陽軍鑑大成』第一巻本文編上（汲古書院、一九九四年）一八一頁。

（18）佐藤八郎他校訂『甲斐国志』第四巻（雄山閣、一九六八年）一八五〜一八六頁。

（19）黒田基樹「永禄九年徳政令の可能性」（『戦国期の債務と徳政』校倉書房、二〇〇九年。初出二〇〇六年）。

第九章　武田氏の徳政令

はじめに

戦国大名などの地域権力が実施した政策の一つに、売買・賃借の破棄を命じた徳政令がある。戦国期の徳政令に関する従来の研究[1]は、室町期の徳政一揆と関連して論じられ、戦国大名権力の確立と支配強化という視点から行われてきたが、近年では「戦国期村落論」の展開を踏まえ、災害や飢饉、戦争などの社会状況に対する地域権力の対応の一つとして、戦国大名の徳政令が注目されている。

特に阿部浩一氏[2]は、徳政令の契機として戦乱・自然災害・代替りの三つを挙げ、戦国大名の徳政令が「撫民」「善政」を基調として実施されたことを指摘している。また黒田基樹氏[3]は、在地側の徳政要求に応え、「村の成り立ち」を維持するための具体的な対策として、戦国大名の徳政令を評価している。一方、久保健一郎氏[4]は戦国期の徳政を「弓矢徳政」として捉え、戦争と徳政の関連性を重視している。このように、近年の研究成果では、地域社会の状況に対する権力側の対応の一つとして、戦国大名の徳政令を評価する傾向にある。

本章では、上記の研究動向を踏まえて、戦国大名武田氏の徳政令について検討したいと考える。従来の研究は大永八年（享禄元年、一五二八）の徳政令に集中しており、中部よし子氏[5]・勝俣鎮夫氏[6]・黒田氏[7]による分析が行われているが、

近年では東国における徳政研究の中で、他にも武田氏によって徳政令が発せられた可能性が指摘されている。(8)

筆者は第八章で、武田氏が制定した分国法「甲州法度之次第」における借銭条項（借銭法度）を、給人・百姓層や債権者である「蔵主」の権益を保護するため、領国内の売買・貸借をめぐる相論の裁定基準として制定したものと評価した。本章ではこの成果も踏まえながら、戦国期の武田領国における徳政の問題に着目し、当時の社会状況と武田氏の対応を検討することで、近年の戦国期徳政研究に対する一試論を提示したいと考える。

一　武田領国における徳政状況

まず、武田領国内の在地社会において、徳政状況がどのように捉えられていたかという点を見ていくために、戦国期の甲斐・信濃で作成された売券・借状に見える徳政文言について検討したい（表参照）。

〔史料1〕大和田善左衛門証文（No.3）

ねんくまへ（年貢前）四百文、当年寅（永禄九年）のとしより来寅（天正六年）の年まて、十三年とりこし（取越）申候、公方利おしつふし（押潰）、田地かへし（返）御座候とも、全いらん（違乱）申間敷候、仍為後日之一筆如件、

永禄九丙寅五月一日

善さへもん殿

や七郎殿

史料1では、「公方」（武田氏）による「押し潰し」や「田地返し」があっても、この貸借は対象外であると明記されており、甲斐国内でのみ見られる文言である。『勝山記』（後掲史料4）でも、大永八年（一五二八）徳政令の時の状況を

表　甲斐・信濃における徳政文言（大永8年～天正18年）

No.	年月日	文書名	国名	売主・借主	買主・貸主	文言	出典	
1	大永8		甲斐			此年御上意ヨリ地下ヘ**三年サキハヲシツフシ**、**其ノ以後ヲハ本ナシ**ト御フレ候	勝山記	
2	天文19・4・吉	宮原内匠助証文写	甲斐	宮原内匠助	風間清五郎	如何様之**本をしつふし**御座候共、兎角有間敷候	風間家文書	戦武　三〇七
3	永禄9・5・1	大和田善左衛門証文	甲斐	善さへもん	や七郎	**公方利おしつふし**、**田地かへし**御座候とも、全いらん申間敷候	三浦小一郎家文書	戦武　九九〇
4	永禄9・10・5	いつも等連署証文	信濃	いつも・太郎	新左衛門	たとい**ゆみやとくせい**天下一乱、いかやうのき御座候共、いらん申事まんたく有間敷候	河野通俊家文書	戦武　一〇二九
5	元亀2・12・13	けいかい宗右衛門証文	信濃	けいかい宗右衛門・同しそく小太郎	宮下新左衛門	たとい**ゆミやとくせい**ゆき申候とも、まこ小におゐてすゑゝゝまてもとかくいらん申ましく候	河野辰恵家文書	戦武　一七六一
6	元亀3・12・28	願念証文	甲斐	願念	末木淡路守	於国中**田地返し・本成おしつふし**如何様成おほせ出し御座候共	八田家文書	戦武　二〇〇八
7	天正2・1・20	竹村久左衛門尉証文	信濃	竹村久左衛門尉	河野筑前守	**弓矢徳政**何事候共、いらん申間布候	河野辰恵家文書	戦武　二二六〇
8	天正18・4・5	河野ち右衛門証文	信濃	かわの　ちゑもん・つかいあんゑもん	ミやの下ちくこ	**ゆみやとくせい**何事御さ候とも、此なかれまのてんしニおいていらん申事有ましく候	河野通俊家文書	信17　一〇九
9	天正18・12・14	縫左衛門証文	信濃	ぬいさへもん	ちくこ	**ゆミやとくせい**、てんか一へんの事御さ候とも、ゑいたいのことニ御さ候ゑは、まつたくいらん申事これあるましく候	河野通俊家文書	信17　二二一六

出典：「戦武」＝『戦国遺文武田氏編』。数字は史料番号。「信」＝『信濃史料』、数字は巻号・頁番号。

「ヲシツフシ（押し潰し）」と記しており、借銭破棄（徳政）と同意語であったことがわかる。なお、勝俣氏は『勝山記』との比較で、「押し潰し＝田地返しの法＝徳政令」と定義づけているが、黒田氏は[9]「本済し」「押し潰し」「田地返し」の三つを別個のものとして捉えている。確かに、史料1では「押し潰し」と「田地返し」が並記されており、同じ徳政状況でも借銭破棄と質入地の返却が別個に扱われていたことがわかる。また、これらの文言から、甲斐国内の人々が武田氏による徳政実施を何時でも起こりうる事態として認識していたことが窺える。

一方、戦国期の信濃国内で作成された売券・借用状では、全て「弓矢徳政」という文言が見られる。

〔史料2〕いつも等連署証文（表No.4）

定

西之畑八百文之所ニ米四俵壱斗、はりわら之田弐百文の所米仁俵壱斗、合壱貫文、米七俵、かの田畑永代うり渡申候事実正也、たといゆみや（弓矢）とくせい（徳政）天下一乱、いかやうのき（儀）御座候共、いらん（違乱）申事まんたく（全）有間敷候、為其以手形を申さため候、為後日仍如件、

永禄八〔九カ〕年丙とら十月五日　いつも（花押）

同　太郎

（宮下）新左衛門殿

参

この「弓矢徳政」については、寶月圭吾[10]・所三男[11]両氏が、近世初期の信濃における徳政文言の一つとして指摘しているが、寶月氏が「弓矢」を「徳政」の強調文言として捉えているのに対し、所氏は戦乱を契機とした在地徳政と、戦乱で逃散を余儀なくされた百姓を還住するための手段として、大名側による徳政令の両方を想定している。

また入間田宣夫氏は[12]、出羽における徳政文言を検討した中で、「弓矢」＝戦乱が在地徳政の契機になったことを指摘しており、勝俣氏は[13]「弓矢の徳政」を「本来の徳政（善政）」「最大の失政である戦災の回復」として捉えた上で、北条氏の永禄三年（一五六〇）徳政令のように、災害や戦乱などの社会的混乱を契機として実施されたのが「徳政」だと述べている。

なお、千々和到氏は[14]「弓矢」と「徳政」を分離し、「いくさと徳政と」と分離して解釈しているが、史料2では「弓矢徳政」と「天下一乱」が並記されており、後者が戦乱そのものを指す言葉であることは明白である。よって、この文言は文字通り「弓矢」（合戦）による徳政文言として良いと思われる。

先行研究による「弓矢徳政」は、以下の三つに分類される[15]。一つは勝俣氏が取り上げている、戦災からの復興を目的として大名側が発した徳政令であり、北条氏の永禄三年徳政令のように、他勢力からの侵略を受けた場合が想定されている。もう一つは阿部氏[16]が指摘するように、当該地域を軍事力で占領した新領主が旧領主の債務を破棄した「代替り徳政」である。これらは大名側による徳政令であるが、最後の一つとして、所・入間田両氏が注目した、戦乱を契機とした在地徳政が想定できる。

戦国期の信濃は、各地域の国衆同士の争乱から武田氏による侵攻と領有、武田氏滅亡後の「天正壬午の乱」など、絶えず戦争状況が続いていた。このような状況から、当該期の信濃国内において、「弓矢」（合戦）による徳政が日常的に起こりうる事態として想定されていたことが窺える。

次に、個別徳政の事例について見ていきたい。武田氏が給人に対して「借銭赦免」の印判を発給していたことは、次の史料からも確認できる。

〔史料3〕武田家朱印状（「諸州古文書」四下」戦武二六六六）

定

借銭御赦免之御印判不帯来、負物理不尽有難渋之族者、無用捨加催促可請取之、猶以及異儀者、可致言上子細、随事之体可被加御下知者也、仍如件、

天正四丙子
　六月二日　　土屋惣三
（竜朱印）　　　　奉之
　　　　　向山肥前守

史料3では、武田氏から「借銭赦免の印判」を与えられていないにも拘わらず、負債を返済しない者がいた場合、債権者が催促することを認めている。「借銭赦免の印判」とは、武田氏の給人が抱えていた負債の破棄を認めたものであり、戦功に対する個別の「給恩の徳政」であったと考えられる。

では、近年の議論で言われているように、武田氏も他の戦国大名と同様、在地の徳政要求に応える形で物徳政を発令したのだろうか。この点については次節で検討したい。

二　武田氏徳政令の事例検討

戦国期に確認できる武田氏の徳政令は、従来の見解では大永八年（享禄元年、一五二八）に信虎が発したものが唯一とされていたが、近年では天文十年（一五四二）や永禄九年（一五六六）にも徳政が実施された可能性が指摘されている。本節では、先行研究で武田氏による徳政令と評価されている事例を再確認しておきたい。

1　大永八年（享禄元年）徳政令の検討

〔史料4〕『勝山記』大永八年条（表No.1）

此年ハ以ノ外ニ大日テリ候、六月、七月、八月マテテリ候、此年ノ五月十六日ニ大雨フリ候て、十七日ニ大水出テ、悉ク田畠ヲ損サスナリ、（中略）此年御上意ヨリ地下ヘ三年サキハヲシツフシ、其ノ以後ヲハ本ナシト御フレ候、サル間地下衆ナケキモアリ、喜ヒモアリ、大概ハナケキ被申候、此年武田殿諏方殿ヲ見ツキ候て、一国ヲ皆々御立候、サカイニテ合戦アリ、サル間武田殿マケメサレテ、其ノ時ノヲキ□《ワラ》備中守打死ス、九月晦日之カンセン（合戦）也、

史料4では、中部氏が最初に指摘し、その後に勝俣氏が詳細に検討した通り、甲斐郡内地域の「地下」に対して「三年以前の債務を無償で破棄し、それ以後の債務は利子を払わずに、元金の返済だけで破棄することができる」という「上意」が「触れ」られている。さらに黒田氏は、徳政の発令時期を秋の年貢収納期・債務返済期と推測した上で、東国の戦国大名が発令した最初の徳政令であること、同年の水害・旱魃による一揆や戦乱の勃発、飢饉の発生などを未然に防ぐために信虎が発令したことを評価している。また、徳政令を受けた「地下衆」の多くが嘆き悲しんだことについては、『勝山記』の筆者が吉田（富士吉田市）や川口（河口、富士河口湖町）など、流通・経済の要地にほど近い寺院に居住しており、筆者やその周辺の住人の多くが債権者の立場にあったことを指摘している。

「ヲシツフシ（押し潰し）」とは前述のように徳政状況を指す文言であり、史料4が信虎による徳政令の状況を指していること、同年五月の水害や六月から八月にかけて発生した旱魃を背景として発令されたことは、先行研究が指摘する通りである。しかし、徳政令が発令された背景はもう一つあるように思われる。それは、大永八年徳政令が「地下」を対象として発令された点と、同年の八月下旬に信虎が甲斐一国の軍勢を総動員して信濃国諏訪郡へ侵攻したものの、同月晦日（『勝山記』では九月晦日）の境川合戦で諏方軍に敗れ、重臣の荻原備中守以下二〇〇人が戦死したことである。(17)

すなわち、大永八年徳政令は、同年の災害に加えて、信濃侵攻の失敗に伴う損害を補塡するため、従軍した武田氏の給人層が「地下衆」から負っていた債務の破棄を命じたものと考えられるのではないだろうか。

２　天文十年徳政令の検討

平山優氏[18]は、天文十年に武田晴信（信玄、以下信玄で統一）が父信虎を追放した背景として、同年に発生した大飢饉を挙げ、「中世では代替りや改元などの筋目に徳政を実施することが当然とされる」とする社会の期待に応える形で、信玄が政権交替を機に領国内に対して「一国平均安全」＝「代替り徳政」を実施したのではないかと推測している。

〔史料5〕『勝山記』天文十年条

此年春ル餓死至候て、人馬共ニ死ル事無限、百年ノ内ニモ無御座候ト人々申来リ候、千死一生ト申候、此ノ年ノ六月十四日ニ武田大夫殿様、ヲヤノ信虎ヲ駿河ノ国ヘヲシ越シ御申候、余ニ悪行ヲ被成候間、カヤウニ被食候、去ル程ニ地家・侍イ・出家・男女共ニ喜、満足至候事無限、

〔史料6〕『王代記』天文十年条

武田信虎六月十四日駿州ヘ御出、十七日巳刻、晴信屋形ヘ御移、一国平均安全ニ成、

六月十四日、信玄は河内地域（穴山氏の支配領域）に足軽を派遣して甲斐・駿河の国境を封鎖した後、十七日に屋形へ移って、自らが武田氏の当主となったことを宣言した。信虎が追放されて信玄が家督を継ぐことを知らされた甲斐の人々は、喜び満足したと伝えられている。

史料5で見られるように、同年の春には「百年に一度」とされる大飢饉が発生しており、信玄による信虎の追放が甲斐国内の人々に歓迎されたことは史料からも確認できる。しかし、この年、或いはその前後に武田領国内で徳政が

行われたことを示す史料は見られない。この場合は信虎が侵攻先の信濃から帰陣した直後であり、史料6に見られる「一国平均安全」とは、大飢饉にも拘わらず信濃侵攻を強行した信虎を追放することで、合戦をしばらく停止し、領国の平和を実現するという信玄の意思を表明したものではないだろうか。

3 永禄九年徳政令の検討

黒田氏[19]は次の史料を根拠として、永禄九年に武田氏が徳政を実施した可能性を示唆している。

〔史料7〕曾禰虎長等連署証文（「河野家文書」戦武一〇三八）

信州下伊奈川野（河野）之郷田地問答御下知之次第

一、従宮下新左衛門所、藤四郎去辛酉・壬戌（永禄四年・五年）両年米銭借用依無紛、藤四郎名田之内七百五十文之所、其方請取作仕来之処ニ、彼借物不相済、去年彼田地、以強儀藤四郎取放候事、背国法之条、為其過怠、来丁卯（永禄十年）一歳、右之田地相計、翌戊辰（永禄十一年）之正月藤四郎方へ可返置之事、

一、孫左衛門田地之御年貢未進、其方御代官衆へ弁済、剰以証状、自孫左衛門方七百五十文田地、永代請取之上者、於于自今以後可相計之事、

以上

丙寅（永禄九年）
十一月四日　　曾禰
　　　　　　　虎長（花押）
　　　　　原隼人佑
　　　　　　　昌胤（花押）

宮下新左衛門

第一条では、「宮下新左衛門から、藤四郎が辛酉（永禄四年）・壬戌（永禄五年）の両年に米銭を借用したことは紛れもない。（その代償として）藤四郎が所持する名田のうち、宮下が七五〇文分を収取していたが、（藤四郎が）その借物を返済していないのに、去年その田地を藤四郎が無理に奪い返したのは、国法に背くことであるから、その罰として、来年丁卯（永禄十年）の一年間、その田地を（没収して、宮下が）取り計らい、翌戊辰（永禄十一年）の正月に藤四郎方へ返すこと」とある。

次に第二条では、「孫左衛門の田地の年貢が未進となっている件について、宮下が代官へ（年貢を）弁済し、さらに証文で、孫左衛門方から七五〇文分の田地を永代に受け取っているので、今後は（その田地を）宮下が取り計らうこと」とある。

黒田氏は一条目の解釈で、「国法」は「甲州法度」以外の基準（世間法）に依拠しており、藤四郎が宮下に質入れした田地を無理矢理に取り返したため、それに対して、①永禄八～九年は藤四郎が所持、同十年の一年間は宮下の所持を認め、同十一年から藤四郎の所持とする、②本来は債務返済がなければ宮下の所持が継続されるが、最終的には藤四郎の所持になるため、取り戻し自体は認められている、③永禄八年分の宮下の所持を保証し、代わりに同九年分から藤四郎の所持を認める、という武田氏の裁許が下されたと述べている。また二条目では、孫左衛門が宮下に永代売をし、年貢を代わって納入してもらっていたが、武田氏の裁許では永代売のためそのまま宮下の所持が認められていたこと、その背景として、孫左衛門が永代売した田地を取り戻していたため、宮下の所持が明確であるにも拘わらず、永代売証文によって再確認が行われたと述べ、この史料の存在から、債務者による田地の取り戻し＝徳政の存在（社会に蔓延していた徳政状況への対応）が行われていたと結論づけている。

史料2にも登場する宮下新左衛門は信濃国伊那郡河野郷（長野県豊丘村）に居住する「地下人」層で、表の№5や№7～9などの存在から、幅広い金融活動を行っていたことがわかる。第一条は黒田氏が述べているように、藤四郎が宮下から田地の請作権を奪い返していた状況を窺い知ることができる。しかし武田氏は、藤四郎の行為を「国法」に背く「私徳政」であると主張し、罰として藤四郎の名田を一年間没収した上で、その期間の所有権を宮下に与えている。「国法」とはこの場合、「甲州法度」の条文ではなく、武田領国内における慣習法と考えられるが、今回の裁定が宮下の勝訴とされたことは、史料7が宮下宛で発給されている点からも明らかであり、その目的は、武田氏が七五〇文分の名田の請作権を宮下に一年間だけ認め、債権者であった宮下の権益を補償することにあったと見なすことができる。

また二条目では、孫左衛門が武田氏の代官に支払うべき年貢を宮下が肩代わりしており、永代売証文の存在からも、宮下が田地を所有する権利を認めている。このことから、黒田氏が指摘する通り、永禄九年に河野郷で負債者による田地の取り戻し＝徳政が行われていた可能性はある。しかし、武田氏は二条目で宮下の買得地安堵を行っており、また一条目では最終的に宮下から藤四郎へ返却するよう命じているが、これは買得ではなく借用であったため（期限が過ぎれば返却される）と考えられ[20]、むしろ在地側の動きを「国法」に違犯する行為として糾弾する姿勢をとっていることから、黒田氏の主張通り永禄九年に「武田氏による徳政」が行われたとは考えられない。

以上の分析結果から、武田氏が実施した徳政令は、大永八年に信虎が発令した一例だけであり、その後の信玄・勝頼の代には、領国全体に対する徳政令（惣徳政）は実施されなかったと見なすことができる。

おわりに—武田氏の徳政への対応—

戦国期の武田領国内では、今川・北条領国と同様に、「公方」（武田氏）による「押し潰し」（徳政）や、「弓矢」（合戦）による徳政は常に想定されていた。また、個別給人に対する「給恩の徳政」が行われていたことも確認できる。

しかし、武田氏が実施した惣徳政は、大永八年（一五二八）に信虎が発令した一例だけであり、その後の信玄・勝頼の代には、北条氏や今川氏などのように領国全体を対象とした惣徳政を実施することはなかった。永禄九年に発生した「田地問答」の事例に見られるように、信玄・勝頼期の武田氏は基本的に、領国内で発生した徳政状況を「国法」に背く「私徳政」として抑圧する立場をとっていたのである。その理由としては、以下の点が考えられる。

一つは、中部氏らが指摘している通り、北条氏・今川氏・毛利氏らの各戦国大名が、いずれも領国の軍事的危機下の状況で惣徳政を実施した点である。そこでは、負債者側が年貢・諸役や礼銭などの納入を義務づけられ、債権者側も借銭の破棄を迫られるなど、双方に相応の負担が求められたことが明らかにされている。逆に言えば、当該期の武田領国では、徳政令を発しなければならないほどの軍事的危機下の状況には陥ったことがなかったと見なすことができる。

もう一つは、近年議論されているような「村の成り立ち」への対応である。領国内の人々が徳政実施を必ずしも歓迎していたわけではなかったことは、大永八年に徳政令が発令された際に、多くの者が嘆き悲しんだと『勝山記』（史料4）に記されていることからも明らかである。これは、債権者が徳政によって損害を被るのは言うまでもないことだが、徳政令が発令されることで地域の経済が混乱に陥り、金融が止まり、債務者側も米銭を借りられなくなって、結果的に「村の成り立ち」に悪影響を及ぼすことになるからである[21]。

さらに、武田氏は在地の「有徳人」層を経済基盤として位置づけ、領国内で金融活動を行っていた「蔵主」に武田氏の「御蔵」の管理を任せるとともに、そこに保管された米銭の運用を行わせていた[22]。徳政令による債務破棄は「有徳人」層である「蔵主」の不利益になる行為であり、武田氏が「蔵主」の反発を押し切ってまで、徳政令を発令することは不可能であったと考えられる[23]。

また、第八章で明らかにしたように、武田氏は天文十六年（一五四七）に制定した「甲州法度之次第」において、「今川仮名目録」等の他の分国法とは異なる独自の形で、借銭条項＝「借銭法度」を成文化し、給人・百姓層を中心とする負債者側と「蔵主」を中心とする債権者側の、売買・貸借をめぐる相論を裁定する基準としていた。

武田氏は領国内で発生した「私徳政」を抑圧する一方で、「借銭法度」を制定することによって、「自力」による紛争解決を規制し、自らの権力基盤である給人・百姓層や「蔵主」などの権益を保護することで、「分国」＝大名領国を支配する公権力として、自らの正当性を確立していった。武田氏が徳政令を発しなかったのは領国経済の安定と経済基盤の確保という理由からであり、以上の状況から、領国内の秩序維持を担う戦国大名権力の存在意義を見出すことができるのである。

註

（1）代表的な研究として、中村吉治『徳政と土一揆』（至文堂、一九五九年）、同『土一揆研究』（校倉書房、一九七四年）、鈴木良一「戦国時代の徳政」（『日本中世の農民問題』校倉書房、一九七一年。初出一九四一年）などを挙げるに留める。

（2）阿部浩一『戦国期の徳政と地域社会』（吉川弘文館、二〇〇一年）。

(3) 黒田基樹『戦国大名の危機管理』(吉川弘文館、二〇〇五年)、同『戦国期の債務と徳政』(校倉書房、二〇〇九年)。
(4) 久保健一郎「大名領国の貸借紛争と困窮」(『戦国時代戦争経済論』校倉書房、二〇一五年。初出二〇〇七年)。以下、久保氏の見解は本論による。
(5) 中部よし子「戦国時代における地方大名の徳政とその背景」(『日本歴史』四二六号、一九八三年)。以下、中部氏の見解は本論による。
(6) 勝俣鎮夫「武田信虎徳政令の「かたち」」(『山梨県史』資料編5中世二下「山梨県史のしおり」、二〇〇五年)。以下、勝俣氏の見解は本論による。
(7) 『山梨県史』通史編2中世(二〇〇七年)第七章第一節(黒田基樹執筆)。以下、大永八年(享禄元年)徳政令に関する黒田氏の見解は本論による。
(8) 黒田基樹「戦国期東国の徳政」(前掲『戦国期の債務と徳政』。初出二〇〇七年)。
(9) 黒田基樹「在地徳政における諸慣行」(前掲『戦国期の債務と徳政』。初出二〇〇九年)。
(10) 寶月圭吾「信濃における近世初頭の徳政文言について」(『中世日本の売券と徳政』吉川弘文館、一九九九年。初出一九六四年)。
(11) 所三男「保証文言としての「国替」考」(『一志茂樹博士喜寿記念論集』信濃史学会、一九七一年)。
(12) 入間田宣夫「泰時の徳政」(『百姓申状と起請文の世界』東京大学出版会、一九八六年。初出一九八二年)、同「出羽国における在地徳政」(同上。初出一九七八年)。
(13) 勝俣鎮夫『一揆』(岩波書店、一九八二年)一六六頁、同「一五―一六世紀の日本」(『戦国時代論』岩波書店、一九九六年。初出一九九四年)。

(14)　千々和到「中世民衆的世界の秩序と抵抗」(『講座日本歴史』４中世２、東京大学出版会、一九八五年)。

(15)　「弓矢徳政」に関するそれぞれの見解について、初出論文に出典を追加した。

(16)　阿部浩一「戦国期徳政の事例検討」(前掲『戦国期の徳政と地域社会』。二〇〇一年)。

(17)　『神使御頭之日記』享禄元年条(山６三二四)。

(18)　平山優『川中島の戦い(上)』(学研M文庫、二〇〇二年)、同『武田信玄』(吉川弘文館、二〇〇六年)等。

(19)　黒田基樹「永禄九年徳政令の可能性」(前掲『戦国期の債務と徳政』。初出二〇〇六年)。

(20)　史料７の解釈を、初出論文から本文のように改めた。

(21)　田中慶治「戦国期大和国宇智郡惣郡一揆の成立」(『中世後期畿内近国の権力構造』清文堂出版、二〇一三年。初出二〇〇〇年)。徳政が、同時に「経済混乱」による再生産への支障という逆効果も伴う点については、黒田氏も指摘している(「十五～十七世紀における「村の成り立ち」と地域社会」(前掲『戦国期の債務と徳政』。初出二〇〇三年)。

(22)　阿部浩一「戦国大名領下の「蔵」の機能と展開」(前掲『戦国期の徳政と地域社会』。初出一九九四年)。詳細は本書第八章を参照。

(23)　北条氏も基本的には、「御蔵」の管理者であり領国内の経済活動の担い手であった高利貸を優遇する政策をとっており、徳政令による債務破棄も、こうした矛盾から不徹底かつ場当たり的な対応にならざるを得なかったことは、既に久保氏が指摘している(久保健一郎「戦国大名領国における高利貸と「徳政」」『戦国大名と公儀』校倉書房、二〇〇一年。初出一九九六年)。

第十章　武田氏の徳役

はじめに

戦国期、甲斐武田氏が領国内に対して賦課した諸役の一つに「徳役」がある。武田氏の諸役に関する研究の中で唯一、徳役について言及した勝俣鎮夫氏は(1)「一種の富裕税であるが、同時に旧来の年貢・公事などとは別に、新しい名目のもとに課される新税の総称」「棟別銭を含めた新役銭」と評価しており、天文十八年(一五四九)の徳役賦課の開始によって、武田氏の棟別銭賦課体制が確立されたと述べている。しかし、勝俣氏が取り上げているのは『勝山記(常在寺衆年代記、妙法寺記)』(山6二三三～二四五)における「徳役」の記述だけであり、武田氏の徳役に関する実態を明らかにしているわけではない。

そこで本章では、徳役をめぐる勝俣氏の見解を再検討するとともに、戦国期の武田領国において賦課されていた徳役がどのようなものであったのか、具体的な事例を挙げながら基礎的な考察を行いたい。

一　過料銭・棟別役と徳役―勝俣説の再検討―

武田領国における「徳役」の初見は、前述の通り天文十八年（一五四九）である。『高白斎記（甲陽日記）』の同年四月七日条（山6九二）には、「徳役始ノ御談合落着、相州・羽州・勢州三人連判」とあり、武田一族の今井相模守・下曾根出羽守・今井伊勢守の三人が連判を行い、「徳役始」の談合が落着したとする記事が見える。これが『勝山記』の同年条では、「此年ノ霜月武田殿・小山田殿談合被成候て、地下ヘ悉ク過料銭ヲ御懸ケ候、殊更ニ寺々、禰宜、いかやうなる者ニモ、ヲシナヘテ御カケ候、去程ニ地下衆ナケク事無限」とあり、「過料銭」と表記されていることがわかる。

勝俣氏は、『高白斎記』の筆者である駒井政武（高白斎）が、臨時的に賦課されていた従来の棟別役・棟別銭と区別するために、新しく賦課する棟別銭を「徳役」と表記し、『勝山記』の筆者がこれを「過料銭」と誤解したと述べている。すなわち、徳役を武田氏の基本的な税制の一つである棟別役と同一のものとして捉えているわけだが、果たしてそうだろうか。

第五章でも言及したように、『勝山記』では天文二十年と同二十二年にも地下衆に対して「過料銭」が賦課されたと記されているが、天文十八年から恒常的に賦課が始まったものであれば、このような記述はされないはずである。よって、「過料銭」と棟別役が同一であり、かつ天文十八年から常に賦課されていた役とは考えられない。むしろ、天文十八年に徴収された「徳役」と「過料銭」は、同年に発生した災害の復興対策のため、臨時に領国内から賦課された役銭と考えた方が良いのでないかと思われる。

次に、勝俣氏は徳役と棟別役が同一であったと主張する根拠として、駿河今川氏に関連した次の史料を挙げている。

〔史料1〕福嶋助昌書状写（「大福寺古案」戦今二九二）
就徳役之儀示預候、則今日駿符（府、以下同）へ申遣候、其上御報可申候、先度ハ御近所を罷通候へ共、急候間不申入候、連々無沙汰申候、如何様重而可申承候、猶々早々駿符へ申越候、可御心安候、殊ニ御茶忝存計候、恐々謹言、
七月三日　　福嶋十郎左衛門
助昌（花押影）
灯明房
参　御報

〔史料2〕福嶋範能書状（「大福寺文書」戦今二〇八）
尚々、御判上者、寺家をハ被取間敷候、門前之事者日記ニ付候て、御あつかり候へく候、
就棟別儀示給候、意得申候、何も不入破ヲ被取候、乍去門前之事者、日記ニ被付候て、彼料足寺家ニ御預尤候、奉行誰ニて候哉、不存候へ共、状を遣候、大嶋か不然者、小坂縫殿左衛門ニて可有候哉、能々御届尤候、已前者乍御報、具蒙仰候、祝着存候、恐々謹言、
十月廿八日　　玄番（蕃）允範能（花押）
謹上　実相坊
御尊報

年未詳（勝俣氏は大永五年（一五二五）に比定）の七月三日、福島助昌が大福寺（幡教寺）灯明房に宛てた書状（史料1）では、灯明房が今川氏に訴えた「徳役」の件が、年未詳（勝俣氏は同年に比定）の十月二十八日に福島範能が同寺実相坊に宛てた書状（史料2）では「棟別」と称されている。

しかし、史料2における今川氏の裁定は、従来は不入とされてきた大福寺の門前について「棟別日記」を作成し、徴収した棟別銭を寺家に預けるという内容であり(「大福寺文書」戦今二〇七)、一方、史料1に関連して七月九日に福島助昌が灯明房に宛てた書状(「大福寺文書」戦今二〇一)では徳役を「扶持」と記している。また、弥永浩二氏[2]の年代比定によれば、史料2は永正四年(一五〇七)、史料1は天文期以降のものであり、両者の発給年代はかけ離れていることがわかる。

以上の点から、史料1と史料2が同一の事例を扱っているとは考えられず、したがって今川氏が徴収する棟別役を「徳役」と称していたかは疑問である。

また武田領国でも、弘治二年(一五五六)十二月に、小山田信有が奉公の代償として徳役を免許した事例が見られ、勝俣氏はこの史料を引用して「徳役の中に棟別が含まれているか、同一物と考えられる」と評価している。

〔史料3〕小山田信有判物(表No.2)

尚、徳役共ニ差置候也、
別而可致奉公之由詫言候間、如前々諸役令免許者也、仍如件、
弘治二年　(「月定」朱印)
十二月廿七日　信有(花押)
小河原大蔵右衛門尉殿

しかし、史料3では傍線部のように、諸役(棟別役・普請役など)と徳役の免許が別個に捉えられており、三日後に信有が発給した同内容の判物(表No.4)でも「諸役・徳役共ニ令免許」と並記されていることから、勝俣氏が言うような「徳役が諸役に含まれるか同一」でないことは明白である。また、武田領国における徳役免許の初見は天文二十三年

十一月（No.1）であり、この頃には徳役が恒常的な役として賦課されるようになったことが窺える。

では、武田氏発給文書に見える「徳役」はどのようなものであったのか。次節ではその具体的な事例について検討していきたい。

表　武田氏関連文書に見える徳役

No.	年月日	文書名	宛所	内容	出典	
1	甲寅・11・29（天文23）	武田家朱印状写	金丸宮内丞	鷹を進上した功に対し、普請役・**徳役**などを免許	甲州信州武州古文書	四二一
2	弘治2・12・27	小山田信有判物	小河原大蔵右衛門尉	奉公の代償として、前々の如く諸役・**徳役**を免許	諸州古文書二下	五二二
3	弘治2・12・27	小山田信有判物	堀端坊	奉公の代償として、前々の如く諸役・**徳役**を免許	小佐野（倍）家文書	五二三
4	弘治2・12・晦	小山田信有判物	上条神兵衛尉	奉公の代償として、以後の諸役・**徳役**を免許	黒河内義夫氏所蔵文書	五二四
5	弘治3・12・2	武田晴信判物	甲州一宮神主	社殿の造営・祭礼などを相違なく勤めることを条件に、**徳銭役**を免許	浅間神社文書	五八〇
6	弘治3・12・2	武田晴信判物	甲州二宮神主	社殿の造営・祭礼などを相違なく勤めることを条件に、**徳銭役**を免許	坂名井家文書	五八一
7	弘治3・12・2	武田晴信判物	当社八幡宮神主	社殿の造営・祭礼などを相違なく勤めることを条件に、**徳銭役**を免許	今沢家文書	五八二
8	永禄9・8・29	武田家朱印状	金丸筑前守・市川七郎右衛門尉	一蓮寺軸屋の先坊主が勤めていた**徳役**を、住持に負担させる旨の侘言を認める	一蓮寺旧蔵文書	一〇〇二

No.	年月日	文書名	宛所	内容	出典	
9	永禄13・3・19	武田家朱印状	若槻五郎兵衛尉	**徳役**1貫文を重恩として宛行う	若月家文書	一五二二
10	天正3・11・28	武田家朱印状	乾福寺	寺中寺外の祠堂物に懸かる**徳役**を免許	建福寺文書	二五五一
11	天正4・3・6	武田勝頼判物	大泉寺	塔頭福寿院の祠堂銭などに懸かる**徳役**を免許	大泉寺文書	二六〇五
12	天正4・3・16	武田家朱印状	一蓮寺	軸屋名田の跡職について、累年の如く**徳役**を勤めるよう命じる	一蓮寺旧蔵文書	二六〇九
13	丁丑・8・7（天正5）	跡部勝忠等連署証文	原半左衛門尉殿同心衆	**徳役銭**の内から3貫735文を宛行う	工藤家文書	二八五七
14	天正6・2・20	武田家朱印状写	吉江丹波守	武田氏から預けられ運用している籾子について、加増の**徳役**を免許	筑摩安曇古文書	二九三三
15	（天正7）11・16	武田家朱印状写	跡部美作守	留守中仕置の中で、**徳役**の徴収を公正に行うよう指示	諸州古文書四下	三一九四
16	天正8・③・9	武田家朱印状	竜勝寺	祠堂として運用している利倍の米銭について、**徳役**を免許	竜勝寺文書	三三〇〇
17	天正8・③・18	武田家朱印状	華蔵院	光善寺中の**徳役**について、赦免の印判2通の内容を認める	光前寺文書	三三〇八
18	天正8・6・19	武田家朱印状	耕雲庵	祠堂銭利倍の**徳役**を免許	耕雲寺文書	三三六四
19	天正8・11・24	武田家朱印状	中沢四郎右衛門尉	細工奉公の代償として**新徳役**などを免許	中沢家文書	三四五〇
20	天正9・2・14	武田家朱印状写	神宮寺之内井坊	下諏訪千手堂造営の功に対して**徳役**を免許	宮坂家古文書写	三五〇〇
21	天正9・7・10	武田家朱印状	乾福寺	祠堂物に懸かる**徳役**を免許	建福寺文書	三五八一

出典：『戦国遺文武田氏編』。数字は史料番号。
年月日：丸数字は閏月。

二　徳役の実態

武田氏が発給文書の中で、徳役の内容について初めて明記したのが、次の史料である。

〔史料4〕武田晴信判物（表No.5）

（花押）（武田晴信）条目

一、社壇造営之儀、無疎略専之可相勤之事、
一、宮中掃地等、毎日二度之分不可懈怠之事、
一、一年之内両度之祭礼之日幷御幸已後年始、合三度之館江之出仕、如此之日限、浄衣・立烏帽子・内衣・指刀・扇子、別而麗爾可有装束、幷惑（或、以下同）加世者一人、惑二人、小者三人計、袴肩衣衣裳致結構、可被召連事、

右三ヶ条之趣、雖為一事、於無違（背）輩相勤者、徳銭役永可免許、若三ヶ条之内一ヶ条モ為無沙汰者、如此間可出徳銭役、又三ヶ条共ニ為違犯者、可改易当職者也、仍如件、

弘治三年十二月二日

甲州一宮神主

史料4は、甲斐一宮の浅間神社に対し、社中の造営・掃除・祭礼等について条目を定め、これらを違背なく勤めることを条件に「徳銭役」を免許したものであり、同日に甲斐二宮の美和神社（表No.6）と府中八幡宮（No.7）にも同文の文書が発給されている(3)。ただし、三ヶ条のうち一つでも違犯した場合は「徳銭役」を賦課するとあり、徳役免許に際しては相当厳しい条件が突きつけられていたことが窺える。また、徳役の内容が「徳銭役」という役銭の徴収であっ

たことも確認できる。

〔史料5〕武田家朱印状（表No.10）

定

乾福寺祠堂物之事、寺中寺外共御徳役一切御免許候之条、向後寺家修造等、無怠慢様可被加尊意旨、執奏可為肝要之由、被仰出者也、仍如件、

天正三年乙亥

十一月廿八日（竜朱印）

跡部美作守奉之

乾福寺

納所

次に史料5では、勝頼生母（諏方氏、乾福寺殿）の菩提寺である乾福寺（建福寺）が、武田氏から祠堂物に懸かる徳役を免許されている。天正九年（一五八一）七月の同寺宛の寺中定書（表No.21）では、「祠堂物之徳役、一切御赦免之事」とあり、徳役が祠堂物を対象として賦課されていたことがわかる。

祠堂物（祠堂銭）とは、本来は禅宗寺院の内部で困窮者に貸し付けられていた米銭であったが、後には寺社の金融活動全般を指すものに変化し、中世後期には二文子という低い利率が設定される代わりに徳政免除の恩恵を受けていた(4)。戦国期の武田領国においても、寺社が祠堂物（祠堂銭）を地域の人々に貸し付けて金融活動を行っており、徳役がこの祠堂物（祠堂銭）を対象として賦課されていたことは、これらの史料からも明らかである。また、天正八年閏三月に竜勝寺宛で発給された武田氏の寺領定書（表No.16）には「為祠堂、於寺中利倍之米銭、向後徳役御赦免之事」とあり、同年六月には耕雲庵が武田氏から「祠堂銭利倍徳役」を免許されている（No.18）。この他にも、下諏訪神宮寺が徳役を免

許され（No.20）、一蓮寺が累年の如く徳役を勤めるよう命じられる（No.12）など、多くの寺社が武田氏に徳役銭を納入していたことが窺える。

さらに、徳役は寺社だけでなく、在地の富裕層（有徳人）にも賦課されていたことが、次の史料からも確認できる。

〔史料6〕武田家朱印状写（表No.14）

定

籾子御預之上者、於何方雖致利倍候、累年勤来金子弐両・籾子百拾五俵之外、向後加増之御徳役一切有御免許之由、被仰出者也、仍如件、

天正六年戊寅

二月廿日（竜朱印影）

跡部美作守

奉之

吉江丹波守

史料6は、武田氏が吉江丹波守に預けた籾米について、吉江がこれを運用して貸し付けを行っても、累年納めてきた分の他は、「加増の徳役」を免許するという内容である。武田氏が在地の富裕層に「御蔵」の管理を任せ、「蔵主」（債務者）として米銭の貸し付けを行わせていたことは第八章・第九章でも言及した。史料6からも、吉江が米銭を貸し付けて利益を得る代わりに、武田氏に一定額の営業税（徳役）を納めていたことが窺える。(5)

このように、徳役は武田領国内の寺社や富裕層が運用していた米銭を対象として賦課されていた。徳役が武田氏の主要な財源の一つとして位置づけられていたことは、天正五年八月に原半左衛門尉の同心衆に対して、徳役銭の内から三貫七三五文が宛行われている（表No.13）ことからも明らかである。また、No.13の発給者の一人である跡部勝忠は、天正七年十一月の留守中仕置（No.15）でも徳役徴収を公正に行うよう指示されており、徳役銭の徴収は基本的に跡部が

担当していたと考えられる。

最後に、武田氏が領国支配の末期に賦課した「新徳役」についても言及しておきたい。

〔史料7〕武田家朱印状（表No.19）

（竜朱印）定

一、於向後拘来田畠、御検地之事、

一、新徳役之事、

一、同測酒役之事、

已上

右三ヶ条之旨、御恩地所持之輩同前、御細工之奉公不断可相勤由言上之間、被成御赦免之由、被　仰出者也、仍如件、

天正八年庚辰

十一月廿四日　以清斎（市川元松）奉之

中沢四郎右衛門尉

史料7では、中沢四郎右衛門尉が武田氏への細工奉公を申し出たため、「御恩地所持之輩」（武田氏の給人）と同様に「新徳役」を含む三ヶ条を免許されている。「新徳役」の記載はこの一例だけであるが(6)、史料7の内容を見た限りでは、従来は寺社や富裕層から徴収されていた徳役の賦課対象を拡大したものが「新徳役」であり、棟別役や普請役などの「諸役」と同様に、領国内の町・村に居住する人々に対して賦課され、武田氏への奉公を行う者は免許されていたと推測できる。

天正三年の長篠合戦以後、武田氏は棟別役免許の原則を変更し、諸役免許の対象外となる「国役」を創出して賦課対象の拡大を図っていることから(第五章を参照)、「新徳役」もその一環として創出された可能性が高い。すなわち、徳役も他の諸役と同様に、その時々の領国内の状況に対応して、対象を徐々に拡大しながら賦課されていたと考えられる。

おわりに

甲斐武田氏の徳役(徳銭役)は、領国内の村・町ごとに賦課される棟別役などとは違い、武田領国内の寺社が運用していた祠堂物(祠堂銭)や、富裕層が運用していた米銭を対象として賦課されていた。徳役の免許は棟別役などとは別に扱われ、免許の対象が武田氏の親族や重臣の菩提寺、一宮・二宮・三宮などの有力寺社に限定されていることから[7]、大多数の寺社や富裕層は徳役を免許されず、役銭を武田氏に納入していたと考えられる。

徳役の存在は天文十八年(一五四九)には既に見られるが、この時は災害の復興対策を目的として臨時に賦課されたものであり、恒常的な役銭として徳役の賦課・免許が行われたのは天文末～弘治年間である。武田氏は弘治二年(一五五六)に「新法」を定め、春・秋二回の棟別銭徴収を基調とした税制の整備を行っており(第五章を参照)、徳役もこの前後に武田氏の税制の一つとして設定された可能性が高い。

寺社や富裕層が地域社会で行っていた経済活動に武田氏が着目し、彼らから徳役を徴収していたことは確実であるが、今川氏も寺社が運用する祠堂銭に「蔵役」を賦課しており[8]、経済政策に関する両氏の共通性が見られる。戦国期の武田領国において、富裕層が武田氏の経済基盤として位置づけられていたことは第八章でも指摘したが、徳役の賦課という一事例からも、これを裏づけることができよう。

註

（1）勝俣鎮夫「葦の髄から天井のぞく―「常在寺衆年代記」を読む―」（『中世社会の基層をさぐる』山川出版社、二〇一一年。初出一九九八年）。以下、勝俣氏の見解は本論による。
（2）弥永浩二「今川氏家臣福島氏の研究―遠州大福寺文書の検討を中心にして―」（『駒沢大学史学論集』二八号、一九九八年）。
（3）祭礼の内容については、平山優「戦国期甲斐国一・二・三宮祭礼と地域社会」（『戦国大名領国の基礎構造』校倉書房、一九九九年。初出一九九一年）で詳細に検討されている。
（4）寶月圭吾「中世の祠堂銭について」（『一志茂樹博士喜寿記念論集』信濃史学会、一九七一年）、中島圭一「中世京都における祠堂銭金融の展開」（『史学雑誌』一〇二編一二号、一九九三年）等を参照。
（5）第八章で「蔵主」の位置づけについて見解を改めたことに合わせ、史料6の解釈も本文のように修正した。
（6）あるいは、米銭の貸し付けを行う者に対して武田氏が新たに賦課した徳役＝「新徳役」とも考えられるが、他にこのような事例が見られないため、後考を俟ちたい。
（7）例えば、大泉寺福寿院は釣閑斎（跡部勝資・光堅）夫妻が建立し、祠堂・米銭を寄附した経緯を武田氏に言上したことにより、徳役を免許されている（表№11）。
（8）酒入陽子「今川氏と祠堂銭」（『戦国史研究』三五号、一九九八年）。なお、初出論文では「東国の戦国大名で「徳役」という名称の役銭賦課を行ったのは、武田氏だけである」と述べたが、酒入氏の論考を受けて、本文のように訂正した。

第四編　武田領国下の民衆と軍事動員

第十一章　武田領国下の軍役衆と惣百姓

はじめに

従来の研究動向において、戦国大名の支配構造を評価する際に重視されてきたのは、大名権力の側が在地の人々をどのように編成し、権力基盤としてきたかという点にあった。その中で着目されてきたのが、在地の有力者だった土豪層である。戦国大名研究が進展した一九六〇～七〇年代には、彼らは「小領主」として捉えられ、大名の被官となることで百姓層の自立を押さえ込み、領主化を遂げる存在として位置づけられた(1)。武田領国においては、永禄六年（一五六三）に甲斐の恵林寺領で実施された検地（後述）や、武田氏滅亡後の天正十三年（一五八五）に作成された「中尾之郷軍役衆書上」（「早川家文書」山4五三三）などを事例として、武田氏の下級家臣として編成された「軍役衆」に関する研究成果が多く発表されており(2)、彼らの親族関係や武田家臣団における位置づけなどが明らかにされている。

一方、笹本正治氏(3)は一般の百姓として認識されてきた戦国期の「地下人」身分について、「一般の百姓よりも財産を持っており、諸役を負う義務を持ち、本来は農業に従事しているが、軍役の補助的な役割も有する存在でもある」と定義し、「村の中での地位や経済力は武士とそれほどの違いはなかった」と述べている。

平山優氏(4)も、戦国期の「地下人」を「土豪・地侍クラスを含む、郷村の有力百姓層の総称」と評価し、その中から武田氏への軍役奉公を行う「軍役衆」や、郷村の支配を担う「御印判衆」「調衆」が登用されたと述べており、軍役衆と地下人との間に身分や経済力の差は存在しなかったという点では、笹本氏と同様の見解を示している。

なお、軍役衆が地頭に対して年貢・公事を負担する百姓であったことは、中口久夫氏[5]が既に明らかにしており、「「御家人」と「軍役衆」は、武田氏の被官たる同身分の別称」で、「御家人とは武田氏被官のうち地頭以外の者を指す」とされている。一方、黒田基樹氏[6]は、軍役衆を「年貢・公事を負担する百姓」とする中口説に賛同しながらも、「武田氏の被官のうち軍役を負担するもの」を御家人とし、軍役衆は「御家人の一形態」ではあるが、所領を有する地頭クラスの御家人とは明確に区別されている。

また黒田氏は、土豪層を村の代表者、もしくは村の権益獲得のために働く存在[7]として位置づける中で、従来の議論が在村被官編成の問題に特化していたことに疑義を呈し、知行・名田の収公・上表の事例なども挙げた上で、従来は「領主化」や「上昇転化」として捉えられていた土豪層の大名被官化を、「常に戦死や没落・改易の可能性がある極めて危険な選択であった」と評価している[8]。

これに対し、土豪層に関する最近の評価をめぐって、池上裕子氏[9]が批判的な見解を提示しているが、活発な議論が行われるまでには至っていない。その背景として以下の二点が挙げられる。一つは、集団としての「村」とその構成員を重視する視角と、在地の有力者個々の動向を重視する視角が存在し、双方の議論がほとんど行われていない点である。もう一つは、「土豪」がどのような階層を指すのか、という根本的な見解が各論者によって曖昧であり、以前の議論における「小領主」と同様に、上は国衆(地域領主)に近い階層から、下は村の百姓層に至るまで、在地の有力者の位置づけが地域社会の中で包括的に捉えられている点である。

そこで本章では、戦国期の土豪層をめぐる近年の議論を踏まえた上で、軍役衆とその対にある「惣百姓」との関係や、武田領国下の地域社会における彼らの位置などを改めて検討したい。

一　甲斐恵林寺領の軍役衆と惣百姓

永禄六年（一五六三）に甲斐の恵林寺領で実施された検地とその帳面については、高島緑雄氏[10]・勝俣鎮夫氏[11]・村川幸三郎氏[12]・平山氏[13]などによる多くの先行研究があり、特に村川氏の分析が最も詳細である。検地の対象地は寺の所在地である恵林寺郷とその周辺の三日市場・九日市場・黒沢（いずれも甲州市）などで、登録者（名請人）は①「御家人衆御恩」、②「勤軍役御家人衆」、③「惣百姓」の三種類に分類されている。

〔史料1〕恵林寺領年貢地検地帳（「恵林寺文書」山4二九五）（前中後略）

（①「御家人衆御恩」）

吉田左近助殿同心
一、拾弐貫六百文　本御恩　網野弥四郎
五貫五百五十文　踏出　同人御重恩
合拾八貫百五十文此外屋敷仁間

甘利同心
一、壱貫文　本御恩　網野新五左衛門尉
九百九十五文　踏出　同人御重恩
合壱貫九百九十五文此外屋敷壱間弐百文

（②「勤軍役御家人衆」）
一、弐百文　　本成方　　網野弥四郎
三百文　　ふミ出　　御免
（③「惣百姓」）
本七百五十文
一、弐貫三百九十文　　網野新九郎
此内九百五十六文引
残而可納分壱貫四百三十四文

先行研究によれば、①の一二名は武田氏重臣の同心（寄子）とされ、「本御恩」分は年貢賦課の対象から除外、踏出（検地増分）も「御重恩」として賦課免除となっている。残る②は踏出のみ全額免除、③は「二納所免」（踏出の二割免除）あるいは「四納所免」（踏出の四割免除）とされている。①が地頭（領主、この場合は恵林寺）への年貢納入義務を負わない（ただし村川氏によれば、以前からの公事＝諸役納入義務は残る）のに対し、②は本年貢分、③は本年貢と踏出の六割もしくは八割を「可納分」（恵林寺への納入義務を負う分）とされ、在家役などの公事（諸役）を負担していた点で大きく異なる。これらの点から、①は武田氏重臣の「同心衆」として知行地を宛行われ、領主化を遂げた存在であり、他の②③とは異なることが強調されてきた。また、筆数や名請高の分析から、②が③に対して経営規模の面で優越していたことも指摘されている。

では、これまで述べられてきたように、①②③は全く断絶した存在であったのか。まず、「同心衆」が寄親に附属する身分上の呼称であったことは、中口氏が既に指摘している。さらに①と②については、村川氏が網野弥四郎と荻原藤七郎を例に挙げ、「同心衆としての知行地とは別に、軍役衆としての名請地が存在」したこと、「同心衆・軍役衆とも、恵林寺領外にも名請地を所有」したことを指摘している。村川氏は①を同心衆、②を軍役衆として捉えているが、①②が重複する点に言及したことは重要である。

この点を、史料1の記述から検討してみたい。網野弥四郎は①において、一二貫六〇〇文を「本御恩」、五貫五五〇文の踏出を「御重恩」とされ、計一八貫一五〇文を知行地（恩給地）として把握されている。その一方で、②でも二〇〇文の「本成方」（本年貢）と三〇〇文の踏出が記載されている。この場合、網野弥四郎は地頭（恵林寺）に年貢・公事納入義務を負う立場であり、踏出分のみ納入を免除されている。すなわち、彼は恵林寺領内に所有する名請地の一部を武田氏から知行地（恩給地）として宛行われたのであり、知行地（恩給地）として把握された分が①、恵林寺への年貢・公事負担義務を負う名請地として把握された分が②であったことがわかる。

また、①の中には網野新五左衛門尉のように、恵林寺領外の郷村に居住する者も存在した。彼は計一貫九九五文を知行地（恩給地）として把握されているが、網野弥四郎と比べて少額であり、②には名が記載されていない。網野新五左衛門尉は近隣の法光寺（放光寺、甲州市）や仏子原郷（同前）で棟別銭の徴収を担当する調衆を務めた人物で（「網野家文書」戦武四六三二）、彼自身の棟別役に対する徴収・免許も仏子原郷で行われている（「網野家文書」戦武一二六七）。これと同様に、他の九名も①のみに名が見える存在であり、恐らくは他の郷村に居住しながら恵林寺領内にも名請地を所有し、その全部を武田氏から知行地（恩給地）として宛行われたと見なすことができる。逆に、②の中には恵林寺領外で知行地（恩給地）を宛行われた者も存在したであろうし、知行地を持たない「無足奉公」の者もいたと考えられる。

次に、③の中には網野新九郎のように、②と同等の経営規模を持つ有力百姓と、それよりも小規模な無姓の百姓層が存在したことは、既に多くの先学によって指摘されている。また、検地帳に網野・荻原・町田などの姓が多く見られ、一族が①②③に重複していた点や、本来は一軒で在家役を勤めていた本在家が永禄六年の時点で分散し、数軒で在家役を負担する構造になっていた点を、村川・平山両氏が明らかにしている。これらの点から、戦国期の地域社会で旧来の本在家から新興の百姓層への再編が行われて、その中から一部の有力者が①②として武田氏に把握され、残りが③として把握された、と見るべきであろう。

以上の検討結果から、検地帳に記載されているように、①と②はいずれも武田氏の軍役衆であり、「同心衆」という身分は存在しないこと、②と③はいずれも地頭（恵林寺）に対して年貢・公事納入義務を負い、武田氏への軍役奉公の有無によって異なる扱い（踏出の全額免除か一部免除か）を受けていたに過ぎず、特に有力層の中で経営規模や身分の差はないことを確認できた。

二　大名・領主と軍役衆・惣百姓

前節において、武田氏の軍役衆がそれぞれ名請地を所有し、地頭（領主）に対して年貢・公事納入義務を負う一方で、武田氏からその一部を知行地（恩給地）として宛行われ、その代償として軍役奉公を行っていた点を確認した。では、武田氏の家臣が他の領主に対して年貢・公事を負担するという一見奇妙な状況を、武田氏はどのように把握していたのだろうか。この点については、既に中口氏が詳細な検討を行っており、武田領国には年貢給恩地である「恩地」と年貢負担地である「年貢地」が存在し、後者はさらに「名田地」と「百姓地」に区分されていたことが明らかにされている。

〔史料2〕甲州法度之次第写（「東京大学法学部所蔵文書」戦武二一八）（前中後略）

一、(第一条)国中地頭人等不申子細、恣称罪科跡、私令没収条、甚以自由之至也、若犯科人等為晴信被官者、不可有地頭綺、田畠之事者、加下知、可出別人、年貢諸役等地頭江速可弁償、至恩地者、不及書載、次在家并妻子資材之事者、
　如定法、職仁可渡之、

一、(第十二条)恩地拘人、天文十辛丑年以前十箇年、地頭へ夫公事等無勤者、不及改之、但、及九年者、随事之体、可加下知也、

武田氏の分国法「甲州法度之次第」(以下「甲州法度」と略す)の第一条は、領内の者が罪を犯したと称して地頭が恣意的に田畠を没収することを禁じた内容で、「もし罪人が武田晴信(信玄、以下信玄で統一)の被官であれば、武田氏が罪人から田畠を没収して別人に申し付け、地頭に年貢・諸役(公事)等を納入させる」と記されている。この点は前述の恵林寺領の状況と同じく、地頭(領主)に年貢・諸役を納入する「晴信被官」＝軍役衆の存在があり、地頭(領主)との年貢・公事収取をめぐる争いに武田氏が介入し、その規定を設けたと評価することができる。逆に言えば、それ以外の「惣百姓」は地頭に非がある場合を除いて、田畠の裁量権は地頭側に任されていたこともわかる。なお、「恩地については書き載せるに及ばない」とあるのは、先の恵林寺領の場合と同様に、当該地が地頭(領主)の年貢・公事収取の対象から外されているため、武田氏に裁量権があるのは当然という意味であろう。

次に、この点を武田氏の発給文書から検討してみたい。

〔史料3〕跡部勝忠証文(「大滝家文書」戦武三四四九)

其元御恩地五拾貫文之高辻ニ而、当年拾壱貫八百所務之由候、彼内之増分弐百五拾貫有之由候、軍役衆之事候之間、土右へ令申理、可有所務者也、

(天正八年)辰
霜月廿三日　跡越(朱印)

大滝和泉守殿

史料3では信濃国水内郡西大滝（飯山市）の土豪・大滝和泉守の恩地で発生した増分について、彼が軍役衆のため武田氏重臣の土屋昌恒に断った上で所務を認めている。天正六年（一五七八）に武田・上杉氏の間で同盟（甲越同盟）が締結された後、北信濃は武田領国に編入され、大滝氏を含む諸氏の知行地で検地が実施されている（第一章を参照）。史料3はこの検地結果に基づいて発給されたものであり、先の恵林寺領の場合と同じく、検地増分は「御重恩」として武田氏から大滝和泉守に宛行われたことがわかる。(14)

〔史料4〕武田家朱印状（「三井家文書」戦武三四六七）

定

累年拘来田畠、於為名田者、雖有増分、被任御国法、可被成御赦免、至土貢幷諸役・夫役等者、地頭へ速可致弁償之由、被　仰出者也、仍如件、

曾禰河内守
奉之

天正八年庚辰十二月廿一日（竜朱印）

追而、有申掠旨者、可被悔還者也、

三井右近丞殿

次に史料4では、甲斐国巨摩郡山之神村（甲斐市）の土豪・三井右近丞が累年所持してきた「名田」について、「御国法」に任せて検地増分を免除している。ただし、年貢・諸役・夫役等については地頭への納入義務があり、こちらは免除の対象とはなっていない。彼は在所の川除普請を担っており、甥の陣代として軍役奉公も行っていたが（「三井家

文書」戦武三八五五）、他の地頭（領主）に対して年貢・公事を負担する存在でもあったことがわかる。
なお、勝俣氏はこの史料を基に、軍役衆の検地増分は全額免除されることが武田領国の「国法」であったと述べているが、中口氏・村川氏[15]が指摘するように、当該地は三井右近丞が累年所持してきた「名田」であったが故に全額免除とされたのであり、必ずしも勝俣氏が主張するような武田領国の「検地施行原則」だったわけではない。また「国法」が「甲州法度」に基づくか否かという点も以前から議論の対象になっているが、この「国法」は第八章でも指摘したように、武田領国内の慣習法と考えるべきであろう。

以上、大名（武田氏）・地頭（領主）と軍役衆・惣百姓の関係をまとめると、下の図のようになる。「御家人」は黒田氏が定義したように「武田氏の被官で、少なくとも軍役を負担するもの」を指す呼称であり、軍役衆はその中に含まれる在村被官として位置づけられる。ただし一概に「軍役衆」とはいっても、史料3で挙げた大滝和泉守や、第二章で検討した信濃国佐久郡瀬戸郷（佐久市）の上原筑前守のように、数十貫文単位の知行地を持つ階層から、甲斐の恵林寺領で見られたような数軒で在家役を勤める階層まで、その経営規模は様々である。

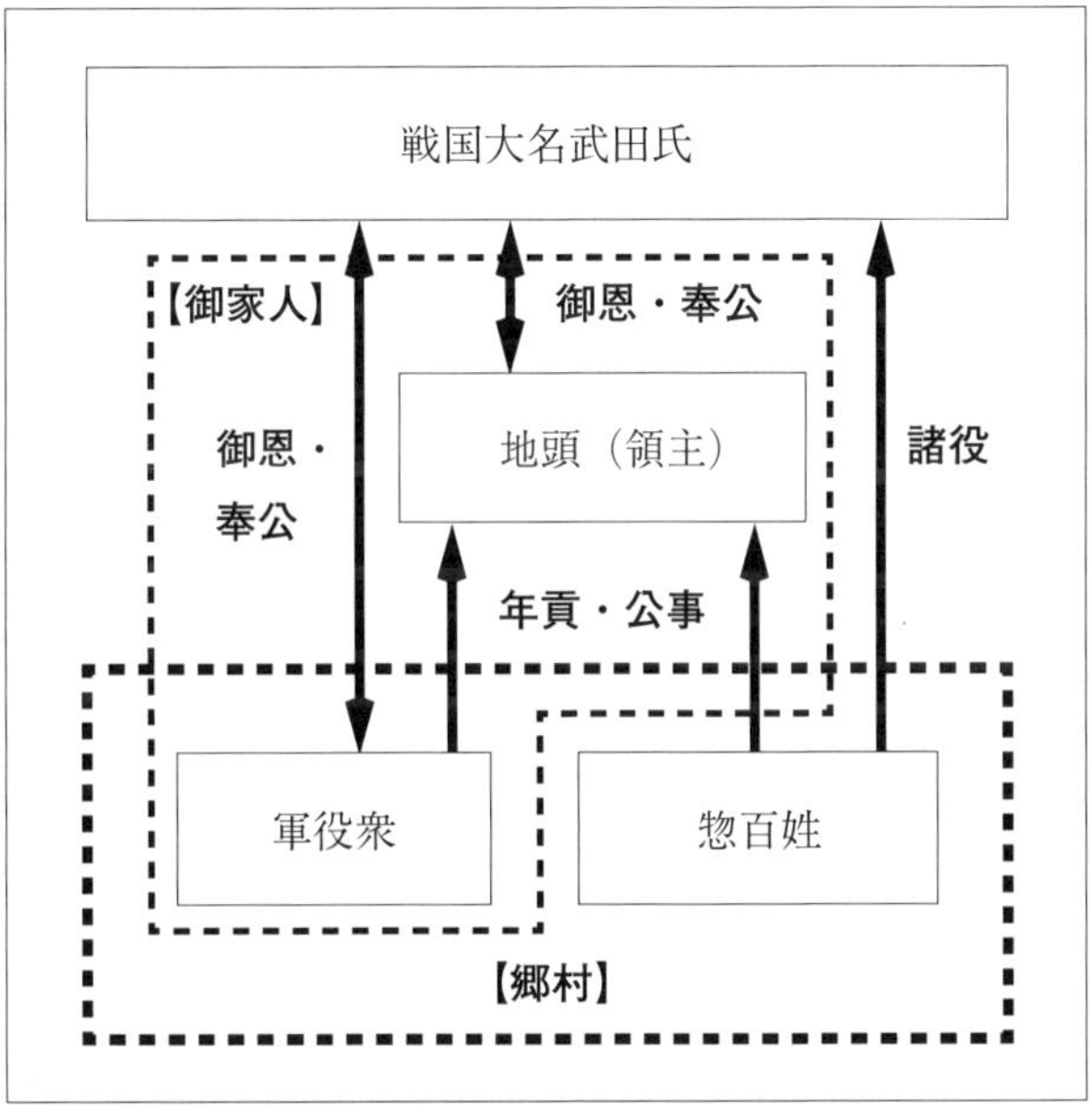

図　大名・領主・郷村の関係

むしろ武田氏は、旧来の地域権門（国衆・有力寺社など）による地頭（領主）支配を認める一方で、郷村に居住する様々な階層と被官関係を結び、名請地の一部を「恩地」として宛行うことで、彼らを軍役衆として直接掌握していったと考えられる。また従来から言われているように、軍役衆を重臣（寄親）に附属する同心（寄子）として軍事指揮下に置き、訴訟の際にも寄親を奏者として大名（武田氏）との交渉を行うよう定めている（「甲州法度」第十九条・二十七条・二十八条）。このような形で、在地社会の諸勢力を新たな軍事力の担い手として編成した点に、武田氏の戦国大名権力としての画期を見出すことができる。

三　軍役衆・惣百姓と諸役体制

もう一つ、武田領国における軍役衆・惣百姓の位置を考える上で重要となるのが、諸役の賦課と免許をめぐる身分編成、いわゆる「諸役体制」の問題である。柴辻俊六氏[16]によれば、武田氏の諸役免許は御用奉公（軍役・伝馬役、職人・商人としての奉公）の代償として行われており、武田氏は身分に応じた特定の役を賦課することで、在地の直接支配や動員、必要物資の調達などを遂行する体制を整備していったとされる。武田氏の「諸役」については第五章で検討しているため、ここでは軍役衆の諸役免許と身分編成に絞って取り上げておきたい。

〔史料5〕武田家朱印状（「岡部家文書」戦武一六八〇）

（竜朱印）
自辛未歳両棟別共ニ御赦免、然而普請役・隠田等之事、軍役衆可為同前之旨、御下知候之間、存其旨厳重ニ可令陣参、御扶持者如此間、可被下者也、仍如件、

元亀二年辛未
三月廿六日　山県三郎兵衛尉
奉之
原隼人佑
湯平之郷
又三郎

〔史料6〕武田家朱印状（「田辺（紀俊）家文書」戦武一六四五）

定

一、御分国諸商一月ニ馬壱疋之分、役等御免許之事、
一、本棟別壱間之分、御赦免之事、
一、向後拘来候田地、如軍役衆可被停検使之事、
一、郷次之人足普請、被禁之事、
以上

於今度深沢之城、別而致奉公候間、被加御褒美者也、仍如件、

元亀二年辛未
二月十三日（竜朱印）
山県三郎兵衛尉奉之
田辺四郎左衛門尉

史料5は元亀二年（一五七一）に武田氏が大規模な軍事動員を行った際に発給したもの、史料6は前年の駿河国深沢城（御殿場市）攻めで活躍した甲斐黒川金山（甲州市）の金山衆を賞したものである。いずれも「軍役衆可為同前」「如軍

役衆」とあることから、軍役衆と同様の待遇を与えたものと理解できる。これを整理すると、武田領国下の軍役衆は、(1)棟別銭の徴収、(2)郷次普請役の賦課、(3)隠田改め（検使派遣）の三つを免除されていたことが窺える。

〔史料7〕武田家朱印状（「大祝諏訪家文書」戦武二九六六）（前略）

縦雖軍役衆幷当家御一門衆之家人、如右之注文、伝馬役相勤族、向後郷次之御普請役御免許候、則闕所之屋敷分各相談可補之、但軍役衆在陣中者御赦免候了、如此被定置候処、若有違犯之輩者、可有御過怠之旨、所被仰下也、仍如件、

天正六年　今福市左衛門尉
五月十一日　奉之
諏方
十日町

また史料7では、在陣中以外の軍役衆と「当家御一門衆之家人」（武田氏一門衆の被官）に対しても伝馬役の勤仕が命じられ、その代償として郷次普請役が免許されている。ここから、(1)武田領国内の村・町には多数の軍役衆が居住していたこと、(2)前述のように軍役衆は武田氏一門衆の被官と併記され、武田氏直属の「御家人」と同義であったこと、(3)軍役衆は通常、「郷次諸役」の一つである伝馬役を免除されていたこと、(4)武田氏の一門・重臣や寺社の被官も軍役衆と同様の待遇（諸役免許など）を受けていたこと、以上の四点が明らかになる。

この中で、在陣中の軍役衆が伝馬役勤仕の対象から除外されているのも、諸役免許の本来の目的（軍役奉公の代償）に沿っていたためであり、武田氏は領国内における村・町の居住者を、軍役奉公（軍役衆）・細工奉公（職人）を行う者と諸役負担者（惣百姓）に区別し、身分編成を行っていた。池上氏によれば[17]、戦国期の北条領国においても経営規模の

大小に関係なく、軍役を勤める者が「軍役衆」、「百姓役」を勤める者が「百姓」として把握されており、この点は武田領国も同様であったといえよう。

おわりに

戦国期の武田領国内の郷村には、数十貫文単位の知行地を持つ者から、甲斐の恵林寺領で見られたような数軒で在家役を勤める者まで、様々な階層の人々が存在した。武田氏は旧来の地域権門（国衆・有力寺社など）による地頭（領主）支配を認める一方で、郷村に居住する様々な階層と被官関係を結び、名請地の一部を「恩地」として宛行うことで、彼らを軍役衆として直接掌握していったと考えられる。このような形で、在地の勢力を新たな軍事力の担い手として編成した点に、武田氏の戦国大名権力としての画期を見出すことができる。

その一方で、軍役衆も惣百姓と同じく、地頭（領主）に対して年貢・公事納入義務を負い、武田氏への軍役奉公の有無によって異なる扱い（踏出の全額免除か一部免除か）を受けていたに過ぎず、村落内における経営規模や身分の差は存在しなかった。戦国期の北条領国では経営規模の大小に関係なく、軍役を勤める者が「軍役衆」、「百姓役」を勤める者が「百姓」として把握されており、この点は武田領国も同様であったといえる。

第十三章でも言及しているように、大名・領主への被官化は生活維持の手段の一つであり、軍役衆と惣百姓は地域社会の中で縁戚関係を持ち、密接な繋がりを持っていた。このような状況を一変させたのが、天正十八年（一五九〇）七月に豊臣政権下で実施された徳川氏の関東転封であり、同氏に従って関東へ移住した者と在所に残った者の分離、いわゆる「兵農分離」が行われたとされている。しかし、これまでの研究で明らかにされているように、武士身分と百姓・町人身分の交流や縁戚関係は幕藩体制下でも継続しており、[18]両者は完全に「分離」していたわけではない。むしろ、このような状況は戦国期以来の地域社会のあり方を継承したものであり、特に甲斐・信濃においては、武田領国下の軍役衆と惣百姓の関係にその原型を求めることができる。

註

（1）村田修三「戦国大名研究の問題点」（『戦国大名論集1　戦国大名の研究』吉川弘文館、一九八三年。初出一九六四年）、同「兵農分離の歴史的前提」（『日本史研究』一一八号、一九七一年）を参照。

（2）服部治則「寄親寄子制度—中尾之郷軍役衆について—」（『甲斐史学』八号、一九五九年）、同「「中尾之郷軍役衆」覚え書」（『甲斐史学』一七号、一九六二年）、同「武田家臣団組織と親分子分慣行」（『農村社会の研究』御茶の水書房、一九八〇年）、早川春仁「「中尾之郷軍役衆」の研究」（『武田氏遺臣の研究』私家版、二〇〇九年。初出一九七八〜八七年）。

（3）笹本正治「武田文書に見える「地下人」について」（『戦国大名武田氏の研究』思文閣出版、一九九三年。初出一九八九年）。

（4）平山優「戦国期地下人（郷中乙名衆）の存在形態」（『戦国大名領国の基礎構造』校倉書房、一九九九年。初出一九九四年）。

（5）中口久夫「武田氏の御家人制—「名田」・「恩地」をめぐって—」（『太閤検地と徴租法』清文堂出版、二〇一二年。初出一九八六年）。以下、中口氏の見解は本論による。

（6）黒田基樹「武田氏家中論」（平山優・丸島和洋編『戦国大名武田氏の権力と支配』岩田書院、二〇〇八年）。以下、黒田氏の見解は本論による。

（7）最近の研究成果として、長谷川裕子『中近世移行期における村の生存と土豪』（校倉書房、二〇〇九年）を挙げるに留める。また武田領国を対象とした論考では、小佐野浅子「武田領国の土豪層と地域社会」（前掲『戦国大名武田氏の権力と支配』。二〇〇八年）が、甲斐国都留郡船津郷（富士河口湖町）の小林氏を事例とした検討を行っている。

（8）黒田前掲註（6）。

（9）池上裕子「日本における近世社会の形成」（『日本中近世移行期論』校倉書房、二〇一二年。初出二〇〇六年）、同「中近世移行期を考える―村落論を中心に―」（同上。初出二〇〇九年）、同「中・近世移行期を考える」（『駒澤大学大学院史学論集』四二号、二〇一二年）等。

（10）高島緑雄「東国における戦国期寺領の構造―永禄六年・甲斐国恵林寺領について―」（柴辻俊六編『戦国大名論集10武田氏の研究』吉川弘文館、一九八四年。初出一九五八年）。

（11）勝俣鎮夫「戦国大名検地に関する一考察―恵林寺領「検地帳」の分析―」（『戦国法成立史論』東京大学出版会、一九七九年。初出一九七六年）。以下、勝俣氏の見解は本論による。

（12）村川幸三郎「戦国大名武田氏の恵林寺領検地について」（『研究と評論』三六・三七号、一九八六年）。以下、特に断らない限り、村川氏の見解は本論による。

（13）平山優「郷村内身分秩序の形成と展開―郷村祭祀と家役との関連を中心に―」（前掲『戦国大名領国の基礎構造』。初出一九九一年）。以下、平山氏の見解は本論による。

（14）黒田氏によれば、増分は二貫五〇〇文で「原史料では「弐百五拾貫」とあるが書き改められている」という（前掲註6）。

（15）村川幸三郎「戦国大名武田氏の検地について―勝俣鎮夫氏の「検地施行原則」に関連して―」（『日本史研究』三二三号、一九八九年）。

（16）柴辻俊六「武田領の諸役体制」（『戦国大名武田氏領の支配構造』名著出版、一九九一年。初出一九八七年）、同「武田氏領の諸役」（『戦国期武田氏領の地域支配』岩田書院、二〇一三年。初出二〇一一年）。

（17）池上裕子「北条領の公事について」（『戦国時代社会構造の研究』校倉書房、一九九九年。初出一九八三年）、「後北条領国における身分編成と役の体系」（同上。初出一九八四年）。

（18）早川前掲註（2）によれば、甲斐国山梨郡中尾郷（笛吹市）の土豪・早川弥三左衛門尉は武田氏の滅亡後、徳川氏の下で井伊直政の同心として附属され、その後は井伊氏に仕えて、子孫は彦根藩士として存続した。一方、弟の早川半兵衛は徳川氏の関東転封後も在所に留まり、兄弥三左衛門尉の子を養子に迎えて家を存続させている。

［付記］　初出論文では研究史の整理や資料解釈に誤りが多かったため、全面的に改稿し、論旨も改めた。

第十二章　武田領国における民衆動員

はじめに

前章で検討したように、武田氏の下で軍役奉公を勤める「軍役衆」には、「惣百姓」と同じく地頭（領主）に対する年貢・公事納入の義務があり、両者の違いは武田氏への軍役奉公の有無に伴う踏出（検地増分）の全額免除か一部免除かという点だけで、村落内における経営規模や身分の差は存在しなかった。その一方で、戦国期の武田領国では軍役を勤める者が軍役衆、「百姓役」を勤める者が惣百姓として把握されており、笹本正治氏[1]・平山優氏[2]が明らかにした、軍役衆と同等の軍事力・経済力を持ちながら「兵」の道を選択しなかった村の有力者＝「地下人」の存在形態からも、「兵」と「農」の職掌の分離（中世的兵農分離）を見ることができる。

しかし、戦国期後半（永禄～天正年間）における合戦の大規模化は、戦国大名が従来よりも多くの「兵」を必要とする状況を生じさせた。戦国大名の民衆動員に関する研究成果は、関東の北条領国を事例として多くの論考が発表されており、それぞれ重要な指摘がなされている。

まず勝俣鎮夫氏[3]は、戦国大名領国を各地域に成立した「国家」として評価し、戦国大名が国家の構成員（国民）すべてに生存権を含めた保護義務を負うかわりに絶対的支配権を持っていたこと、軍役を負担しない百姓（農）は侍身分であっても既に軍役衆(兵)と区別された非戦闘員として位置づけられていたために、農兵の動員は国家存亡の非常時に限られ、また国家に属する者の義務であることが召集の論理として強調され、さらに国家の防衛戦争に限定されていたことを指摘している。

次いで藤木久志氏は(4)、「国家」の非常事態時に限って発動される民衆の動員システムが関東の北条領国に存在したことを明らかにした。藤木氏は三回に及ぶ北条氏の民衆動員令(人改令)について、いずれも敵(武田軍や豊臣軍)の侵攻に伴う非常事態に発令され、さらに動員に際しては日数の限定(二十日間)・兵粮の給付・恩賞の約束・戦線配置面での安全の特約などが条件として提示され、人改めや着到などによって徴兵が行われたことを指摘する一方で、北条氏の動員システムは地域防衛のための「村の武力」に依拠したものであり、非常事態時以外の単なる兵の補充として行われた村の徴兵に関しては、村(民衆)側の抵抗にあって十分に機能しえなかったと述べている。また、徴兵に対する社会的な制約として、①村高に応じた人数の割り当て(決して根こそぎの動員ではなかった)、②精兵の選抜(装備の規制)、③夫役システム(村側による徴兵忌避)、④農業維持との矛盾(徴兵は村の屈強な働き手を奪う)、⑤社会的な職能による制約(「侍は兵、百姓は農」という「中世的兵農分離」を盾に取った職能の峻別)を挙げ、動員された民衆は主に敗走する敵軍の落武者狩りや退路の封鎖など、比較的安全な後方での軍事活動に従事したと結論づけている。

また、黒田基樹氏も藤木説を踏まえて(5)、北条氏の人改令(民衆動員)は既に戦場地域ではなくなった村(北条氏の本国地域とその隣接領域)に対する軍事動員であり、「国家」の防衛戦争という限定的な局面において、百姓身分のまま時限的に兵として動員していく政策であったと評価している(6)。

一方、武田領国の場合は、奥野高広氏が初めて紹介し(7)、元亀三年(一五七二)に年次比定した武田氏の動員令(後掲史料6)の内容をめぐって、議論が進められてきた。まず井原今朝男氏は、山城には武士しか入城できず、地下人らは山小屋に配置されたように、山城に入城できるか否かの身分差別が存在したこと、山小屋に動員された軍勢は、最も危険性の高い軍事行動に消耗用の軍事力として利用されていたことを主張した。これに対して笹本氏[8]は、山城と山小屋の差は階級差ではなく機能にあり、山小屋は戦乱の際に武士や民衆が避難するアジール性を持つ場所であったとして、井原説を批判している。また笹本氏は、地下人が敵の退却時や通路封鎖など比較的安全な部署に配置されたことも指摘しているが、この後は山小屋の機能や役割をめぐる問題[9]（山小屋論争）に論点が集中した。

武田氏の動員令（史料6）における地下人の問題が再び注目されるようになったのは、井原氏が自説の再確認として発表した論考[10]においてである。井原氏は山小屋の機能ではなく、武田氏の地域防衛体制を重視して復元的考察を行い、「地下人は敵軍に内通する可能性が最も高く、それだけに大名権力にとって最も警戒すべき内なる敵＝被支配層である」と評価した上で、動員令（史料6）で通路遮断の任務を担わされた地下人は「危険度の高い消耗用の軍隊」であったと述べている。これに対して山下孝司氏[11]は、地下人の武装と山小屋へ入る行為が参陣の意味を持ち、武田氏の動員令（史料6）は元亀三年の軍事行動（西上作戦）に伴う軍事動員（軍役衆の強化策）であったと評価した。また、前線での軍事行動は国人や地侍層が動員され、地下人は危険度の少ない任務（敵軍敗走時の落武者狩りなど）に従事していたこと、山小屋が武田氏の軍事行動の一環として位置づけられていたことを指摘し、井原・笹本両説に批判的な見解を示している。一方、山本浩樹氏[12]は地下人の動員について、最前線の戦場に送り込まれる（緊急時に限定される）場合と通路制圧の要員として動員される（大名領国の防衛と生活防衛が結びつく）場合とに分けた上で、地下人の同意が得難い場合は人質を取るなどの強硬手段もありえたこと、通路遮断は最前線での戦闘を伴うことを述べて井原説を支持している。

このように、先行研究では武田氏の動員令[13]（史料6）の解釈に議論が集中しているが、近年では元亀三年ではなく天正三年（一五七五）に年次比定されており、この状況を踏まえた上で史料の再評価を行う必要がある。また、武田氏の民衆動員の実態が明らかにされているとは言い難く、特に北条領国における事例との比較検討が必要と考える。そこで本章では、武田氏が発した民衆動員令を検討し、さらに上記の問題点を踏まえて、戦国大名と地下人の関係について分析を試みたい。

一　武田氏の民衆動員令

1　永禄末〜元亀年間の動員令

武田氏が領国内の民衆に参陣を呼びかける文書を大量に発給したのは、今川領国の駿河・遠江へ侵攻した永禄末〜元亀年間が最初である。ここではまず、当該期の動員令について検討していきたい。

〔史料1〕武田家奉行連署証文写（「西郡筋鮎沢村藤巻家伝写」戦武一一八七）

一、今度応御下知、帯弓箭罷出候共、向後如此被召使間敷事、
一、奉公之模様により御普請役御免許事、
一、武具等嗜候者、棟別役永代御免許事、以上、

（永禄十年）
卯
八月十二日

（跡部伊賀守）
攀桂斎　祖慶　朱印
工藤源左衛門尉
昌秀　朱印

跡部美作守　勝忠　朱印
甘利左衛門尉　信忠　朱印
鮎沢郷

まず史料1では甲斐国鮎沢郷（南アルプス市）に対し、参陣（奉公）の代償として普請役免許、戦功次第では棟別役の永代免許を提示する一方で、今回限りの動員であることが明記されている。

〔史料2〕武田家朱印状（「工藤家文書」戦武一六四三）

定
今度応　御下知、於于参陣之輩者、何之被官成共、御普請役被成御免許畢、然而依于武具以下之体、可被宛行相当之御恩者也、仍如件、
元亀二年辛未　土屋右衛門尉奉之
正月十一日（竜朱印）
追而、累年勤軍役人之外也、
信州下伊那宿々
大小人

また史料2は信濃国下伊那の宿中に対して、参陣の代償として普請役免許を提示し、戦功次第で「相当之御恩」を与えるとしているが、これまで武田氏の下で軍役を勤めてきた者（軍役衆）は対象外にされている。

〔史料3〕武田家朱印状（「岡部家文書」戦武一六八〇）

（竜朱印）
自辛未歳（元亀二年）両棟別共ニ御赦免、然而普請役・隠田等之事、軍役衆可為同前之旨、御下知候之間、存其旨厳重ニ可令陣参、御扶持者如此間、可被下者也、仍如件、

元亀二年辛未
三月廿六日　山県三郎兵衛尉
奉之
原隼人佑

湯平之郷
又三郎

さらに史料3では個人宛で、「軍役衆」と同じく諸役免許の特権を与える代わりに参陣を命じる、参陣した者には「御扶持」を与える、という内容になっている。史料3のように、元亀二年（一五七一）三月〜四月に発給された同文の文書は計九点存在し（表を参照）、有姓・無姓の者が混在しているが、郷名は全て甲斐の国中地域（甲府盆地周辺、武田氏の直接支配領域）に限定されている。また、宛名が全て「郷名＋人名」で「殿」という敬称文言がないこと、藤木氏が「従軍時の兵糧自弁は給人の原則であり、兵糧支給の有無は民兵と武士を峻別する重要な指標である」と指摘するように、参陣の代償として「御扶持」の給付が提示されていることが指摘できる。史料1〜3で動員の対象とされたのは、明らかにそれまで武田氏への軍役奉公を勤めていなかった人々であり、武田氏が発令した大規模な民衆動員令と見ることができる。

しかしその一方で、武田氏は兵の選別も同時期に行っていたことが窺える。

表　武田氏の民衆動員令（元亀2年）

No.	年月日	文書名	宛所	現市町村	（旧）	出典	
1	元亀2・3・26	武田家朱印状	湯平之郷　又三郎	山梨市	三富村	岡部家文書	一六八〇
2	元亀2・3・26	武田家朱印状	熊野之郷　切原新九郎・与三右衛門・神八	甲州市	塩山市	橿原家文書	一六八一
3	元亀2・3・26	武田家朱印状	保坂之郷　弥二郎・源次郎	韮崎市		禰津（晴）家文書	一六八二
4	元亀2・3・26	武田家朱印状	中牧之郷　水上源七郎	山梨市	牧丘町	水上家文書	一六八三
5	元亀2・3・26	武田家朱印状	中野之郷　入蔵文六	南アルプス市	櫛形町	入倉家旧蔵文書	一六八四
6	元亀2・3・26	武田家朱印状	窪八幡之郷　大工村之丸山新七郎・同所之薗田弥九郎・窪之保城新四郎・大工村之又七郎・水口之清三郎	山梨市		諸州古文書五	一六八五
7	元亀2・4・19	武田家朱印状	六科郷　矢崎源右衛門尉	南アルプス市	八田村	柳本家旧蔵文書	一六九五
8	元亀2・4・19	武田家朱印状写	千野　村田弥三	甲州市	塩山市	村田家文書	一六九六
9	元亀2・4・19	武田家朱印状写	上八田郷　小野又次良	南アルプス市	白根町	山梨県誌本古文書五	一六九七

出典：『戦国遺文武田氏編』。数字は史料番号。

〔史料4〕武田家朱印状（「本間美術館所蔵文書」戦武一四六一）（前略）

一、知行役之被官之内、或者有徳之輩、或者武勇之人を除て、軍役之補として、百姓・職人・禰宜・又者幼弱之族召連参陣、偏ニ謀逆之基不可過之事、

一、定納二万疋所務之輩、乗馬之外、引馬弐疋必用意之事、

以上

己巳（永禄十二年）

十月十二日（竜朱印）

土屋奉之

市川新六郎殿

史料4では軍役の人数合わせのために、百姓・職人・禰宜（神職）や「幼弱之族」を召し連れて参陣することを禁止しているが、「有徳之輩」と「武勇之人」はここから除外されている。天正元年（一五七三）十一月に武田勝頼が発給した軍役条目（「武田家判物」戦武四二五二）でも、「柔弱之族」の参陣を禁止する一方で「武勇之輩」を選別して戦場へ召し連れるよう命じており、武田氏が兵の選別を厳しく行っていたことが確認できる。また「武勇之人」と並んで武田氏から参陣を求められた「有徳之輩」（有徳人・富裕層）は、史料3のように個人宛の朱印状を所持する郷内の有力者（地下人）も含まれていたと考えられる。すなわち、武田氏は領国内から「兵」を募る一方で、動員の対象を「有徳之輩」と「武勇之人（輩）」に絞り、「幼弱（柔弱）之族」を陣中から排除しようとしていたことがわかる。

永禄末〜元亀年間は、武田氏が今川領国の駿河・遠江へ侵攻したことで、従来の領国であった信濃・西上野に加えて、東海地域にまで戦線が拡大した時期にあたる。従って、当該期の民衆動員令は武田氏による兵力増強策であり、この時期に新たな軍役衆の創出が行われたと考えられる[14]。ただし、今回の動員対象は領民全体ではなく、あくまでも郷内の有力者（地下人）のみに対して発令されたものであった。

例えば、元亀二年四月に甲斐国岩手郷（山梨市）で行われた棟別改め（「上野家文書」戦武一六八七）では、岩手能登守の他に二名の無姓の者が「新衆」として免許の対象者となっている。天正八年十一月に井口郷（中央市）で行われた棟別

改め（「「甲斐国志」一一九」戦武三四五二）でも同様に、免許対象者として今福和泉守（昌常）同心の井口織部（「天正壬午起請文」で「今福新右衛門尉衆」として記載されている）の他に、九名の無姓の者（うち二名の「新衆」）がいる。岩手は武田氏の庶流、井口は郷名を名字とする土豪層であり、いずれも武田氏への軍役奉公を勤める軍役衆であった。(15)黒田氏によれば、武田領国には無姓の軍役衆もいたとされており、ここに見られる無姓の人々を直ちに地下人層と判断することはできないが、少なくとも「新衆」は、永禄末〜元亀年間の動員令以後に軍役衆と同じく諸役免許の対象者になった者であったと考えられる。

2　天正年間の動員令

天正三年五月の長篠合戦で大敗した後、武田氏はふたたび領国内に動員令を発している。次に、この動員令について検討を行いたい。

〔史料5〕武田家朱印状写（「内閣文庫所蔵「判物証文写」武田」戦武二八三八）

条目（竜朱印影）

一、来調儀守当家興亡之基ニ相企旨候之条、領中之貴賤十五以後六十以前之輩、悉被申付、以廿日之滞留出陣頼入候之事、

付、廿日以後者、不及得下知、軍役衆之外者、可被指返之事、

一、近年太略在陣、各雖為労苦、武具等麗美被相調、不嫌夜白、一左右次第出陣之事、

付、鉄炮之玉薬放手、専用意之事、

一、武勇之輩別而可被召具、須貴賤批判之分者、為可補軍役、夫丸等被任其数之由、於敵味方取沙汰甚候、誠且失

外聞、且当家滅亡之瑞相、又各於自分も滅却之基、不可如之歟、慥不至真実之道理而、公儀一変ニ有分別、武勇之輩不被召連者、不可有其曲之事、

付、来動之砌者、厳重可有着到之事、

以上

（天正五年）
壬七月五日

（宛所欠）

史料5の第一条では、「領中之貴賤」のうち十五～六十歳の者を対象に、二十日間の出陣を要請し、二十日が経過した後は軍役衆を除いて帰村させることを認めている。また第三条では、軍役の人数合わせのために夫丸同然の者を召し連れることを禁じ、「武勇之輩」を召し連れるよう命じており、武田氏がここでも兵の不足（軍役忌避）と質の維持に苦慮していたことが窺える。

まず、動員対象となった年齢（十五～六十歳）については、天正十二年に徳川氏が発した動員令（「原川文書」静8一七四五）と同じであり、城普請の動員対象（「三枝家文書」戦武二六六五）ともほぼ一致している（詳細は第七章を参照）。すなわち、十五～六十歳は当時の郷村内において一人前の成人とされる年齢だったようである。なお藤木氏は、民衆動員の日数（二十日間）が普請工事に使役される日数（十日間）のちょうど倍であったことを挙げ、普請工事の動員日数が戦国大名による民衆動員を制約する社会的な要因の一つとなっていたのではないか、と主張している。

また、史料5の第三条に「武田軍の兵は夫丸（人夫）同然の者ばかりだと敵味方が取沙汰しているのは誠に残念なことであり、当家（武田家）滅亡の兆しであろうか」と記され、敵方の織田軍にも同様に「武田四郎（勝頼）、岩村後巻として甲斐・信濃土民百姓等迄相催、罷出」[16]と記録されているように、長篠合戦後に武田軍の兵数だけでなく質にも問題が

生じていたことは、恐らく事実であったと考えられる。
　永禄十二年（史料4）と同様に天正五年（史料5）でも兵の選別が行われた理由として、領国内に軍役忌避の風潮が現れだしたことが挙げられる。この時期には「軍役退屈」を理由とした欠落（逃亡）が頻発しており（第十三章を参照）、軍役を勤める人々が人数合わせのために、夫丸同然の者を従軍させていたという事態は十分想定できる。特に長篠合戦で大敗した後は、兵力確保のために貴賤を問わず領国内から兵を募ったものの、結果として単なる数合わせにすぎなくなり、その質の低下が武田氏にとって大きな問題になっていたことがわかる。

二　地下人の処遇と動向

　それでは、動員された地下人は戦場でどのような処遇を受けていたのか。冒頭で述べたように、多くの先行研究が取り上げた史料について、全文を挙げた上で検討することにしたい。

〔史料6〕武田家朱印状（「武田神社所蔵文書」戦武二五一四）

覚（竜朱印）

一、（第一条）今度有首尾向遠州出馬企、一大事之行候之間、暫可為張陣候、然則必就家康訴詔信長、木曾者伊奈へ可及後詰
歟、□□（伊那カ）郡上下貴賤兼日成其覚悟、大細共ニ守典厩下知幷玄徳斎・保科父子異見、抽忠節候之様可被申付事、
一、（第二条）為始松尾・下条・春近衆、主人之儀者不及是非、家中之乙名敷者幷部類繁多之族、妻子悉高遠へ可召寄事、
一、（第三条）地下人之事者、以案内者令糺明、或疑心之輩、或部類広き族計妻子高遠へ召寄、其外之地下人ニ者、厳重ニ誓詞
被申付、不可企逆心之旨被相定、然而山小屋へ入、或敵退散砌歟、或通路をさいきるへき時節召出、幷可被申付

事、

一、（第四条）於今度抽忠節輩者、於侍者出知行、寄騎幷凡下之輩者、当座之引物・黄金・鳥目・籾子以下充行、惣而可被叶所望之事、

一、（第五条）大島在城之事者、玄徳斎幷栗伊・小六□□たるへし、其外秋伯同心之国衆、足軽衆者小六・保弾下知、昼夜番勤仕之事、

付、堅固之備、各無表裏可申合、又人数為不足者、可有加勢之事、

一、（第六条）妻籠之番、如此間、可為松尾衆之事、

付、肝要時節之事、

一、（第七条）小掃者、在所之人数悉召連、清内路口警固、自身者山本在陣之事、

付、条々、

一、（第八条）下条者、波合口・新野口以下貴賤上下共、人数悉召連警固、自身者山本在陣之事、

付、条々、

一、（第九条）小掃・下伊家中之地下人已下、兼日仕置肝要候之間、就中誓詞・人質主人所望之事、

一、（第十条）松島幷小丹同心之大草衆、証人を相添、悉奥山へ加勢可相移之事、

付、小丹高遠在城、青助者帰府之事、

一、（第十一条）木曾へ不打置相談、彼谷堅固之備肝煎之事、

付、加勢可被任所望之事、

一、（第十二条）典厩者、高遠本城在陣之事、

付、人衆者、諸曲輪へ可被相賦之事、

（第十三条）一、下口之貴賤、小屋入以下之支度相調候之内、上伊奈箕輪辺之貴賤相集稼之事、

（第十四条）一、奥山ニ者、此間之加勢衆幷松島・大草衆在城、大洞ニ者典厩同心之知久衆、跡美同心之知久衆在番之事、

（第十五条）一、為松島番替、黒河内可指越之事、

（第十六条）一、下伊奈衆者大島、上伊奈衆者高遠へ、籾子入置候之様可申付事、

（第十七条）一、万乙諸口相破者、松尾・下条者大島、春近衆者高遠へ可相移事、

（第十八条）一、兼日向敵陣及行者、以火狼煙首尾、山々嶺々之人数可相集事、

（第十九条）一、木曾・下条・松尾・春近衆以下、目付之事、

（第二十条）一、飯島・片切別而為忠節者、為重恩本知行大草可出置之旨理之事、

（第二十一条）一、大島・座光寺・伴野家中以下、別而励忠信者、於何事も可被叶所望之旨理之事、

（第二十二条）一、伊那郡上下、木曾衆へ存之外、可加懇切事、

（第二十三条）一、敵揺之砌、聊爾ニ城外へ被出防戦可禁之、畢竟何時も城内之役所を堅、以浮衆可討渡事、

（第二十四条）一、山家三方衆者、加下条可相拵之事、

（第二十五条）一、大島・座光寺、地下人之物主、直参衆たるへき事、

（第二十六条）一、坂西・久内・伊月・矢沢又兵衛尉・佐野善右衛門尉・佐々木新左衛門尉以下、自伊奈郡敵地へ退候輩之徒類相
改、仕置談合之事、

（第二十七条）一、敵相揺為虚説者、在陣衆幷人夫相催普請之事、

（第二十八条）一、大島・高遠之城、物不足之所可注進、可遣之事、

以上

（天正三年ヵ）八月十日

保科筑前守殿

史料6は奥野氏が元亀三年（一五七二）に年次比定し、武田軍による大規模な軍事行動（いわゆる西上作戦）が行われた時期に発給された史料として評価されてきたが、近年では長篠合戦直後の天正三年（一五七五）に比定する説が有力である。長篠での大敗後、武田氏は奥三河の拠点を喪失し、同年六月には北遠（遠江北部）の二俣・光明両城（浜松市天竜区）が落城、翌月には武田氏に従属していた遠江国衆の天野氏も本拠地の犬居（同前）を追われた。また美濃の岩村城（恵那市）も織田軍に包囲され、同年十一月には落城している。

すなわち、先行研究で述べられているように、信玄が遠江に出陣した隙を突いて織田軍が伊那郡へ乱入することを想定した史料ではなく、長篠合戦後における織田・徳川軍の攻勢（武田領国への侵攻）という危機的状況を前に、勝頼が伊那郡内の国衆に境目地域の守備について指示を下した史料として評価し直す必要がある。条文は二十八ヶ条にも及び、冒頭で述べたように第三条（山小屋と地下人の処遇に関する条文）が議論の中心になっているが、ここでは全体の内容を整理した上で史料の再検討を行いたい（地図を参照）。

まず、史料6では伊那郡内の国衆（地域領主）の当主と家中、そして国衆領内の民衆が指示の対象になっている。[17]武田氏は高遠（伊那市）・大島（松川町）の両城を拠点とし、妻籠（南木曽町）・松島（箕輪町）・奥山（浜松市天竜区）などの諸城に軍勢を入れた上で、松尾小笠原領の「在所之人数」に清内路口（清内路道）を、下条領の「貴賤上下共」に波合口（三州街道）と新野口（遠州街道）を守備させた（第七条・第八条）。国衆や地下人は離反や逃亡の危険があり、誓詞や人質を取るなど警戒の対象になっている（第二条・第九条・第二十五条・第二十六条）。その一方で、侍には知行宛行、「凡下之輩」

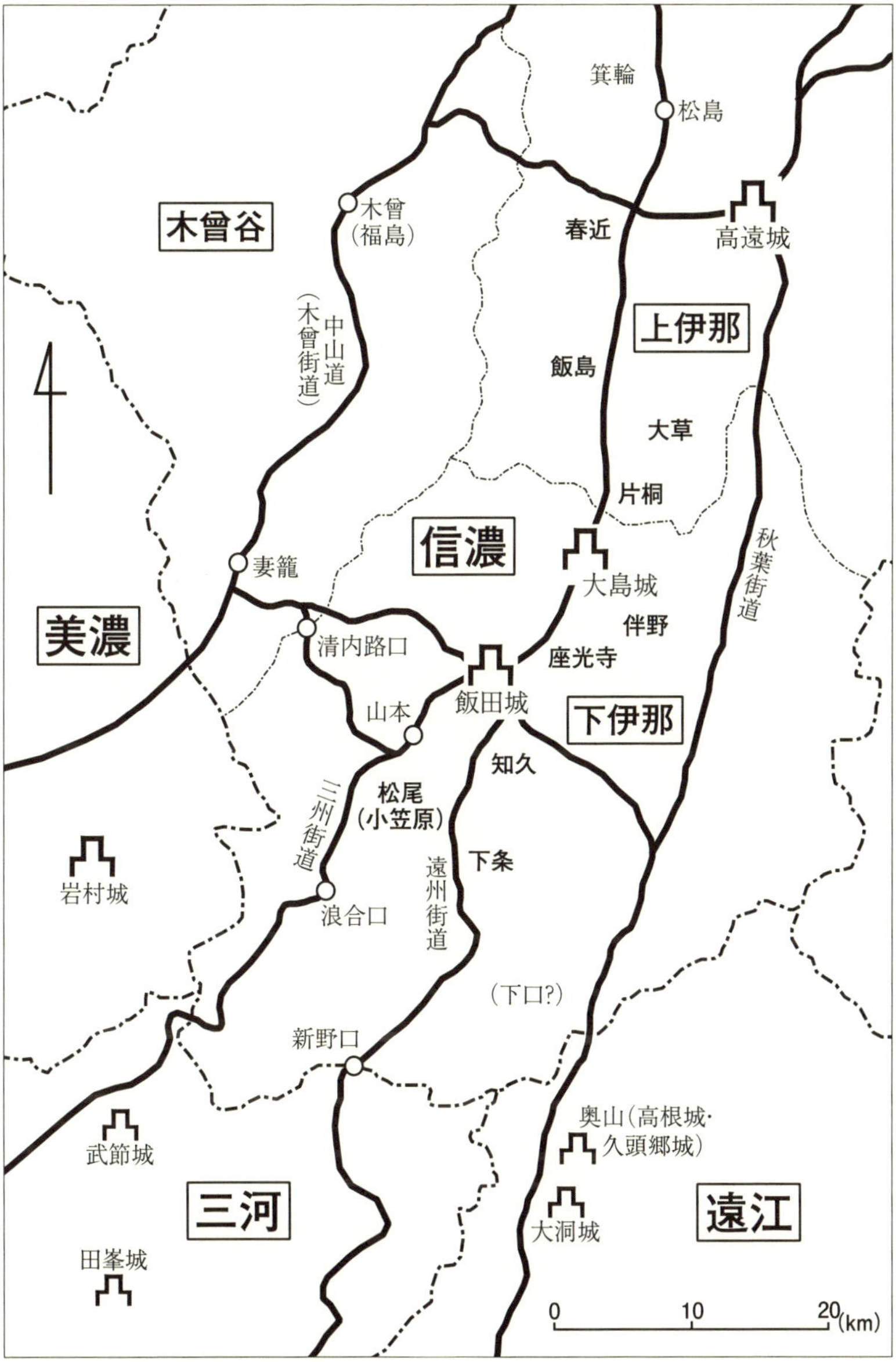

伊那郡周辺地図(筆者作成)

には黄金・鳥目（銭）・籾子（米）などの現物支給を恩賞として提示し（第四条）、「伊那郡上下」や木曽衆を丁重に扱うよう指示している（第二十二条）。これらの条文は、戦場になることを想定した地域（領国の境目）に対する動員令であり、前項の甲斐国中地域（非戦闘地域）に対する民衆動員令とは状況が異なっていたことがわかる。

次に山小屋は、敵軍の侵攻に際して地域住民が避難する施設であるとともに、敵の軍勢と対峙する防御施設としての役割も果たしていたと考えられる。武田氏滅亡の様子を記した『甲乱記』[18]によれば、天正十年二月に信濃へ侵攻した織田軍に対し、武田氏は史料6と同様に、高遠・大島・飯田（飯田市）の三城を拠点として伊那郡の防衛を図った。しかし、飯田城では織田軍の夜襲の様子を見た「外曲輪ニ小屋ヲ掛タル地下人共」が城外へ逃亡し、大島城も「大島ノ城ニ楯籠ル地下人千計」が敵方（織田軍）に寝返り、外曲輪に火を掛けたことをきっかけに落城している。また『甲陽軍鑑』[19]でも、勝頼が新府城（韮崎市）を退去した後、甲斐の地下人が悉く「地焼」を行って山小屋へ避難している。これらは明らかに、地域住民が敵軍から身を守るための避難行動であった。飯田・大島両城の事例を見てもわかるように、城の外郭（外曲輪）には地下人も避難のため入城しており、城郭と山小屋に階層差があったとする井原説は妥当ではない。恐らく、山小屋は周辺に適当な（住民を収容できるほどの規模を持った）城郭がない場合に、地域住民が山中に「小屋掛け」[20]をしたものであったと考えられる。

その一方で、下口（下伊那か）の貴賤に山小屋の準備をさせて彼らの避難場所を確保し、比較的安全な隣接地域（上伊那の箕輪近辺）の貴賤を軍事行動に参加させた点や（第十三条）、山小屋に入った地下人を諸口の守備や敵が退却した際の通路封鎖に限って召し出している点から（第三条）、武田氏が地下人の武力を地域の秩序維持に利用しようとしたことは確かである。北条領国で社会的な職能（中世的兵農分離）による制約が指摘されているように、正規の「兵」ではない地下人の動員は領国の危機（敵軍の侵攻）の際に限定され、さらに地下人が与えられた役割も、戦闘への参加よりも地域の秩序維持に重点が置かれていたことが窺える。

ただし井原氏が指摘するように、境目の地下人が警戒の対象にされていたことも、また事実である（第三条・第九条）。この後、天正十年二月に織田軍が信濃に侵攻した際には、下伊那の地下人が武田氏に反逆し（「上杉家文書」戦武三六六〇）、また織田軍の進軍先では「百姓共」が家を焼き降参している。[21]さらに河浦（山梨市）では、山小屋に籠もった地下人が鶴瀬（甲州市）へ向かう初鹿野伝右衛門（武田家臣）の進路を遮っており、[22]領域権力（武田氏）の滅亡という混乱時においては、通路封鎖（落武者狩り）の対象が自国の武士にも及んでいたことが確認できる。

また、武田氏の滅亡後に織田信長から甲斐を拝領した河尻秀隆を、信長の横死（本能寺の変）後に甲斐の「一揆」が殺害したように、[23]領域権力が崩壊した状況下では地域の人々が武力を行使し、地域防衛を担うこともあった。さらに旧武田領国の混乱（天正壬午の乱）に際して、地下人身分から軍役衆（徳川家臣）への転身を果たした者もいた。

〔史料7〕徳川家奉行連署状（「岡部家文書」山4三〇三）

於去年河浦口、昼夜相稼奉公候之間、恵林寺之内さかミ分弐貫八百文被下置候者也、

（天正十一年）
未
三月十日　　玄随斎（黒印）
　　　　　　石四郎右（黒印）
　　　　　　以清斎（黒印）
追而去年奉公之証人
小田切大隈守方也
岡部孫右衛門尉殿

史料7は史料3と同じ岡部家に伝わる文書で、『甲斐国志』[24]によれば孫右衛門尉は又三郎（史料3の宛所）の子とされている。同家は武田領国下では恵林寺領の湯平郷（山梨市）に居住する地下人であったが、近隣の河浦口（同前）で戦功

を挙げ、恵林寺領内で知行地を宛行われ（第十一章で見たように名請地を給分とされ）、軍役衆化を果たしたことがわかる。

このように戦国大名（領域権力）の地域防衛体制は、民衆の利害（生命や財産の保護）と一致する場合に限って機能していた。逆に織田軍が武田領国へ侵攻した時などに見られるように、領域権力が崩壊した状況下では、山小屋に籠もった地下人が自国の武士を襲い、また敵方に寝返るなど、自らの利害を守るために武力を行使することもあった。民衆にとっては、領国内の平和を維持し、自らの生命や財産を保護してくれる存在であれば、誰が自国の領主でも問題はないのであり、武田氏もそれを熟知していたからこそ、境目の防衛戦争に地下人を動員する際、誓詞や人質を取って彼らの行動を警戒し、その一方で丁重な扱いを指示したと考えられる。

おわりに

武田氏の民衆動員の形態は、大きく二つに分けることができる。一つは兵の不足を補うための動員で、今川領国の駿河・遠江へ侵攻した永禄末〜元亀年間に、非軍役衆（それまで武田氏への軍役奉公を勤めていなかった人々）を対象として発令され、代償として新たに諸役免許を付与されて、新たな軍役衆（新衆）として把握された。また、天正三年に長篠合戦で大敗した後は、十五〜六十歳の成年男子を動員しているが、日数が二十日間に制限されるなど、様々な制約が存在したことが確認できた。その一方で、武田氏は兵の選別を厳しく行い、「武勇之輩」を戦場に召し連れるよう命じていたが、実態は軍役を勤める人々が人数合わせのために、夫丸同然の者を従軍させていた。戦線の拡大に伴う兵力の確保が、逆に兵の質の低下という新たな問題を生じさせたことがわかる。

もう一つは、領国の境目地域（信濃国伊那郡）において、地域防衛のために民衆を動員した事例である。この時に動員された地下人は、武田氏から諸口の守備や通路封鎖を命じられたが、彼らの役割は戦闘への参加よりも地域の秩序維持に重点が置かれていた。また、山小屋は敵軍の侵攻に際して地域住民が避難する施設であるとともに、敵の軍勢と対峙する防御施設としての役割も果たしており、近辺に適当な（住民を収容できるほどの規模を持った）城郭がある場合は、城の外郭に「小屋掛け」をすることもあった。

冒頭で述べたように、北条氏の動員令は「国家」の非常時に限定され、動員された民衆は「農」としての制約を受けていたことが明らかにされている。武田氏の民衆動員も「国家」（武田家とその領国）の危機を強調する一方で、様々な制約（年齢や日数、戦場での役割など）の下で行われており、基本的には北条領国と多くの共通点が見られる。ただし、武田氏が滅亡し領域権力が崩壊した状況下では、山小屋に籠もった地下人が自国の武士を襲い、また敵方に寝返るなど、自らの利害を守るために武力を行使することもあった。武田氏が境目地域の地下人から誓詞や人質を取って警戒し、その一方で丁重な扱いを指示したのも、戦国大名（領域権力）の地域防衛体制が、民衆の利害（生命や財産の保護）と一致する場合に限って機能していたためと考えられる。

註

（1）笹本正治「武田文書に見える「地下人」について」（『戦国大名武田氏の研究』思文閣出版、一九九三年。初出一九八九年）。
（2）平山優「戦国期地下人（郷中乙名衆）の存在形態」（『戦国大名領国の基礎構造』校倉書房、一九九九年。初出一九九四年）。
（3）勝俣鎮夫「戦国法」（『戦国法成立史論』東京大学出版会、一九七九年。初出一九七六年）。
（4）藤木久志「村の動員」（『村と領主の戦国世界』東京大学出版会、一九九七年。初出一九八七年）。以下、特に断らない限り、藤木氏の見解は本論による。

（5）黒田基樹「戦国大名の民衆動員」（『歴史学研究』八八〇号、二〇一一年）。

（6）奥野高広「武田信玄の最後の作戦」（『日本歴史』三九三号、一九八一年）。

（7）井原今朝男「山城と山小屋の階級的性格」（『長野』一一〇号、一九八三年）。

（8）笹本正治「戦国時代の山小屋」（『信濃』三六巻七号、一九八四年）、同「再び戦国時代の山小屋について」（『信濃』四一巻一一号、一九八九年）。以下、笹本氏の見解は本論による。

（9）小穴芳実「山小屋は逃避小屋か―笹本正治氏の「戦国時代の山小屋」を読んで―」（『信濃』三六巻一〇号、一九八四年）、同「戦国時代の山小屋再考」（『信濃』四二巻三号、一九九〇年）、市村高男「中世城郭史研究の一視点―史料と遺構の統一的把握の試み―」（中世東国史研究会編『中世東国史の研究』東京大学出版会、一九八八年）等。なお、「山小屋論争」の争点については、市村高男「戦国期城郭の形態と役割をめぐって」（峰岸純夫編『争点日本の歴史』第四巻中世編〔新人物往来社、一九九一年〕）でまとめられているので参照されたい。

（10）井原今朝男「「いくさ」と民衆―「山小屋」を中心に―」（『歴史評論』五一一号、一九九二年）。以下、井原氏の見解は本論による。

（11）山下孝司「戦国大名武田氏の地域防衛と民衆」（『戦国期の城と地域―甲斐武田氏領国にみる城館―』岩田書院、二〇一四年。初出一九九四年）。以下、山下氏の見解は本論による。

（12）山本浩樹「戦国期戦争試論―地域社会の視座から―」（『歴史評論』五七二号、一九九七年）。

（13）武田氏研究会編『武田氏年表』（高志書院、二〇一〇年）。以下、武田氏関係史料の年次比定は同書を参照。

（14）この点は、山中（山室）恭子「中世のなかに生れた「近世」―戦国大名武田氏の場合―」（柴辻俊六編『戦国大名論集10

武田氏の研究』吉川弘文館、一九八四年。初出一九八〇年）や、山下前掲註（11）で既に指摘されている。
（15）黒田基樹「武田氏家中論」（平山優・丸島和洋編『戦国大名武田氏の権力と支配』岩田書院、二〇〇八年）。初出論文では「無姓の者＝地下人」と考えていたが、黒田氏の指摘を受けて本文のように改めた。
（16）岡山大学池田家文庫等刊行会編『信長記』第八（福武書店、一九七五年）一〇六〜七頁。
（17）先行研究では奥山・大洞を信濃国内に比定しているが、奥山（高根城・久頭郷城、浜松市天竜区）は北遠の国衆・奥山氏の本拠、大洞（同前）はその属城であり、同氏は天正八年九月まで奥山領（信濃との国境地域）を支配していたことが確認できる。詳細は拙稿「総論　戦国期の北遠地域と遠江天野氏・奥山氏」（拙編『論集戦国大名と国衆8　遠江天野氏・奥山氏』岩田書院、二〇一二年）を参照。
（18）丸島和洋「色川三中旧蔵本『甲乱記』の紹介と史料的検討」（『武田氏研究』四八号、二〇一三年）で、史料の翻刻と校訂が行われているので参照されたい。
（19）酒井憲二編『甲陽軍鑑大成』第二巻本文編下（汲古書院、一九九四年）一七五頁。
（20）藤木久志「村の隠物」（『村と領主の戦国世界』東京大学出版会、一九九七年。初出一九八八年）を参照。ただし、山小屋を恒常的に設けられた「村の城」とする評価については、山下氏が否定的な見解を示している。
（21）前掲註（16）『信長記』第十五、四二一〜三頁。家を焼く「降参の作法」については、藤木久志『戦国の作法』（平凡社、一九八七年）を参照。
（22）前掲註（19）『甲陽軍鑑大成』一七七頁。
（23）平山優『天正壬午の乱―本能寺の変と東国戦国史―』増補改訂版（戎光祥出版、二〇一五年。初版二〇一一年）第二章を参照。

（24）　佐藤八郎校訂『甲斐国志』第四巻（雄山閣、一九六八年）二七六頁。

［付記］　本章の論旨を明確にするため、「はじめに」では「山小屋論争」の研究史と、最近の研究動向を加筆した。また本文では、史料解釈を全面的に見直し、新たな事例を追加して初出論文を書き改めた。

第十三章　被官の安堵

―武田領国下の武家奉公人と在地相論―

はじめに

天正十年（一五八二）六月から翌年までの間、徳川氏と北条氏の間で行われた旧武田領国の争奪戦（天正壬午の乱）[1]の最中、甲斐・信濃に入国した徳川氏が武田旧臣に対して発給した安堵状が大量に残存している。そのうち、受給者の知行・名田・屋敷とともに、「被官」を安堵の対象としたものが、管見の限りでは三九点[2]ある（表1№10～48）。

〔史料1〕徳川家朱印状（表1№45）

甲州下条分二貫五百文、屋敷壱貫五百文、境分弐貫文并観音分五百文、名田被官等事、
右本給不可有相違之状如件、

芝田七九郎奉之

天正十年
十二月十二日（「福徳」朱印）

下条主水佑殿

本章の主題は、史料1などの安堵状に見える「被官」文言の意味について検討することである。この問題について

は、勝俣鎮夫氏[3]・下村效氏[4]が既に見解を示している。

表1　武田・徳川氏発給の安堵状における「被官」文言

(1)　武田氏発給文書

No.	年月日	文書名	宛所	文言（安堵内容）	出典	
1	永禄5・3・9	武田信玄判物	小幡尾張入道	新田岩松方被拘来候知行并丹生之地、**在郷之被官**等以下之儀、向後不可有綺候、	野口寛三氏所蔵文書	戦武　七七二
2	永禄13・2・7	穴山信君判物写	万沢主膳亮	遠江守拘来知行名田、并行恩家財、**被官人**等	諸家文書纂九	戦武一五〇三
3	永禄13・3・17	武田信玄判物	小幡弁丸	如父存生之時、云知行云**被官**、永代不可有相違候、	梅島家文書	戦武一五二一
4	元亀4・10・2	武田家朱印状写	松田左衛門尉	殖田新次郎駿州之家屋敷・**被官**等、被相改可有支配	判物証文写	戦武二一八六
5	天正3・2・28	武田勝頼判物写	高田加賀守	父能登守拘来候領知并名田・**被官**・屋敷等	高田家文書	戦武二四六七
6	天正5・⑦・7	武田家朱印状	内田徳千代丸	至于来丙戌年者知行・**被官**等如証文、無異議可請取、	内田家旧蔵文書	戦武二八四〇
7	天正9・5・14	武田勝頼判物写	岡部五郎兵衛尉	任嫡流之筋目、丹波守同心・**被官**并駿遠之知行、悉相渡候、	土佐国蠹簡集残篇四	戦武三五四四
8	天正9・5・25	武田勝頼朱印状写	栗田永寿	被拘来旧領当知行并同心**被官**、聊不可有相違条、	武徳編年集成十九	戦武三五五四
9	天正9・8・5	武田勝頼判物写	孕石主水佐	累年拘来所之知行・**被官**以下、聊不可有相違、	土佐国蠹簡集残篇七	戦武三五九二

(2) 徳川氏発給文書

No.	年月日	文書名	宛所	文言（安堵内容）	出典	
10	天正10・8・3	徳川家朱印状写	佐原午之介	甲州下山郷三百七拾貫、並夫丸五人・**比官**等之事	新編武州古文書上	新徳　七四
11	天正10・8・9	徳川家朱印状	窪田右近助	甲州持丸分弐拾参貫文（中略）三神石田**被官**等之事	窪田家文書	山4　一一七
12	天正10・8・11	徳川家朱印状写	山本弥右衛門尉	甲州甘利上条内拾五貫文（中略）夫丸一人、藤代杉原使郷幷名田・屋敷・**被官**等之事	御庫本古文書纂六	徳　三四〇
13	天正10・8・11	徳川家朱印状写	塚本喜兵衛	甲州手塚内五拾六貫文（中略）国家之内名田・屋敷壱間・**被官**・諸役等之事	譜牒余録後編十六	徳　三四一
14	天正10・8・11	徳川家朱印状	相原内匠助	甲州平瀬之内七十貫文、亀沢之内五拾貫文、幷**被官**・夫丸等之事	金桜神社文書	山4　九一
15	天正10・8・20	徳川家朱印状写	河野但馬	同心四拾五人之分、如前々令還補訖（中略）兼又給分、陣扶持・夫丸・屋敷・名田・**被官人**幷諸役免許等事	弘文荘所蔵文書	徳　三五一
16	天正10・8・21	徳川家朱印状写	駒井右京進	甲斐国千塚内報恩寺分百貫文（中略）西郡郷代官、積翠寺之屋鋪、名田地・夫丸・同心・**被官人**事、	記録御用所本古文書	徳　三五四
17	天正10・8・25	徳川家朱印状写	内藤七左衛門尉	甲州竹井之内しつめ分弐拾五貫文、藤ぬた内拾貫文、幷棟別弐間、**被官**・諸役等之事	旧下小河原村定右衛門旧蔵文書	山4　一五九
18	天正10・9・1	徳川家朱印状写	山本弥衛門尉	同心弐拾人如前々令還補畢（中略）兼又給分・陣扶持・夫丸・屋敷・名田・**被官人**幷諸役免等事	御庫本古文書纂六	徳　三六二

No.	年月日	文書名	宛所	文言（安堵内容）	出典	
19	天正10・9・1	徳川家朱印状写	窪田助之丞	同心三拾五人之分、如前々令還補訖（中略）兼又給分・陣扶持・夫丸・屋敷・名田・**被官人**并諸役免許等之事	記録御用所本古文書	徳　三六三
20	天正10・9・1	徳川家朱印状写	石坂勘兵衛	同心弐拾人如前々令還補畢（中略）兼又給分・陣扶持・夫丸・屋敷・名田・**被官人**并諸役免等事	河野家文書申伝写	甲　二四四九
21	天正10・9・1	徳川家朱印状	荻原甚丞	同心三拾壱人之分、如前々令還補訖（中略）兼又給分・陣扶持・夫丸・屋敷・名田・**被官人**并諸役免許等之事	大野家文書	山5　四七四
22	天正10・9・2	徳川家朱印状写	多田三八	甲州鎮目内百貫文（中略）并**被官**・夫丸・屋敷等事	記録御用所本古文書	徳　三六四
23	天正10・9・7	徳川家朱印状写	大木初千代	甲州西郷筋大木郷之内七貫五百文、中郡紺坐五拾貫文、（中略）并**知行付被官**等、其外名田事、	記録御用所本古文書	徳　三六八
24	天正10・9・15	徳川家朱印状	大森主税	甲州小石和郷七拾五貫文、并夫丸弐人・**被官**之事	斎藤文書	徳　三七三
25	天正10・9・19	徳川家朱印状写	岩間善九郎	甲州市部内五拾貫五百文（中略）棟別七間、門内之諸役免許、信州野溝平田村井庄之内六百俵、名田・**被官**等事	記録御用所本古文書	徳　三七五
26	天正10・9・19	徳川家朱印状写	曾禰松千代	甲州曾禰堀内分、慈照寺寄進共ニ四拾貫文、駿州改替慈照寺分之内十二貫文、并名田・**被官**等之事	家忠日記増補追加八	静8　一五七七
27	天正10・11・3	徳川家朱印状写	加藤五郎作	甲州上萩原之郷弐拾五貫文并夫丸三人、**被官**等之事、棟別諸役免除軍役衆可為同前之事	旧小菅村惣四郎旧蔵文書	山4　一六七六
28	天正10・11・17	徳川家朱印状写	内藤源介	甲州東郡之内増利之郷百五拾貫文、同夫丸壱人、并**被官**等之事	記録御用所本古文書	徳　三九七

29	天正10・11・20	徳川家朱印状写	青沼助兵衛	甲州北条之内定納八拾貫文（中略）並名田・棟別壱間・**被官**等之事	譜牒余録後編十九	徳　三九九
30	天正10・11・27	徳川家朱印状写	斎藤半兵衛	駿州上井出之内弐拾三貫五百文（中略）幷**被官**等之事	譜牒余録二十五	徳　四〇四
31	天正10・12・3	徳川家朱印状写	小田切次太夫	甲州上村之内拾五貫五百文（中略）夫丸壱人、幷名田、**被官**之事	記録御用所本古文書	徳　四一二
32	天正10・12・3	徳川家朱印状写	功刀介七郎	甲州西野分壱貫弐百文、同所壱貫弐百文、下今諏訪之内夫銭七百文、同所棟別壱間免許、幷名田・**被官**等之事	井伊年譜二	徳　四一二
33	天正10・12・3	徳川家朱印状写	河野三郎衛門尉	甲州向山内朝奈分七貫五百文、藤巻内弐貫文幷名田・屋敷・**被官**等之事	旧古関村六郎左衛門旧蔵文書	山4　九一五
34	天正10・12・3	徳川家朱印状写	坂本作右衛門尉	甲州橘沢内三貫文、同内徳分七貫文、亀沢内山之口壱貫五百文幷名田・屋敷・**被官**等之事	坂本家文書	山4　一二八四
35	天正10・12・3	徳川家朱印状	河野靱負	甲州竹居之内種田分拾九貫弐百文（中略）蕎塚之郷棟別壱間免許、其外名田・**被官**之事	坂野秀生氏所蔵文書	新徳　八三
36	天正10・12・9	徳川家朱印状写	窪田助丞	甲州本領江草郷五拾貫文（中略）名田・**被官**・屋敷等事	記録御用所本古文書	徳　四三六
37	天正10・12・9	徳川家朱印状	荻原甚尉	甲州上井尻内七拾五貫文（中略）志田郷夫丸壱人、名田・屋敷・**被官**等事	大野家文書	山5　四七五
38	天正10・12・9	徳川家朱印状写	下条民部丞	甲州小曲之郷百拾壱貫弐百文（中略）河原部被官在之幷**被官**等之事	譜牒余録後編三十三	徳　四四二
39	天正10・12・10	徳川家朱印状写	山本弥右衛門尉	甘利上条内拾六貫六百文（中略）棟別徳役替、幷名田・屋敷・**被官**等事	御庫本古文書纂六	徳　四四六
40	天正10・12・12	徳川家朱印状写	窪田右近	窪八幡内山以下宗覚分幷窪田分拾弐貫文、古上条内手作三貫文、名田・屋敷・**被官**等之事	窪田家文書	山4　一一八

No.	年月日	文書名	宛所	文言（安堵内容）	出典	
41	天正10・12・12	徳川家朱印状写	窪田菅衛門	西郡浮分弐拾弐貫文（中略）夫丸壱人、名田・屋敷・**被官**等事	御庫本古文書纂六	徳　四五〇
42	天正10・12・12	徳川家朱印状写	河野但馬守	万力内弐拾五貫文（中略）并夫丸壱人、名田・屋敷・**被官**等事	弘文荘所蔵文書	徳　四五一
43	天正10・12・12	徳川家朱印状写	志村又左衛門尉	高畠内塩屋分拾八貫文（中略）并名田・屋敷・**被官**等事	御庫本古文書纂六	徳　四五二
44	天正10・12・12	徳川家朱印状写	石坂菅兵衛尉	窪八幡内岩手分拾三貫文（中略）右本給并名田・屋敷・**被官**等	河野家文書申伝写	甲　二四七六
45	天正10・12・12	徳川家朱印状	下条主水佑	甲州下条分二貫五百文、屋敷壱貫五百文、境分弐貫文并観音分五百文、名田・**被官**等事	下条家文書	山4　一四七二
46	天正11・①・14	徳川家朱印状写	大木初千代	甲州大木郷内七貫五百文（中略）泉郷内棟別壱間免許、并名田・**知行付被官**等之事	記録御用所本古文書	徳　四七六
47	天正11・4・21	徳川家朱印状写	中村弥左衛門尉	甲州千塚内手作分九貫文（中略）并名田・屋敷・**被官人**等事	御庫本古文書纂六	徳　五一七
48	天正11・4・26	徳川家朱印状写	八田村市丞	抱来田畠屋敷、如先規定年貢諸役、地頭江令弁済可相抱、并**被官**以下棟別十三間諸役等免許事	八田家文書	山4　七二〇

出典：「山4」＝『山梨県史』資料編4中世1（県内文書）、「山5」＝『山梨県史』資料編5中世2（県外文書）、「静8」＝『静岡県史』資料編8中世4、「徳」＝中村孝也編『新訂　徳川家康文書の研究』上巻（日本学術振興会、一九八〇年）、「甲」＝荻野三七彦・柴辻俊六編『新編甲州古文書』（角川書店、一九六九年）、「新徳」＝徳川義宣編『新修　徳川家康文書の研究』（吉川弘文館、一九八三年）、「戦武」＝『戦国遺文武田氏編』。
各数字は「山」「静」「甲」「戦武」が史料番号、「徳」「新徳」が頁番号。
文言：誤字・旧字などを一部改めた。
年月日：丸数字は閏月。

勝俣氏は徳川氏が発給した文書のうち、二点(表1№23・46)に見られる「知行付被官」について、軍役衆の知行地を媒介とした被官関係＝「下地の被官」であると定義した。彼らは知行地の耕作者として給付・安堵の対象とされ、耕作者の主人という関係が主従関係を成立させたと結論づけられている。

一方、下村氏は、「忰者」を侍身分の階層と下人身分の階層とに区分した上で、史料1に見られるような「被官」を「名田被官」や「被官百姓」、すなわち、名田主に隷属する「非自立的小農＝名子的小百姓」として位置づけている。また、徳川氏がこの時期に発給した安堵状について、土豪自身とその下人である被官・被官屋敷を対象とした、諸役免許状としての性格を持っていたと述べている。

しかし、これらの説は「中世奉公人＝隷属的存在」とする研究の中で展開されたもので、名田等の土地所有論に基づいた主従関係に重点が置かれすぎており、近年の研究動向を踏まえた史料の再検討が必要と考える。

従来の研究では、戦国期の奉公人は村落内に居住し、領主・土豪層に隷属する階層として捉えられることが一般的であった。(5)これに対し、藤木久志氏(6)は、戦国期の武家奉公人＝雑兵を、農閑期の飢えをしのぐために村を離れ戦場で略奪行為を働く「傭兵」と定義し、戦争が民衆にとって重要な生活手段であったという観点から、在地の有力者である土豪層が多くの被官・下人を抱える家父長制が、地域社会の安全保障を担う生命維持システムとしての役割を持っていたことを強調している。

藤木氏の研究以後も、菊池浩幸氏(7)によって、被官を村落社会から切り離された純粋な武家奉公人として位置づけた研究成果が発表されている。また、甲斐を事例とした研究成果では、平山優氏(8)が、戦国期の被官・下人身分は、社会的、経済的理由から主家に附属する存在であり、隷属的ではないと述べている。

ここでは以上の先行研究を踏まえて、戦国期の武家奉公人＝被官をめぐる主人同士の紛争と解決方法のあり方から、当該期の武田領国内部における国衆・土豪層と被官との関係、「家」の維持と大名権力の存在意義について検討していきたい。

一　「契約」と「扶助」

武田氏の分国法「甲州法度之次第」（以下「甲州法度」と略す）には、被官関係に関する規定として以下のような条文（第四条）が存在する。

〔史料2〕甲州法度之次第写（「東京大学法学部所蔵文書」戦武二一八）

一、他国へ結縁嫁、或執所領、或出被官契約之条、太以為違犯之基歟、堅可禁之、若有背此旨輩者、可加炳誡也、

史料2の条文は、他国（武田領国外）の者と婚姻関係を結ぶこと、所領を宛行われること、或いは被官に出る「契約」を結ぶことを禁止したものである。駿河の戦国大名今川氏が制定した「今川仮名目録追加」にも同様の条文（第七条）があり、「甲州法度」よりも詳しく記されているので、併せて挙げておく。

〔史料3〕(9)

一、他国之者、当座宿をかりたるとて、被官の由申事、太曲事也、主従之契約をなし、扶助之約諾の上、証人あるにをいては、被官勿論也、惣別他国の者の事は、約束のごとく扶持せざるに付ては、速に暇をとらすべし、扶持をばせずして、一度契約したるなどゝ、譜代同前の申事は、非分の事也、

史料3も他国の者と被官関係を結ぶ際の規定である。勝俣氏はこの条文について、(10)「見知らぬ者を自分の家に寄宿させたということは、その家の主人（領主）にとって、その人間は自己の家父長的統制下に入ったという観念が強く存

在する」として、家における主人の支配権が領主支配の核になっていたと述べている。

しかし、この条文で重視されていたのは、まず「主従の契約」を結び、「扶助の約諾」をした上で、証人を立てなければ被官として認められなかった点であり、他国の者を雇っていながら扶持を与えなかったり、俄に雇った奉公人を「譜代之者」と称して召し使うことは「非分」として禁じられていたのである。

すなわち、戦国期の東国社会における被官関係が「扶助の約諾」を前提とした「主従の契約」（近代的な契約関係とは異なる）によって成り立っていたことがわかるが、これを武田領国における残存史料から検証してみたい。

〔史料4〕謙室大奕条目写（「永昌院文書」山4四八〇）（前後略）

一、御比（被）官衆年具（貢）等無沙汰之事

年具催促申候処ニ、御陣奉公ニ無手透之由申、致難渋候、雖然国中陣ヘ罷立候者、何も年具無沙汰可申候哉、其内別而孫左衛門尉と申者、大事之夫相勤申候か、去年冬十人、当年も廿人無沙汰申候、年々如是候条、不及料簡候、同者彼百姓前を被取放候而、厳蜜（密）ニ可相勤余人ニ被仰付候ハヽ、可為快然候、

史料4は永昌院の寺領猿橋郷（大月市）で発生した領主（永昌院）と百姓層との紛争について、永昌院の住持謙室大奕が甲斐郡内地域の領主小山田氏に宛てた領中条目で、[11] 百姓側の非分が六ヶ条にわたって記されている長文の文書である。特に第五条（史料4）では、永昌院領内に居住する小山田氏の被官たちが「御陣奉公」（軍役動員）を理由に年貢納入を行っておらず、中でも孫左衛門尉に関しては、「昨年は十人分、今年も二十人分の夫役を不沙汰しているので、彼の「百姓前」を取り上げて、別の者に仰せつけてほしい」と記されている。

ここで注目されるのは、孫左衛門尉をはじめとする小山田氏の被官たちが永昌院領の「百姓前」（名請地）の保持者であり、領主（永昌院）ではなく他の主人（この場合は小山田氏）と被官関係を結んでいたことや、軍役動員を理由とした年

貢の未納や夫役忌避が公然と行われ、領主（永昌院）との紛争の一因になっていたことである。「軍役人之被官」であることや主人・権門の権威を借りた年貢・夫役拒否の問題は甲斐国内だけでなく、信濃国でも公然と行われており、武田領国全体で問題となっていた（「湯沢家文書」戦武三五二七）。彼らがこのような行動をとるに至った背景として、まず主人が被官に対して与えていた扶助の内容について検討する必要があるだろう。具体的な史料は多くないが、一例として次の史料を挙げておく。

〔史料5〕木曾義昌朱印状写（「木曾村々旧記改帳」信16一四九）

朱印
覚

一、このたひ《(度)》いて《(出)》候て、はしりめくり《(走廻)》候ハヽ、ほんゐ《(本意)》のうへ《(上)》、一人に廿俵つゝふちす《(扶持)》へき事、
一、ちうけん《(中間)》ならハかせもの《(悴者)》になし、百しやう《(姓)》ならハちうけん《(中間)》になすへき事、
一、かうミやう《(功名)》候ハヽ、けつけ《(毛付)》幷ねんく《(年貢)》ゆるすへき事、
一、はしりめくり《(走廻)》したひ《(次第)》に、何にてものそみ《(望)》のことくなすへき事、
一、くろさわ《(黒沢)》のうちにこのてはん《(手判)》もち候ハぬもの、ゆミや《(弓矢)》一ミち《(途)》のあひた《(間)》おくましきの事、以上、

朱印

天正十二年甲申
卯月二日

くろさわの郷中へ

史料5は天正十二年（一五八四）に信濃の国衆木曾氏が領内の民衆に対して発した動員令である。ここでは戦功に応じて、一人二〇俵の扶持米給付（第一条）、「悴者」「中間」への登用（第二条）、年貢免除（第三条）などが提示されている。

「悴者」「中間」とは下級の武家奉公人を指し、「侍」身分の中では最下層に位置づけられている。[12] 彼らは平時には在地に居住して耕作を行い、地頭に対する年貢納入義務を有する一方、軍事動員に応じることで、領主から扶持を与えられたり、年貢・夫役等を免除されていたのである。

彼らは主人からの扶助としてこうした特権を与えられていた。永昌院領の事例は主人（軍役奉公の対象）と領主（年貢納入の対象）が同一でない場合であり、領主側と被官との間で扶助に対する認識の相違が生じたことが、史料4で挙げた相論の一因になっていたのではないだろうか。

二　被官の人返しをめぐる諸問題

武田氏が発給した人返状には、百姓に関するものと、被官などの奉公人に関するものとに大別される。このうち、武田領国における百姓の人返しについては、利根川淳子氏[13]・関口明氏[14]らの研究成果が近年発表されている。利根川氏は「被官は主従関係を、下人は所有権者であることを根拠とした召返しが行われており、一方、百姓の人返しは、その知行地の領主層を対象としたものであり、安堵した知行地の収取保障が目的であった」と述べている。また関口氏は、武田領国における欠落人の召返しと「甲州法度」の関連について検討している。

しかし、被官に関する人返しの事例（表2）を見る限りでは、人返状の発給の背景には、百姓や下人とは異なる要因があるように思われる。そこで本項では、被官をめぐる相論と人返しの具体的事例について考察していきたい。

〔史料6〕武田家朱印状（表2№12）

定

就于其方被官ⓐ軍役退届（屈）令闕落、叨致他所徘徊之由、ⓑ早断当主人可召返、ⓒ若有申旨者、被聞召届、重而可被加御下
知之趣、所被仰出也、仍如件、

天正四年丙子

五月十二日（竜朱印）　跡部大炊助奉之

小林美濃守殿

被官を対象とした人返状に見られる特質として、以下の四点が挙げられる。

一つ目は、対象者を召返すにあたって提示された根拠（史料6傍線部ⓐ）で、多くが「軍役退屈」（軍役忌避）によるものである。こうした「軍役退屈」による欠落の発生に関しては、柴辻俊六氏(15)・峰岸純夫氏(16)が既にそれぞれの見解を述べている。柴辻氏は武田氏による過重な軍役賦課、峰岸氏は村落側の階級闘争を原因として取り上げているが、これについても、当時の社会状況から見た上での再検討が必要と考えられる。

戦国期の武田領国では、被官の相次ぐ欠落や、大規模な軍事動員による過重な軍役負担のため、大名への軍役を勤めていた給人層が、従来非戦闘員として扱われていた人々（百姓・職人・禰宜・夫丸等）を兵の穴埋めとして従軍させ

表2　被官・奉公人に関する武田氏発給の人返状

No.	年月日	文書名	宛所	国名	対象	召返しの根拠	当主人	再審	出典	
1	弘治2・6・28	武田家朱印状	大須賀久兵衛尉	信濃	被官	五ヶ年の間に他所へ罷り出た者	○	○	大須賀家文書	五〇二
2	永禄5・2・8	武田家朱印状写	大井左馬允入道	信濃	被官	**軍役退屈**	×	×	武州文書四	七六九
3	永禄5・3・24	武田家朱印状	大須賀久兵衛尉	信濃	被官	**法意**、他所徘徊	○	○	大須賀家文書	七七四
4	永禄7・5・26	武田家朱印状	小山田弥三郎	甲斐	都留郡之者	分国において意趣なく主人と**契約**した者	○	○	小山田家文書	八九三

5	永禄8・3・14	武田家朱印状写	赤見山城守	上野	被官	信州徘徊	○	○	松城藩士系譜抄	九三二
6	永禄11・6・12	武田家朱印状写	赤見山城守	上野	あんせん他被官16人	赤見の被官に間違いないこと	×	×	松城藩士系譜抄	一一八〇
7	元亀4・10・5	武田家朱印状写	奈良井治部少輔	信濃	木曾谷中男女	他所徘徊	○	×	木曾考	二一八七
8	天正2・⑪・3	武田家朱印状写	出浦主水佐	信濃	被官	**軍役退屈**、他所徘徊	○	○	君山合編	二三九三
9	天正2・⑪・19	武田家朱印状	神長官（守矢信真）	信濃	被官	在所退出、他所徘徊	○	○	守矢家文書	二三九八
10	天正3・2・22	武田家朱印状	鎌原筑前守	信濃	被官	他所徘徊	○	○	伏島家文書	二四六四
11	天正3・10・29	武田家朱印状	土居武右兵衛尉	不明	被官	**軍役退屈**、他所徘徊	○	○	穴八幡神社文書	二五四四
12	天正4・5・12	武田家朱印状	小林美濃守	上野	被官	**軍役退屈**、他所徘徊	○	○	小林家文書	二六四九
13	天正4・8・24	武田家朱印状	小笠原弾正少弼	信濃	家中之男女	他所徘徊	○	○	深沢家文書	二七一一
14	天正4・11・11	武田家朱印状	神尾惣大夫	信濃	被官	**軍役退屈**、他所徘徊	○	○	神尾家文書	二七四二
15	天正5・8・23	武田家朱印状	加津野市右衛門尉	甲斐	被官	先代の次郎右衛門尉が討死まで召し使っていた者	○	×	木村家文書	二八五九
16	天正7・11・21	武田家朱印状	安東織部佑	駿河	知行付之被官	**軍役退屈**、徘徊	×	○	高橋義彦氏所蔵文書	三二〇一
17	天正8・3・18	武田家朱印状	赤津中務少輔	駿河	家中之貴賤	**軍役退屈**、徘徊	○	○	竜雲寺文書	三二八七
18	天正8・③・23	武田家朱印状写	小菅摂津守	不明	被官	他所徘徊、**御国法**	○	×	武将文苑	四二八七

当主人：「当主人」の存在が明記されているもの。
再　審：武田氏による再審規定が記載されているもの。
出　典：『戦国遺文武田氏編』。数字は史料番号。
年月日：丸数字は閏月。

る事態が多発していた（詳細は第十二章を参照）。

軍役衆である主人は、大名から定納貫高に基づいた軍役を賦課されていた(17)。同様に、従軍させるべき兵＝被官の人数も当然大名側に把握されていたと考えられる。つまり、被官が欠落するということは、いかなる理由にせよ軍役奉公の義務を放棄したことになり、大名側としては「軍役退屈（軍役忌避）」によって逃亡した、という論理になる。また、被官の欠落は、大名（武田氏）の軍事動員体制に重大な影響を及ぼすことになるため、当然追及すべき問題になるのである。

さらに、戦国期の在地社会において被官が置かれていた状況を考えれば、以下のような図式が成り立つと考えられる。先に挙げたように、被官は平時は農耕に従事しており、戦場に行くことによって農耕の働き手を奪われるわけであるから、これに対する何らかの補償が必要になってくるのは当然だろう。

すなわち、土豪層に比べて経済的基盤の弱い階層は、地頭と「主従の契約」を結び、戦場に出る代わりに「扶助」を得て生活を維持していたと考えられるが、永禄期以降の度重なる軍事動員によるいわば間接的な被害、また戦乱や災害等による直接的な被害を受けることによって、経済的に破綻し、その結果、逃亡・徘徊、他家との「主従の契約」、あるいは下人への転落という図式が生じたのではないだろうか。「軍役退屈」で欠落した者に対する人返状が、信濃・上野・駿河など、武田領国内における占領地＝「境目」地域に多く発給されていることも(18)、この説を裏づける根拠になると考えられる。

二つ目は、人返しに際して「当主人」（現在の主人）の許可が必要だった点である（史料6傍線部ⓑ）。先ほどの謙室大奕条目（史料4）の第六条を例に挙げると、以下のようになる。

〔史料7〕謙室大奕条目写（「永昌院文書」山4四八〇）（前後略）

一、愚僧比官《被》之事
領中ニ従前々四五人御座候、於其元ニ似相之用所申付候条、公界之御普請已下、御赦免奉頼候、其内九郎四郎と申者、拙子ニハ如何共不申届而、御比官ニ罷出候、従本出家之比官者無用所候得共、一往返被下候而、其上愚拙致指南、御比官ニ出可申候、此旨少も偽申間敷候、只外聞迄候、

ここでも、住持謙室大奕の被官であった九郎四郎が、大奕に断りなく勝手に小山田氏の被官になってしまったことが問題にされている。ただし、謙室の言い分として、「一旦は返して欲しい。こちらで指南した上で、改めて（小山田氏の）御被官に出す」とあるように、元の主人の許可があれば、被官が奉公先を変えることは自由であり、ここで謙室が問題としているのも、九郎四郎が無断で小山田氏の被官となった点にあった。

近年の研究動向では、戦国社会において、被官化は自らの地位・財産の保障や、自らが属する共同体内での優位性を保持するために行われた重要な行為であったとされている[19]。従って、彼らがより良い奉公先を求めて「本主人」の元を去り、別の主人に仕えるということが頻繁に行われ、それが「本主人」と「当主人」の間で被官の帰属をめぐる相論を発生させ、次項で述べるような、被官を対象とした安堵状発給の要因になっていたのではないかと考えられる。

三つ目は、人返状の発給に際して、他の者が異議を唱えた場合は、大名側が改めて下知をすると規定されていた点である（史料6傍線部ⓒ）。

例えば、上野国衆の赤見山城守の被官をめぐる相論では、永禄八年（一五六五）に信州国内で徘徊している赤見の被官を現在の主人（当主人）に断り召し返すよう指示が出された（表2№5）。また、三年後の永禄十一年にも再度人返状が発給されており、欠落した赤見の被官一六人の名とともに「これに間違いがなければ前々の如く召し使うべし」と記されている（表2№6）。

この状況から、先に大名（武田氏）の裁定（人返令）によって赤見の主張が認められ、現在の主人との間で逃亡した被官の所有権に関する交渉が行われたにも拘わらず、当事者間では解決できずに、再び大名の裁定が行われたことが明らかになった。また、ここでも「国法」である「甲州法度」の第十五条・第十六条が厳密に適用されていたことがわかる。

〔史料8〕甲州法度之次第写（「東京大学法学部所蔵文書」戦武二一八）

一、（第十五条）譜代被官他人召仕之時、本主見合搦之事、停止之畢、断旨趣而可請取之、兼又主人聞伝、相届之処、当主領承之上、令逐電者、以自余者壱人、可弁之、奴婢雑人之事者、無其沙汰過十ヶ年者、任式目、不可改之、

一、（第十六条）奴婢逐電之後、自然於路頭見合、欲糺当主人、本主私宅へ召連之事、非法之至也、先当主人之方へ可還置、但、依境遥、其理遅延之事、五三日迄者、不苦歟、

すなわち、先に挙げた赤見の例は、「他人に仕えた被官や奴婢を元の主人が見つけても、すぐにこれを連れ帰ることを禁止する、まず今の主人の元へ返すこと」という条文の内容と一致するものである。こうした事例は「塵芥集」[20]（第二十七条）や「今川仮名目録」（第五条）など、他大名の分国法にも見られることから、戦国社会における慣習法であったと考えられる。

〔史料9〕武田家朱印状（表2No.3）

（竜朱印）

其方被官他所令徘徊者、任法意、当主人幷地頭へ再三相理、可召返、若有難渋之人者、早々可及注進、任道理可加下知者也、仍如件、

（永禄五年）壬戌

三月廿四日

大須賀久兵衛尉殿

史料9は弘治二年（一五五六、表2No.1）に続き、六年後の永禄五年に大須賀久兵衛尉に対して再度発給された人返状である。ここでは人返状発給の根拠として「法意」が挙げられており、「国法」に基づいた人返しを行う旨が示されている。[21]また、これに対して難渋を申し出た者があった場合、「道理」に基づいた再審を行うと記されている。

史料9が発給された際に召返しの「道理」（根拠）となっていたのは、「甲州法度」や「今川仮名目録追加」等の分国法で明らかなように、逃亡した被官が「本主人」に代々召し使われている者（譜代の被官）かどうかという点にあった。分国法の条文に記述があるということは、こうした事態が武田領国内の至る所で起こっていたことを表しているといえる。恐らく「本主人」は、大名から発給された人返状を「当主人」に提示し、自分の奉公人であることを証明した上で、被官の引き渡しを求めたのであろう。[22]しかし、それでも「当主人」が納得しない場合のことを想定して、解決しない時は大名による再審を行う旨が明記されたのだと考えられる。

赤見山城守の被官をめぐる相論からもわかるように、自家から逃亡した被官を「自力」で連れ戻そうとする元の主人（本主人）と現在の主人（当主人）との争いに対して、大名側は解決するまで何度も介入し、給人同士の紛争を回避することで、その権益を擁護していたのである。

三　被官安堵の社会的背景

本節では、前節で検討した被官の「契約」と人返しの特質を踏まえて、本論の主題である、戦国大名が給人に対して被官を安堵することの意味について考える。

〔史料10〕武田勝頼判物写（表1No.9）

定

和泉守及三ヶ年高天神籠城、剰戦死誠忠功之至令感畢、仍累年抱来所之知行被官以下、聊不可有相違、然則継其武勇、可被抽忠節奉公儀、可為肝要者也、仍如件、

天正九年辛巳

八月五日　勝頼　判

孕石主水佐殿

史料10では、天正九年（一五八一）三月の高天神落城の際に戦死した孕石和泉守（元泰）の戦功を賞し、子の主水佐に父の知行・被官などを継承させている。

武田氏が発給した安堵状では、史料10のように家督相続の際、特に当主が戦死し、その跡を継いだ者に対して相続を安堵した場合に「被官」の文言が多い(23)（表1No.1～9）。これをより詳細に把握するため、同様の状況下で発給された文書の内容を基に検討したい。

〔史料11〕武田家朱印状（表2No.15）

定

一、名跡相続之上者、家屋敷可為其方計事、

付、家財下女等之事者、加津野老母息女支配ニ可被申付之事、

一、次郎右衛門尉討死之砌迄召使候被官、何之人契約候共、当主人へ相断可被召使之事、

一、次郎右衛門尉老母隠居分拾貫文、至没後可被相計之事、
具在前、
天正五年丁丑
跡部大炊助
奉之
八月廿三日（竜朱印）
加津野市右衛門尉殿

加津野市右衛門尉（昌春）は真田幸綱の子で、天正三年の長篠合戦で次郎右衛門尉が戦死した後に加津野家の名跡を継いだ人物である（「木村家文書」戦武二八六四）。相続に際して発給された文書（史料11）の第二条では、先代の次郎右衛門尉が召し使っていた被官を、現在他の者と「契約」していようとも、現在の主人の許可を得た上で召し返すよう命じている。

史料11が発給された段階では、次郎右衛門の被官たちは主人の戦死によって加津野家を去り、他の主人（当主人）に奉公していたことがわかる。すなわち、第二条は先代からの被官（譜代被官）であることを根拠とした、人返状の内容を含むものであったと言えるのである。

次に、武田氏滅亡直後の状況について見ていきたい。天正十年三月の織田軍の侵攻による武田氏滅亡から、同年六月の本能寺の変による織田権力の崩壊を経て、翌年に徳川氏の支配権が確定するまでの期間、旧武田領国は徳川氏や北条氏等の周辺諸勢力が錯綜し混乱の極にあった。このような状況の中で、領国内の民衆が大量に逃亡したことは、武田氏滅亡後、織田氏による還住令が大量に出されていること(24)からも容易に想像できるだろう。さらに興味深いことに、北条氏も徳川氏と同時期に、武田旧臣に対して被官の召返しを命じている。

〔史料12〕北条家朱印状（「渡辺泉氏所蔵文書」戦北二三四九）

郡内江指越間、早々罷移、前々之被官共、又因之者をかり集、相当之可致忠信候、猶郡内大小人共ニ安泰ニ可有之候、恩賞者可任先規候、又此なミ合忠信至于深重之輩者、可任望候、就中始曾禰一端(旦)甲苻(府)へ出入儀、更不苦子細候、様子始中終口上ニ申含候、仍如件、

(天正十年)午(虎朱印)
六月十五日　　幸田　奉之
渡辺庄左衛門尉殿

旧武田領国をめぐる争いの最中にこのような文書が徳川氏・北条氏の双方から出された背景には、被官を含めた給人の軍事力の確保が目的であったと考えられる。この背景には、大名(武田氏)の滅亡によって給人層の土地支配権が動揺した結果、給人側の要請により改めて知行地の安堵が行われたのと同様に、戦乱で被官が逃亡したことによって主人の被官に対する人的支配権が動揺したため、主人(給人)側がその保障を大名に求めたことが挙げられる。すなわち、被官の安堵は人返状と同等の意味を持つものであったといえるだろう。同様に、天正十一年以降に発給された徳川氏の安堵状に被官文言が見られなくなったのは、徳川・北条両氏の同盟が成立し、徳川氏の甲斐支配が確定したことによって、在地の混乱、特に被官の帰属をめぐる争いも一応収まったからではないだろうか。

武田氏の場合、安堵状の発給形式はほとんどが当主の判物であり、受給者も寄親クラスの上級家臣が大部分を占める。一方、天正十年の武田氏の滅亡後甲斐に入った徳川氏が武田旧臣に対して発給した安堵状で特徴として挙げられるのが、同時期に大量発給された事情はあるものの、すべて朱印状の形式をとっていること、その対象が土豪クラスの下級家臣にまで拡大されていることである。

すなわち、武田氏が家督相続の際に発給していた安堵状の中に被官文言が存在したのも、当主の戦死による家中の

動揺、特に新たな「主従の契約」を抑制するためであったと考えられる。

おわりに

戦国期の被官関係とは、軍事動員等の「奉公」と経済的な「扶助」という関係によって結ばれた、主人と奉公人の「契約」（近代的な契約関係とは異なる）が主軸となっていた。しかし、被官関係を結ぶかどうかという選択権は主人側だけでなく、被官化を生活の手段とする奉公人側にもあり、その関係は錯綜し不安定なものであった。その結果、戦乱や災害、さらには領主交替等の社会的要因によって新たな「主従の契約」が行われ、被官に逃げられた旧主人（本主人）と現在の主人（当主人）との間で、被官の主人権をめぐる相論が多発する原因になっていた。

次に被官をめぐる相論が発生した場合、大名は旧主人側の要請によって人返状や安堵状を発給し、旧主人の許可を得ていない勝手な「契約」を「国法」違犯として規制する立場にあった。その際に召返しの根拠となったのが、相論の対象となった者が「譜代被官」か否かという点であった。これらの人的保障は、主人側にとっては定められた軍役を果たすために必要なことであり、大名側にとっても軍事力の維持、すなわち兵の確保のために必要なことであった。言い換えれば、戦国大名の軍事力は、主人とその被官の「契約」という不安定な関係によって形成された、個々の「家の武力」によって支えられていたということになる。

すなわち、軍役衆である給人にとっては、知行地の安堵が大名による土地支配権の保障であるのと同様に、被官の安堵は人的支配権の保障であり、自らの「家の武力」を維持するための重要な手段であったといえる。

註

（1）平山優『天正壬午の乱―本能寺の変と東国戦国史―』増補改訂版（戎光祥出版、二〇一五年。初版二〇一一年）を参照。
（2）初出論文で挙げた三八点に、荻原甚丞（表1№21）を追加した。
（3）勝俣鎮夫「下地の被官について」（『戦国時代論』岩波書店、一九九七年。初出一九八五年）。
（4）下村效「忰者考―結城氏新法度をめぐって―」（『日本中世の法と経済』続群書類従完成会、一九九八年。初出一九八八年）。
（5）安良城盛昭「太閤検地の歴史的前提」（『日本封建社会成立史論』上、岩波書店、一九八四年。初出一九五三年）、村田修三「兵農分離の歴史的前提」（『日本史研究』一一八号、一九七一年）、永原慶二「大名領国制下の農民支配原則」（『戦国期の権力と社会』東京大学出版会、一九七六年）など。
（6）藤木久志『雑兵たちの戦場―中世の傭兵と奴隷狩り―』（朝日新聞社、一九九五年）。西股総生氏も、侍層に従って戦闘に参加する戦国期の被官（足軽・雑兵）について、必要に応じて徴用された非正規雇用兵であったことを指摘している（『戦国の軍隊』〔学研パブリッシング、二〇一二年〕第六章「侍と雑兵」）。
（7）菊池浩幸「戦国期人返法の一性格―安芸国を中心として―」（池上裕子・稲葉継陽編『展望日本の歴史12　戦国社会』東京堂出版、二〇〇一年。初出一九九三年）。
（8）平山優「戦国・近世初期の被官・下人について―主家と被官・下人争論の検討を中心に―」（『史苑』五九巻二号、一九九九年）。
（9）『中世政治社会思想　上』（岩波書店、一九七二年）二〇二頁。
（10）同右、四五四頁。

(11)　条書の内容は、長谷川幸一「武田領国における寺院の存在形態—永昌院文書「謙室大益条書写」の検討を中心に—」(柴辻俊六編『戦国大名武田氏の役と家臣』岩田書院、二〇一一年)で詳細に検討されている。

(12)　前掲註(9)四六一〜四六二頁。

(13)　利根川淳子「戦国大名武田氏の人返—百姓を中心に—」(『栃木史学』一七号、二〇〇三年)。

(14)　関口明「武田氏領における「人返」—甲州法度の事例を通じて—」(『駒澤大学史学論集』三五号、二〇〇五年)。

(15)　柴辻俊六「武田領の人返し法」(『戦国大名領の研究—甲斐武田氏領の展開—』名著出版、一九八一年。初出一九七六年)。

(16)　峰岸純夫「身分と階級闘争—戦国時代の東国を中心に—」(『中世の東国—地域と権力—』東京大学出版会、一九八九年)。

(17)　湯本軍一「戦国大名武田氏の貫高制と軍役」(柴辻俊六編『戦国大名論集10　武田氏の研究』吉川弘文館、一九八四年。初出一九七七年)。

(18)　利根川氏は「塵芥集」を例に引いて、主人の許可なく身売りした場合、「自らを盗む行為」として窃盗罪に問われると述べている(前掲註13)。特に、境目等の紛争地域では、軍勢による「人狩り」や人身売買が横行しており(藤木前掲註6)、こうした事例は恒常的に起こっていたと考えられる。

(19)　池上裕子「戦国時代の位置づけをめぐって」(『戦国時代社会構造の研究』序章、校倉書房、一九九九年)。

(20)　前掲註(9)二一四頁。

(21)　被官の召返しを、「御国法」に任せて行うよう定めた事例も存在する(表2№18)。

(22)　則竹雄一氏は、北条氏が人返状を発給する際に欠落先を具体的に把握していた背景として、欠落者が元の在所へ帰村することを望みつつも、欠落先の領主・代官がそれを認めず帰村を拒否したために、人返状の受給者が欠落先を明らかにした上で、大名権力の承認を得て帰村を実現させようとしたことを指摘している(「大名領国境界領域と戦争」『戦国大名領国の権力構造』吉川弘文館、二〇〇五年。初出一九九九年)。武田領国の場合、人返状で具体的な逃亡先は明記されていないが、前述の赤見山城守の事例から、「本主人」と「当主人」が被官の帰属をめぐり、長期間にわたって争っていたことは十分に考えられる。なお、初出論文では「「本主人」が奉公人や百姓の居場所を自力で突き止めていたのか、大名の情報収集能力に依拠していたのかは不明」としたが、則竹氏の見解を受けて、註を本文のように改めた。

(23) 他に岡部五郎兵衛尉・栗田永寿の両名が、天正九年三月に高天神城で戦死した父の知行・同心・被官等を武田氏から安堵されている(表1№7・8)。

(24) 奥野高広編『織田信長文書の研究　下巻』(吉川弘文館、一九七〇年)九九三〜九九六、九九八〜九九九、一〇〇一〜一〇〇三、一〇一七、一〇一九〜一〇二一、一〇二三、一〇三〇〜一〇三一、一〇三三、一〇三六〜一〇五〇号。

終章　領国支配から見た戦国大名武田氏の歴史的意義

本書では、戦国大名武田氏の領国支配に関する諸問題について、各章で分析を試みた。ここではその要点をまとめ、最後に本書の結論を述べていきたい。

一　武田領国の支配構造

第一編「武田氏の検地」および第二編「武田領国における公事」では、戦国大名武田氏の検地と公事（諸役）について考察し、領国支配に関する基礎的事項を明らかにした。

1　検地と蒔高制

戦国大名が行った重要な施策の一つに、貫高制に基づく軍役・知行役の賦課が挙げられる。(1)戦国大名が自らの支配領域（国家・惣国・分国）を維持するためには、国衆や軍役衆に軍役を賦課し、その基準を定量化することが必要であった。武田氏の場合は、郷村の定納高（高辻から不作分や必要経費などを差し引いた額）が軍役賦課の基準とされており、この定納高を把握するために実施されたのが検地であった。

これまで研究対象とされてきたのは、永禄六年（一五六三）に甲斐の恵林寺領（甲州市）で実施された検地のみであったが、本書では武田氏の検地事例を網羅した上で、検地の形態には、給人・寺社・郷村などから指出を提出させる場合、武田氏が検使を派遣して改めを行う場合、実際に検地を実施する場合の三種類があったことを確認した（第一章）。また、武田検地の具体的な事例として、永禄十一年に信濃国佐久郡の上原筑前守知行地（瀬戸郷・日村郷、現在の佐久市）を対象として作成された検地帳（第二章）、天正七年（一五七九）に諏訪大社上社の神長官守矢氏の知行地（伊那郡御園郷、現在の南箕輪村）を対象として作成された「神長殿知行御検地帳」（第三章）について、それぞれ分析を行った。

武田領国において、検使による改めの初見は天文十六年（一五四七）に制定された「甲州法度之次第」(2)（以下「甲州法度」と略す）、「検地」文言の初見は永禄六年の恵林寺領検地である。北条氏の検地の初見は永正三年（一五〇六）、今川氏の検地の初見は永正十五年であるから(3)、現在確認できる武田氏の検地実施年代は、近隣の戦国大名に比べて五〜六十年も遅いことがわかる。ただし、恵林寺領検地では踏出（増分）が見られるため、永禄六年以前に武田氏が検地を実施した可能性もある。

また、武田検地の最大の特徴は、蒔高で面積を把握し、上中下の等級をつけて郷村の貫高を算出していた点にある。北条氏・今川氏など他の戦国大名が実施した検地や、豊臣政権が実施した検地（太閤検地）は基本的に町反歩制（戦国大名検地は一反＝三六〇歩、太閤検地は一反＝三〇〇歩）であり、戦国・織豊期に蒔高制を採用した領域権力は戦国大名武田氏と、その領国の一部（信濃国上田領・上野国沼田領）を継承した真田氏しか見られない（第四章）。

従来の研究史では、戦国大名検地は指出検地（領主や郷村からの申告）、太閤検地は丈量検地（縄打・竿入による実測）とする見解が一般的であった。一方、近年では戦国大名北条氏の検地も丈量検地と評価されているが(4)、武田氏の検地も耕地の面積だけでなく実際の状況（耕地の年貢賦課基準）を詳細に把握しており、一種の丈量検地として評価できる。武田氏は統一的基準による貫高制を成立させ、これに基づいて年貢収取や軍役・知行役の賦課などを行っていたが、その根本には蒔高制による耕地面積の把握（検地）があったといえる。

2 武田領国における公事

もう一つ、戦国大名の領国支配を考える上で重要な視角の一つとなるのが、公事（諸役）の存在である。武田氏が賦課した諸役については、棟別単位で賦課される棟別役（棟別銭と普請役）、耕地単位で賦課される田役（田地銭と普請役）の他に、徳役・商役など特定の階層に賦課される役があった。棟別銭や田地銭などの役銭は武田氏の主要な財源であり、給人・寺社領を問わず、領国全体から徴収されていた（第五章・第六章）。また、領国内の人々が従事する役としては、通常の「棟別役の普請」や「田地役の普請」の他に、「惣国一統の普請」などと呼ばれる「国役」があった（第七章）。すなわち、戦国期の武田領国では、耕地と棟別を単位とする諸役賦課体制が敷かれており、武田氏は領国内の郷村あるいはそれを構成する家を税制の基盤としていたことがわかる。

武田氏の棟別役は信虎期から賦課されていたが、晴信（以下、信玄で統一）が家督を継いだ直後の天文十一年に「棟別日記」の作成を開始し、天文十六年に「棟別法度」（「甲州法度」のうち棟別銭に関する条項）を制定することで、棟別役の賦課体制が成立した。なお、天文十八年の「徳役銭」賦課に棟別銭の起源を求める見解もあるが[5]、本書（第五章・第十章）で検討したように妥当ではない。

続く弘治年間（一五五五〜八）には、戦乱・災害・郷村社会の変化など、領国内の状況に対応して「棟別法度」の原則を変更し、税制改革を行っている。また永禄初年には、役銭に属する棟別銭と、夫役に属する押立公事・普請役を統合し、棟別を単位として賦課する体制が確立した。なお、北条氏は天文十九年に税制改革を行っており[6]、武田氏もほぼ同時期に領国内の税制改革を推し進めたことがわかる。ただし、武田氏の税制は北条氏・今川氏と大きく異なり、特に甲斐・信濃では段銭（反銭）を徴収していない点が特徴的である（第六章）。

その一方で、武田領国内の国衆であった甲斐の穴山氏（河内領）・小山田氏（郡内領）も諸役の免許を行っており[7]、両氏が諸役を賦課していたことが確認できる。これについては既に黒田基樹氏が[8]、国衆や地頭（領主）も自領内で大名とは別個の諸役賦課権を有し、諸役の賦課・免許は戦国大名固有の権限ではないことを指摘した通りである。

むしろ、武田氏の諸役賦課体制の意義は、戦国大名（武田氏）が国衆領や給人知行地・寺社領を超える領域権力として、支配領域（国家・惣国・分国）に対する諸税（棟別銭や田地銭）や夫役（普請役など）を賦課する権限を有していた点にある。また、戦国期には信虎の段階で寺社の「検断不入」は剥奪され、新たな不入権（諸役免許）が設定される一方で、諸役免許の代償として武田氏への奉公（合戦への参陣や職人の細工、寺社の祈禱など）が義務づけられ、武田氏の支配体制の下に組み込まれていった（第五章）。このように不入と諸役賦課の事例を見ても、守護段階と戦国大名段階では、武田氏の領国支配構造が大きく異なっていた点を指摘できる。

3　検地と諸役賦課の関連性

また、従来の研究において検地と公事（諸役）は別個に捉えられてきたが、検地では棟別役・田役の賦課基準となる屋敷・耕地の把握も行われていた。永禄期の恵林寺領検地では既に指摘されているように、恵林寺領内の各郷村が負担すべき諸役を武田氏が把握しているほか、天正期の「神長殿知行御検地帳」でも「公方」（武田氏）への棟別役が明記され、棟別役賦課の基準となる屋敷地が武田氏に把握されている（第三章）。また、田役も耕地を基準とする以上、検地による耕地面積の把握は不可欠であった。従って、武田氏による検地と諸役賦課は全く別個のものとして捉えられていたのではなく、在地側の状況をより正確に把握するための手段として密接に関わっていたことがわかる。

このように、武田氏は指出や検使派遣による郷村改め、検地などを実施することで、軍役賦課の基準となる郷村の定納高を可能な範囲で把握していくとともに、棟別役や田役など「一国平均役」の賦課を通して、地域権力としての地位と税制を確立していった。しかし、その基盤は領国内の村・町などに依拠しており、「兵」の供給源と重複するが故に、矛盾を発生させる要因にもなった。すなわち、武田氏の検地と公事（諸役）は、常時戦争状態にあった戦国大名領国下において、軍事動員とも密接に関わっていたのである。

二　地域社会から見た戦国大名武田氏

では、武田氏は支配領域（国家・惣国・分国）内の諸問題にどう対応し、公権力（公方・公儀）としての支配の正当性を獲得していったのか。第三編「武田氏の経済政策」および第四編「武田領国下の民衆と軍事動員」では主に、経済と軍事の問題を中心に検討した。

1　武田氏の経済政策

第八章では、武田氏が制定した「甲州法度」の条文で最も多い借銭・借米（以下、借銭に統一）条項に注目した。「甲州法度」は従来の研究史で、隣国の駿河今川氏が大永六年（一五二六）に制定した「今川仮名目録」を踏襲したものと見なされてきた。一方、本書では「甲州法度」五十七ヶ条のうち、妻帯役に関する条文を除く二十五ヶ条と、残りの追加三十二ヶ条（天文二十三年（一五五四）に追加された二ヶ条を含む）を検討した結果、「甲州法度」の内容を以下のように評価した。

まず二十五ヶ条は、給人の所領問題や訴訟を中心とした、武田氏の「家中の法」である。これらの条文は給人同士の「自力」による紛争解決を規制し、当主への「披露」を経て、武田氏の裁許を受ける体制を明確化したものとして評価できる。一方、追加された三十二ヶ条は、地頭との相論の際に百姓側の義務・権利に言及している点や、棟別役などの諸役納入に関する規定がある点など、明らかに領国内に居住する者全体を対象とした「領国の法」である。これらは、二十五ヶ条で制定された条文だけでは紛争解決への対応ができないため、追加法として制定されたものと位置づけられる。特に、十四ヶ条ある借銭条項＝「借銭法度」は、武田氏が「今川仮名目録」等の他の分国法とは異なる独自の形で成文化したものであった。

この背景には、戦乱や災害で武田領国内の給人・百姓層が困窮し、借銭を重ねていた当時の社会状況の他に、武田氏の「御蔵」を管理し、その米銭で金融活動を行う「蔵主」の存在があった。武田氏は寺社や富裕層が地域社会で行っていた金融活動に着目し、彼らに対して徳役（徳銭役）を賦課していた（第十章）。

また、武田氏が実施した惣徳政は大永八年に信虎が発令した一例だけであり、信玄・勝頼期の武田氏は基本的に、領国内で発生した徳政状況を「国法」に背く「私徳政」として抑圧する立場をとっていた（第九章）。すなわち、富裕層は武田氏の経済基盤として位置づけられており、武田氏は領国内で発生した「私徳政」を抑圧する一方で、「借銭法度」を制定することによって、「自力」による紛争解決を規制し、自らの権力基盤である給人・百姓層や「蔵主」などの権益を保護することで、「国家」（大名領国）を支配する公権力として、自らの正当性を確立していった。武田氏が徳政令を発しなかったのは領国経済の安定と経済基盤の確保という理由からであり、以上の状況から、領国内の秩序維持を担う戦国大名権力の存在意義を見出すことができる。

2 武田領国の民衆と軍事動員

戦国期は村落内部における旧来の本在家が再編され、新興の百姓層が登場した時代であった。戦国大名武田氏は、その中から一部の有力者を軍役衆として編成し、彼らは名請地の一部を知行地（恩給地）として宛行われる代わりに武田氏に対して軍役奉公を行っていた（第十一章）。武田氏は地域権門（国衆・有力寺社など）による地頭（領主）支配を認める一方で、数十貫文単位の知行地を持つ者から、甲斐の恵林寺領で見られたように数軒で在家役を勤める者まで、郷村に居住する様々な階層と被官関係を結び、名請地の一部を「恩地」として宛行うことで、彼らを軍役衆として直接掌握していったと考えられる。このように、在地の勢力を新たな軍事力の担い手として編成した点は、武田氏が戦国大名化した画期の一つとして評価することができる。

その一方で、軍役衆も惣百姓と同じく、地頭（領主）に対して年貢・公事納入義務を負い、武田氏への軍役奉公の有無によって異なる扱い（踏出の全額免除か一部免除か）を受けていたに過ぎず、特に村落内の有力層の中では経営規模や身分の差は存在しなかった。関東の北条領国では経営規模の大小に関係なく、軍役を勤める者が「軍役衆」、「百姓役」を勤める者が「百姓」として把握されており(9)、この点は武田領国も同様であったといえよう（第十一章）。

上記の状況に変化が見られるようになるのが、戦国期の後半にあたる永禄末〜天正年間である。特に武田領国では、戦線の拡大（後述）にともなって多くの兵を集める必要が生じ、元亀年間（一五七〇〜四）には地下人の軍事動員と諸役免許によって、「新衆」と呼ばれる人々が創出された（第五章・第十二章）。

もう一つ、戦国期社会において重要視されていたのが、武家奉公人（被官・中間・下人など）をめぐる問題である。特に戦国期の被官関係は、軍事動員等の「奉公」と経済的な「扶助」という関係によって結ばれた、主人と奉公人の「契約」（近代的な契約関係とは異なる）が主軸となっており、その関係は錯綜し不安定なものであった。また、戦乱や災害、領主交替などの社会的要因によって新たな「主従の契約」が行われ、被官に逃げられた旧主人（本主人）と現在の主人（当主人）との間で、被官の主人権をめぐる相論が多発する原因になっていた。その場合、大名は旧主人側の要請によって人返状や安堵状を発給し、旧主人の許可を得ていない勝手な「契約」を「国法」違犯として規制する立場にあった（第十三章）。

これに対し、民衆にとっての戦国大名（領域権力・地域国家）とは、領国内の平和を維持し、自らの生命や財産を保障する存在であり、その主体（誰が領主であるか）は問題にされなかった。武田氏は民衆を戦場に動員するにあたって、北条氏と同様に「国家」（武田家とその領国）の危機を強調したが、年齢や動員日数、戦場での役割など、様々な制約も存在した。また、武田氏が織田軍の侵攻で天正十年（一五八二）三月に滅亡し、領域権力が崩壊した状況下では、山小屋に籠もった地下人が自国の武士を襲い、また敵方に寝返るなど、自らの利害を守るために武力を行使することもあった。武田氏が境目地域の地下人から誓詞や人質を取って警戒し、その一方で丁重な扱いを指示したのも、戦国大名（領域権力・地域国家）の地域防衛体制が、民衆の利害（生命や財産の保護）と一致する場合に限って機能していたためと考えられる（第十二章）。このように、戦国大名が形成した「国家」とは、領主層や村落構成員（軍役衆・地下人）など、様々な人々が持つ軍事力を結集し、その権益を保護することで成り立っていたといえよう。

三　領国支配の継承と地域慣行

本書で明らかにしたように、武田氏は他の戦国大名（北条氏や今川氏など）とは異なる独自の領国支配を展開していた。ここでは上記の成果を踏まえて、武田氏の支配体制が何を基にして確立され、また天正十年（一五八二）三月に武田氏が滅亡した後の領域権力（五ヵ国領有期の徳川氏や豊臣大名）によって、武田領国期の支配体制がどのように継承・改変されたのか、という点について述べておきたい。

1　段銭・田役と蒔高制

武田氏の領国支配の特徴として、甲斐・信濃では段銭（反銭）の徴収を確認できない点が挙げられる。この背景について丸島和洋氏(10)は、他の地域で段銭賦課が恒常化された時期に甲斐が守護不在の混乱期にあり、守護武田氏が段銭を賦課できなかったことを指摘している。その代替として、武田氏は甲斐・信濃で田役（田地役）を賦課したが、田役の成立過程や賦課基準は各地域で異なっていた。甲斐の田役は武田氏が新たに創出した役であり、定納貫高が基準とされた。また信濃の田役は、武田氏侵攻以前から諏訪大社の祭礼・造宮を目的として郷村に賦課されていた役銭を武田氏が踏襲したものであり、反別（町反歩制）が基準とされていた（第六章）。

次に、武田氏が実施した検地の特徴としては、蒔高による面積表記を採用した点が挙げられる。中世の甲信・東海地域において耕地の面積を表す単位は、主に町反歩制であった。これに対して、甲斐では畠地の面積を表す際に蒔高が使用されており、田地の面積を表す町反歩制と併用されていた。武田氏は領国内で検地を実施するにあたって蒔高制を採用し、これを田畠の面積を把握する際の基準としたと考えられる。なお、町反歩制と蒔高制の換算値は二斗枡（甲州枡・国枡）で一反＝六升蒔、一升蒔の面積は一反（三六〇歩）の六分の一＝六〇歩と推定した（第四章）。

2　武田氏の旧今川領国支配

永禄十一年（一五六八）末、武田氏は駿河へ侵攻して今川氏を没落させ、旧今川領国を三河徳川氏と分け合う形で、天正十年三月に滅亡するまでの間、駿河の大部分と遠江の一部を支配した。この事件は、戦国大名（領域権力・地域国家）が他の地域国家を併呑した例として注目できるが、個別大名の分析に重点を置く研究史の中で、武田氏の駿河・遠江支配を今川領国期と比較しながら検討した論考は皆無であった。

今川領国では下方枡（三斗枡、富士下方地域の枡）が公定枡とされ、町反歩制による検地が行われ、貫高制が採用されていた。また、年貢収取では米方・代方制（米と銭の併用）がとられていた。[11]さらに今川領国の「諸役」のうち、役銭としては棟別銭と段銭、夫役としては押立・点役・飛脚・陣僧・四分一役などが存在した。[12]これに対して、武田氏は前述のように甲州枡（二斗枡）を公定枡とする貫高制を採用し、蒔高による検地を行い、棟別役（棟別銭・普請役）と田役（田地銭・普請役）を基調とする郷次諸役を賦課していた。すなわち、武田領国と今川領国とでは支配構造が根本的に異なっていたことが判明するが、武田氏はどのような形で旧今川領国を支配したのだろうか。

まず公定枡については、甲州枡（二斗枡）と下方枡（三斗枡）に換算値（下方枡と甲州枡の六割が同等の容積）が存在し、武田氏はこれを貫高（下方枡一俵＝三〇〇文、一石＝一貫文）に換算することで、統一的基準（貫高制）による軍役・知行役を賦課したことが、平山優氏によって明らかにされている。[13]また、今川領国の年貢取収方法であった米方・代方制を採用したように、武田氏の駿河・遠江支配は今川氏の支配体制を基本的に踏襲していたことが判明する。その一方で、駿河・遠江（旧今川領国）における武田氏の諸役免許状を見ると、棟別役（棟別銭と普請役）を基調とした諸役賦課を行っていたことが窺える。また、「押立」は甲斐・信濃における「押立公事」と同じく、普請役に統合されたと考えられるが（第七章）、四分一役・点役・陣僧役などは全く見られなくなっている。[14]ただし田役と段銭は例外で、武田氏は甲斐・信濃で田役を賦課していたが、前述のように段銭を徴収しておらず、逆に駿河では田役を賦課せずに、段銭徴収の経験を持つ今川旧臣を代官に登用して、その職務を担わせていた（第六章）。このように、武田氏は段銭を除いて今川氏の諸役を踏襲せず、甲斐・信濃と同等の諸役（田役を除く）を駿河でも賦課していたことがわかる。

上記の点から、武田氏は旧今川領国の駿河・遠江を支配するにあたって今川氏の諸役体制を改め、段銭を除いて甲斐・信濃と同等の諸役を賦課する一方で、地域の基準とされた枡や貫高制などは踏襲し、多様な地域慣行（旧戦国大名領国の基準）を内包しながら、支配領域（地域国家）全体の統一的な基準を定めていたことが窺える。

3　武田領国から徳川領国へ

天正十年三月に武田氏が滅亡した後、旧武田領国は織田領国に編入され、滝川一益（上野と信濃国佐久・小県郡）・河尻秀隆（穴山領を除く甲斐と信濃国諏訪郡）・森長可（北信濃の川中島四郡）・毛利長秀（秀頼、信濃国伊那郡）など、織田氏配下の諸将が入部した。また、徳川家康が駿河を、信濃国衆の木曾義昌が本領の木曾谷（木曾郡）に加えて筑摩・安曇郡を与えられた。しかし、同年六月に信長が横死した本能寺の変によって織田領国は短期間で崩壊し、旧武田領国の争奪戦（天正壬午の乱）を経て、旧今川・武田領国の五ヶ国（三河・遠江・駿河・甲斐と、上杉領を除く信濃の大半）は徳川氏の支配下に入った。[15]

武田氏の滅亡後に駿河・甲斐を支配した徳川氏も、基本的には受給者側の申告や先例に従って、武田氏の諸役体制をそのまま踏襲したことが確認できる。[16]また、徳川氏が天正十五年・十六年に三河・遠江・駿河・甲斐の四ヶ国に「五十分一役」[17]を賦課した際には、東海地域（三河・遠江・駿河）では下方枡（三斗枡）、甲斐では甲州枡（二斗枡）が使用され、武田時代と同様の換算値を設定した上で徴収が行われていた。

このように、徳川氏は武田領国の支配体制（駿河・遠江は今川氏の遺制）を継承する形で領国支配を行っていたが、天正十七年・十八年には領国内で検地を実施し、下方枡（三斗枡）による俵高制という統一基準を定めた。さらに各郷村に交付した「七ヶ条定書」に見られるように、東海地域（三河・遠江・駿河）と甲斐国中地域（甲府盆地周辺）における統一的税制を確立した。しかしその一方で、甲斐では甲州枡（二斗枡）を使用して一貫文＝四俵＝八斗（甲州枡一俵＝二五〇文）で換算し、給人知行地・寺社領を画定したことが確認できる。(18) また、徳川氏の直接支配領域ではない甲斐の郡内領（鳥居元忠領、旧小山田領）と河内領（穴山領）、信濃の国衆領では、徳川氏と異なる独自の領域支配を行っていた。(19)

例えば、「天正壬午の乱」後に筑摩・安曇郡を支配した小笠原貞慶の領内では、天正十二年十一月に庄内（松本市）からの年貢を徴収した際に「国升二斗入」を用いて貫高で計算している例（「中田三雄氏所蔵文書」信16二二二）や、天正十五年正月に仁科（大町市）で検地を行った際に定納高を「籾仁斗俵仁百文積り」(20)（一俵＝二斗＝二〇〇文、一貫文＝籾五俵）で計算し、貫高で表記している例（「浅野毅氏所蔵文書」信16四八四）が見られる。ここから、小笠原領内では年貢賦課基準として信濃の国枡（二斗枡）が用いられていたことがわかる。

また、菅沼定利(21)は徳川氏の支城領主（伊那郡代）として知久氏の旧領に入り、下伊那地域（現在の飯田市一帯）を支配したが、菅沼氏も天正十七年に虎岩郷（飯田市）で検地を実施している。ここで作成された「大固朱引御検地帳」(22)（「平沢家文書」信17九）は俵高制・分付記載・一反＝三六〇歩制で一筆ごとに等級・耕地面積・名請人・作人が記載されており、従来は徳川氏の領国検地の一つとして取り上げられてきたが、(23) 使用されている枡は信濃の国枡（二斗枡）であり、徳川氏が領国検地の基準とした下方枡（三斗枡）ではない。

上記の点から、徳川氏も画一的な領国支配を貫徹したのではなく、前代の支配体制を継承し、多様な地域慣行（旧戦国大名領国の基準）を内包しながら、領国全体の統一的な基準を定めていたことが窺える。

4　豊臣政権下の地域権力と旧武田領国支配

このような領域権力と国衆の関係は、統一政権（豊臣・徳川政権）と大名の関係でも全く同じことがいえる。豊臣政権は京枡による石高制を統一基準としたが、前述のように五ヵ国領有期の徳川氏は下方枡による俵高制を領国内の統一基準に定めた。さらに、天正十八年七月に徳川氏が関東へ転封された後、旧徳川領国の信濃に入部した諸大名も、指出を徴収して前代（武田・徳川領国）からの支配方式や検地結果を継承し、支配領域内の基準（貫高）と豊臣政権の基準（石高）の換算値を設定するなど、地域慣行に基づいた領域支配を行っていた[24]。

また、天正十九年から文禄二年（一五九三）まで甲斐を支配した加藤氏は、一畝＝三六歩（一反＝三六〇歩の旧制）を用い、俵高（甲州枡）と石高（京枡）の換算値を設けていた[25]。一方、加藤氏の転封後に入部した浅野氏は文禄三年と同五年に検地（弾正縄）を実施し、以後の甲斐では石高制（京枡）による支配が行われたが、石高による京枡表示と俵高による甲州枡換算という慣行が幕末まで継続していた[26]。「天正壬午の乱」後、慶長三年（一五九八）に会津（会津若松市）へ転封されるまで北信濃の川中島四郡を支配した上杉氏も、天正十九年八月に領国内の基準を豊臣政権と同じ石高制に統一したが、一方で越後（京枡）と北信濃（信濃の「国枡」）の換算値を設けていたことが確認できる[27]。

以上見てきたように、従来は信濃における徳川氏の事績として評価されてきた施策も、徳川領国下の各地域権力（国衆・支城領主）が武田氏の遺制や地域慣行を踏襲して、それぞれの支配領域で実施したものであった。また豊臣政権下の各大名も、多様な地域慣行（旧戦国大名領国の基準）を内包しながら、領国全体の統一的な基準を定めていた点では、武田氏と同様の領域権力（地域国家）を形成していたと評価できる。

5 信濃国上田領の地域慣行

最後に、近世前期まで信濃国上田領および上野国沼田領を支配した真田氏の領域支配について見ていきたい。

真田氏が本領の信濃国小県郡真田郷（上田市）周辺において、武田領国下の天正六年～七年に作成したと考えられている「真田氏給人知行地検地帳」(28)では、蒔高で面積を把握し、上中下の等級をつけて貫高を算出するなど、戦国大名武田氏の検地と全く同一の方式が採用されている。この点は、武田氏滅亡後に真田昌幸が支配した上田領と、昌幸の嫡子信幸（信之）が支配した沼田領で、天正十八年から文禄年間にそれぞれ実施された検地でも同様であり(29)、五ヵ国領有期の徳川氏や他の豊臣大名と同様に、統一政権（豊臣・徳川政権）や上位権力（豊臣政権下で関東を領有した徳川氏）の下でも、真田氏が独自の領国検地を行っていたことがわかる。また、「真田氏給人知行地検地帳」では真田氏が田役を賦課していたことも確認できるが（第六章）、真田氏が戦国大名武田氏の領国支配方式を模倣し、また踏襲していたことが、これらの点からも窺われる。

さらに上田領（上田藩）では、元和八年（一六二二）に真田氏が転封された後も貫高制が維持され、石高（統一政権下での基準）と貫高（上田領内の基準）の換算値が存在したことや、その理由について議論が行われてきた(30)。ここでは、上田領で高辻から損免や必要経費を控除する「入下」制や、一貫文＝七俵の換算値が存在し、他領と比べて高い年貢率が維持されていたことが以前から指摘されている。しかし、議論の前提となっていたのは「貫高＝年貢高」「石高＝生産高」という理解であり、石高もまた年貢賦課基準であったとする近年の指摘を踏まえれば(31)、高辻（年貢賦課基準）から損免と経費を引いて定納高を算出する上田領の年貢収取方法は、戦国期と同一のものであったと結論づけることができる。

この点は沼田領（沼田藩）でも同様であり、寛文元年（一六六一）まで貫高（永高）制が採用され、一貫文＝一二石五斗の換算値が存在した。(32) また、上田領では貫高制だけでなく蒔高制も地域慣行として残っており、上田枡などの地域枡が京枡との換算値を設けた上で使用されていた（第四章）。このように、戦国大名武田氏の支配体制は真田氏の支配領域（上田領・沼田領）で継承され、近世社会でも地域慣行として受容されていったのである。

四　本書の結論

本書の結論として筆者が考える、領国支配から見た戦国大名武田氏の歴史的意義は、以下の三点である。

一つめは、武田氏が支配領域（国家・惣国・分国）に対する統一的基準（貫高制による軍役賦課や税制）を定め、諸役（棟別役・田役など）を賦課していたように、地域を統合する領域権力（地域国家）として存在した点である。また、寺社の「検断不入」が戦国期（信虎の段階）に剥奪され、武田氏が設定した新たな不入権（諸役免許）の代償として奉公（合戦への参陣や職人の細工、寺社の祈禱など）が義務づけられたように、守護段階とは明確に異なる領国支配体制を確立したことも指摘できる。

二つめは、武田氏が他の戦国大名（北条氏や今川氏など）とは異なる方法で領国支配を行っていた点である。その最大の特徴は蒔高制による検地であり、棟別役と田役（役銭と普請役）を基調とした諸役賦課体制であった。また、武田氏は本国の甲斐から信濃・西上野・駿河とその周辺地域を含む広大な領国を形成したが、その支配方式は画一的ではなく、各地域で成立した中世社会の多様な慣行や、前代（東海地域の旧今川領国など）の遺制を内包し、統一的基準と各地域における基準との換算値を設定した上で、領国支配を行っていたことが判明した。

三つめは、戦国期に武田氏が確立した支配方式（公定枡や蒔高・貫高制、諸役賦課の方法など）が以後の領域権力（徳川氏・上杉氏や信濃国衆、豊臣・徳川政権下の大名）にも踏襲され、統一政権（豊臣・徳川政権）の基準（京枡による石高制）とは異なる地域慣行が甲斐・信濃・西上野で形成された点である。すなわち、統一政権（豊臣・徳川政権）も戦国大名と同様に、多様な地域慣行を内包しながら政権の統一基準を定め、傘下の諸大名に軍役・知行役を賦課していたのであり、また各地の大名領も近世社会における「地域国家」として存立していたことがわかる。[33]

戦国大名武田氏の領国支配に関する従来の見解では、武田氏が百姓層を個別に把握し、有力百姓（地主・地侍）を下級家臣（軍役衆）として編成した点が評価されていた。[34] また武田氏の分国法（甲州法度）も、法による家臣・領民の統制の面が大きく取り上げられてきた。

これに対し、近年では平山氏の著書でまとめられているように、[35] 武田氏が郷村を権力基盤とし、棟別役を軸にした税制と郷村支配のシステムを構築した点が評価され、軍役衆の動員や分国法（甲州法度）の制定も、その一環として位置づけられている。

本書では平山氏の見解に学びながら、戦国大名武田氏の領国支配、特に検地（蒔高制）と公事（棟別役を含めた諸役賦課体制）のあり方を究明した。また、地域社会から見た戦国大名権力（地域国家）の存在意義を評価するとともに、蒔高制による検地や貫高制など、近世における武田氏の遺制（旧武田領国の地域慣行）についても言及した。本書の成果と意義は、これらの点にあると考えられる。

註

（1）湯本軍一「戦国大名武田氏の貫高制と軍役」（柴辻俊六編『戦国大名論集10　武田氏の研究』吉川弘文館、一九八四年。初出一九七七年）、平山優「武田氏の知行役と軍制」（平山優・丸島和洋編『戦国大名武田氏の権力と支配』岩田書院、二〇〇八年）。
（2）佐脇栄智「後北条氏の検地」（『後北条氏の基礎研究』吉川弘文館、一九七六年。初出一九六三年）、則竹雄一「北条氏の検地政策」（『戦国大名領国の権力構造』吉川弘文館、二〇〇五年。初出二〇〇〇年）。
（3）有光友學「今川氏公事検地論」（『戦国大名今川氏の研究』吉川弘文館、一九九四年）。
（4）池上裕子「織豊期検地論」（『戦国時代社会構造の研究』校倉書房、一九九九年。初出一九八八年）、同「検地と石高制」（『日本中近世移行期論』校倉書房、二〇一二年。初出二〇〇四年）。
（5）勝俣鎮夫「葦の髄から天井のぞく―「常在寺衆年代記」を読む―」（『中世社会の基層をさぐる』山川出版社、二〇一一年。初出一九九八年）、黒嶋敏「棟別銭ノート―中世的賦課の変質過程―」（『中世の権力と列島』高志書院、二〇一二年。初出一九九八年）。
（6）佐脇栄智「後北条氏の税制改革について―反銭・懸銭を中心に―」（前掲『後北条氏の基礎研究』。初出一九六二年）、同「後北条氏棟別銭考」（同上。初出一九六九年）等。
（7）黒田基樹「甲斐穴山武田氏・小山田氏の領域支配」（『戦国期領域権力と地域社会』岩田書院、二〇〇九年。初出二〇〇七年）。黒田氏は、小山田領（郡内領）に対して武田氏も検地や棟別役の賦課を行っており、小山田氏が穴山氏と比べて武田氏からの独立性が弱かった点も指摘している。
（8）黒田基樹「戦国大名の「国役」とその性格―安全保障と「村の成立」の視点から―」（『中近世移行期の大名権力と村落』校倉書房、二〇〇四年）。
（9）池上裕子「北条領の公事について」（前掲『戦国時代社会構造の研究』。初出一九八三年）、同「後北条領国における身分編成と役の体系」（同上。初出一九八四年）。

(10) 丸島和洋「室町～戦国期の武田氏権力―守護職の評価をめぐって―」(『戦国大名武田氏の権力構造』思文閣出版、二〇一一年)。

(11) 有光友學「今川氏の年貢収取体制―「米方・代方制」と「貫文制」―」(前掲『戦国大名今川氏の研究』。初出一九八七年・一九九〇年)。

(12) 『静岡県史』通史編2中世(一九九七年)第三編第四章第二節(有光友學執筆)。

(13) 平山優「戦国期東海地方における貫高制の形成過程―今川・武田・徳川氏を事例として―」(『武田氏研究』三七・三八号、二〇〇七・二〇〇八年)。

(14) 拙稿「東海地域における戦国大名の諸役賦課―今川・武田・徳川領国を事例として―」(『武田氏研究』四八号、二〇一三年)。

(15) 平山優『天正壬午の乱―本能寺の変と東国戦国史―』増補改訂版(戎光祥出版、二〇一五年。初版二〇一一年)、同『武田遺領をめぐる動乱と秀吉の野望―天正壬午の乱から小田原合戦まで―』(戎光祥出版、二〇一一年)を参照。

(16) 拙稿前掲註(14)。

(17) 拙稿「「五十分一役」の再検討」(『戦国史研究』五一号、二〇〇六年)。

(18) 拙稿「甲斐における徳川氏の天正検地―「熊蔵縄」と知行割の分析―」(『日本歴史』七八二号、二〇一三年)。

(19) 柴裕之「徳川氏の伊那郡統治と菅沼定利」(『戦国・織豊期大名徳川氏の領国支配』岩田書院、二〇一四年。初出二〇〇五年)、同「徳川領国下の穴山武田氏」(同上。初出二〇一一年)、同「徳川氏の甲斐郡内領支配と鳥居元忠」(同上。初出二〇一三年)等。柴氏は同書の終章で、当該期の徳川領国を「徳川氏が直接支配する「国家」(本領国)と徳川氏に存立を保証された従属国衆の「国家」によって形成された惣「国家」」と評価している。

(20) 平山優「戦国期武田領国における貫高制の形成について—甲斐・信濃・西上野三国を事例に—」(柴辻俊六編『戦国大名武田氏の役と家臣』岩田書院、二〇一一年)を参照。
(21) 柴前掲註(19)「徳川氏の伊那郡統治と菅沼定利」を参照。
(22) 吉田ゆり子「天正検地と「知行」—信州下伊那郡虎岩郷を事例として—」(『兵農分離と地域社会』校倉書房、二〇〇〇年。初出一九九〇年)、拙稿「信濃国下伊那郡虎岩郷における天正期「本帳」と「知行」の再検討」(『駒澤大学史学論集』三四号、二〇〇四年)等を参照。なお近年、牧原成征氏は「大固朱引御検地帳」の原本について、後世の綴じ直しの際に乱丁・落丁があったことを指摘し(「虎岩郷の天正検地と土地制度」『飯田市文化財研究所年報』八号、二〇一〇年)、同論文において拙稿に「行論の細部に多くの問題点を有する」と指摘しながらも、具体的な問題点は全く明示されていない。
(23) 所理喜夫「関東転封前後における徳川氏の権力構造—天正十七、八年の五ヶ国総検—」(『徳川将軍権力の構造』吉川弘文館、一九八四年。初出一九六〇年)、北島正元「徳川家康の信濃経営—天正十年代を中心として—」(『近世の民衆と都市』名著出版、一九八四年。初出一九六四年)。
(24) 拙稿「豊臣政権下の信濃検地と石高制」(『信濃』六二巻三号、二〇一〇年)。
(25) 『改訂南部町誌』上巻(一九九九年)第三編第四章第一節(平山優執筆)。
(26) 安達満「甲州における俵入数値の検討」(『近世甲斐の治水と開発』山梨日々新聞社、一九九三年。初出一九八九年)。
(27) 拙稿前掲註(24)。
(28) 真田町誌編纂室編『真田氏給人知行地検地帳(真田町誌調査報告書第二集)』(真田町教育委員会、一九九八年)。
(29) 拙稿前掲註(24)、同「豊臣政権下の真田氏と上野沼田領検地—天正・文禄期『下河田検地帳』の分析を中心に—」(『信濃』六五巻二号、二〇一四年)。

(30) 丸島和洋「真田氏家臣団の基礎研究」(同編『戦国大名と国衆14 真田氏一門と家臣』岩田書院、二〇一四年)で、信濃国上田領(上田藩)・上野国沼田領(沼田藩)の貫高制と検地に関する研究史がまとめられている。

(31) 池上前掲註(4)。

(32) 丑木幸男『磔茂左衛門一揆の研究』(文献出版、一九九二年)、同『石高制確立と在地構造』(文献出版、一九九五年)等。

(33) 柴裕之「戦国・織豊期大名徳川氏の領国構造と支配」(前掲『戦国・織豊期大名徳川氏の領国支配』。二〇一四年)でも、豊臣政権と各大名領国の関係を評価する中で、「天下一統は戦国大名の国家(惣「国家」)構造が全国的に拡大展開したもの」であり、「政治的・軍事的な統制・従属関係のもとで各地域「国家」の自律性は保持された」と結論づけられている。

(34) 近年でも『山梨県史』通史編2中世(二〇〇七年)第八章第一節二・六(勝俣鎮夫執筆)で述べられているように、戦国大名研究では未だにこのような見解が根強く残っている。

(35) 平山優『武田信玄』(吉川弘文館、二〇〇六年)。

初出論文一覧

序　章　**新稿**

第一編　武田氏の検地

第一章　「武田氏の検地と税制」（平山優・丸島和洋編『戦国大名武田氏の権力と支配』岩田書院、二〇〇八年）の前半部分（一部加筆）

第二章　「戦国大名武田氏の検地と村落構造―「上原筑前御恩御検地帳」の分析を中心に―」（『武田氏研究』三五号、二〇〇六年）

第三章　「検地帳に見る武田氏の在地支配―「神長殿知行御検地帳」の分析を中心に―」（柴辻俊六編『戦国大名武田氏の役と家臣』岩田書院、二〇一一年）

第四章　「武田領国における蒔高制」（『信濃』六五巻五号、二〇一三年）

第二編　武田領国における公事

第五章　「武田氏の検地と税制」（前掲『戦国大名武田氏の権力と支配』。二〇〇八年）の後半部分（一部加筆）

第六章　「戦国大名武田氏の田役と段銭」（『信濃』六四巻三号、二〇一二年）

第七章　「戦国大名武田氏の普請役」（『武田氏研究』四五号、二〇一二年）

第三編　武田氏の経済政策

第八章　「戦国大名武田氏と「借銭法度」」（『武田氏研究』四一号、二〇一〇年）

第九章　「戦国大名武田氏の徳政令」（『駒沢史学』七四号、二〇一〇年）

第十章　「甲斐武田氏の徳役」
（磯貝正義先生追悼論文集刊行会『戦国大名武田氏と甲斐の中世』岩田書院、二〇一一年）

第四編　武田領国下の民衆と軍事動員

第十一章　「戦国期の軍役衆身分について」（『武田氏研究』二四号、二〇〇一年）を改稿
第十二章　「武田領国における民衆動員について」（『駒澤大学史学論集』三一号、二〇〇一年）を改稿
第十三章　「被官の安堵―甲斐武田領国における武家奉公人と在地相論―」（『日本歴史』七〇一号、二〇〇六年）
終　章　新稿

［付記］　本書への収録にあたって加筆・修正した部分は、各章の註や文末にその旨を記した（字句の修正は除く）。

あとがき

本書は、二〇〇八年度に駒澤大学大学院に提出した課程博士論文「戦国織豊期の大名権力と地域社会」（主査・久保田昌希先生、副査・廣瀬良弘先生、中野達哉先生）のうち、前半の戦国大名武田氏に関する部分を再構成し、加筆・修正を行ったものである。このたび、「戦国史研究叢書」の一冊として岩田書院から本書を刊行するにあたっては、編集委員の皆様をはじめ、多くの方々にお力添えをいただいた。紙幅の制約上、一人ひとりのお名前を挙げることはできないが、最初に御礼を申し上げておきたい。

私が歴史研究の道に進んだのは、歴史の愛好家だった父の影響によるところが大きい。私の名前は、当時放送していたＮＨＫ大河ドラマの主人公・平将門から「一字拝領」して父がつけたもので、小学生の頃には父に連れられて各地の寺社や城跡を巡った。また、自宅にあった文学全集や百科事典をきっかけにして本に関心を持ち、地元の図書館に通って、様々な分野の本を乱読した。その中で最も多く読んだのは歴史に関する本（伝記や歴史小説など）で、当時発売されていたゲームの影響もあって、日本の戦国時代に早くから興味を持っていた。

そのため、駒澤大学に進学する際には、高校の担任から「歴史では食えないぞ」と忠告されたのも聞かず、当然のように歴史学科を選んだ。ただし、卒業後は就職するつもりでいたため、学部生の間は体育会の活動とアルバイトに明け暮れ、卒業論文のテーマも四年生になるまで特に決めていなかった。だが、当時は「就職氷河期」といわれた頃で、就職活動が思うようにいかない中、大学の図書館で偶然目にした今村啓爾氏の『戦国金山伝説を掘る』（平凡社、一九九七年）に触発されて、戦国大名武田氏の金山支配を卒業論文のテーマに決めた。ちょうど『山梨県史』資料編4（県内文書）や『塩山市史』史料編・通史編が刊行され、関連史料の収集に都合が良かったのも幸いした。

遅きに失した感はあるが、この時に歴史研究の面白さに目覚めて大学院への進学を決意し、卒業後はアルバイトをして学費を貯め、一年後に駒澤大学大学院の修士課程に入学した。指導教授の久保田先生には快く受け入れていただき、『家忠日記』の講読を行う演習（ゼミ）にはＯＢや他大学の院生も集まり、自由闊達な雰囲気の中で研究の基礎を学ぶことができた。また、その後は大学近くの中華料理店「三友軒」に場所を移し、久保田先生を囲んで酒を酌み交わしながら、ゼミの続きを行うのが常であった。

現在の研究テーマを選ぶ最初のきっかけになったのは、修士課程に入学した直後に駒澤大学で開催された戦国史研究会のシンポジウム「戦国大名再考」で、黒田基樹氏の報告「大名被官土豪層の歴史的性格」（『戦国史研究』別冊［二〇〇一年］に収録）を拝聴し、衝撃を受けたことによる。その後も、久保田先生が代表委員をお務めになっていた縁で、戦国史研究会の例会に参加するようになった。当時は顧問の佐脇栄智先生を中心に、現在よりも少人数で例会が行われており、さらに例会後は居酒屋に場所を移し、酒豪の先輩や仲間たちと終電まで（時には翌朝まで）議論をした。ちょうど私と同年代の若手研究者が例会に参加し始めた頃で（大部分が、戦国史研究会編『織田権力の領域支配』［岩田書院、二〇一一年］の執筆者に入っている）、酒席で得た耳学問は貴重な財産になった。その反面、学部生までほとんど酒を飲めなかった私が、今では人並みの酒量になるという、思わぬ「落ち」もついてしまったのだが。

また、武田氏研究の泰斗として著名な柴辻俊六先生の知遇を得たのも、修士課程に入学した直後だった。同年の駒澤大学大学院史学大会で報告(第十二章の初出論文)をした後に直接お電話をいただき、『武田氏研究』で論文(第十一章の初出論文)を書くよう勧められた時には、恐懼した思い出がある。その後も、柴辻先生が出講しておられた法政大学・日本大学の大学院ゼミや、各地の文書調査に参加させていただき、武田氏の検地帳に関する研究成果(第二章・第三章の初出論文)につなげることができた。

博士後期課程に進学した後は、久保田先生のゼミに参加していた柴裕之氏の御教示を得て、長野県飯田市の中央図書館(現在は美術博物館が所蔵)で「平沢家文書」を閲覧し、戦国・織豊期の検地帳にも興味を持つようになった。この後の数年間は、武田氏滅亡後の徳川氏の五ヶ国支配に研究の軸足を移し、静岡県地域史研究会や山梨の武田氏研究会など、各地の研究会にも参加しながら、甲信・東海地域を中心に調査・研究を続ける日々を過ごした。

その一方で、武田氏研究に携わる中堅・若手で勉強会を行い、武田氏研究会でのシンポジウムを経て、最終的に論文集(平山優・丸島和洋編『戦国大名武田氏の権力と支配』岩田書院、二〇〇八年)として成果をまとめたことも、大きな転機になった。前述したように、戦国大名武田氏を研究テーマに選んだのは全くの偶然だったが、近年の武田氏研究の進展はめざましいものがあり、その中に加わって研究を進めることができたのは幸運であった。

さらに十年ほど前からは、武田氏の分国法「甲州法度之次第」の講読をきっかけに、東洋大学大学院の神田千里先生のゼミにも参加させていただいている。神田先生から頂戴する柔軟かつ的確なご意見は、本書第三編の初出論文につながり、また本書の執筆に際しても、多くを学ぶことができた。

そして最近では、池上裕子先生や谷口央氏など、中世・近世の検地研究に携わる方々と共に研究会を企画し、天正十八年(一五九〇)から文禄・慶長年間(一五九二〜一六一五)に関東各地で作成された検地帳の調査を始めた。紙幅の制約で、織豊期に関する論考を本書に収録することはできなかったが、次の機会があれば、これらも一書としてまとめたいと考えている。

最後に、昨今の厳しい出版状況の中、本書の刊行をご決断くださった岩田書院の岩田博氏に謝意を申し上げたい。『ひとり出版社「岩田書院」の舞台裏』で書かれているように、岩田氏は共同執筆の論文集や編著を相次いで刊行することによって、多くの若手研究者を育てておられる。私もその一人であることは、今更申し上げるまでもない。

本書に収録した新稿は序章・終章のみで、残りは全て既発表論文である。しかし、岩田氏から「戦国史研究叢書」のお話をいただいた後、現在の見解を示すために初出論文を適宜修正し、特に初期の頃に執筆した第十一章・第十二章は、かつての(文字通りの)拙文に対する「けじめ」をつけなければならないと考え、全面的に書き直した。

以前、ある方から「研究にとって最良なのは批判されること、次に引用されること、最悪なのは無視されること」という格言を伺ったことがある。本書が周囲から無視されることなく、今後の研究を進めるための礎として、忌憚のない批評を頂戴すること(さらに岩田書院の売上げに貢献すること)ができれば、これに勝る喜びはない。

振り返れば、私のような非才の身であっても、今まで歴史研究を続けてこられたのは、ここに記した多くの方々とのご縁によりながら、自分の得意分野を何とか見つけることができたからだと思う。その最初のきっかけを作ってくれた父は既に亡いが、不惑に近い年まで好き勝手な人生を送らせてもらったことを家族に感謝しつつ、結びとしたい。

二〇一五年十二月

鈴木　将典

岩田書院 刊行案内（24）

			本体価	刊行年月
905	菊地　和博	民俗行事と庶民信仰＜山形民俗文化２＞	4900	2015.03
906	小池　淳一	現代社会と民俗文化＜歴博フォーラム＞	2400	2015.03
907	重信・小池	民俗表象の現在＜歴博フォーラム＞	2600	2015.03
908	真野　純子	近江三上の祭祀と社会	9000	2015.04
909	上野　秀治	近世の伊勢神宮と地域社会	11800	2015.04
910	松本三喜夫	歴史と文学から信心をよむ	3600	2015.04
911	丹治　健蔵	天狗党の乱と渡船場栗橋宿の通航査検	1800	2015.04
912	大西　泰正	宇喜多秀家と明石掃部	1850	2015.05
913	丹治　健蔵	近世関東の水運と商品取引 続	7400	2015.05
914	村井　良介	安芸毛利氏＜国衆17＞	5500	2015.05
915	川勝　守生	近世日本石灰史料研究Ⅷ	9900	2015.05
916	馬場　憲一	古文書にみる武州御嶽山の歴史	2400	2015.05
917	矢島　妙子	「よさこい系」祭りの都市民俗学	8400	2015.05
918	小林　健彦	越後上杉氏と京都雑掌＜戦国史13＞	8800	2015.05
919	西海　賢二	山村の生活史と民具	4000	2015.06
920	保坂　達雄	古代学の風景	3000	2015.06
921	本田　　昇	全国城郭縄張図集成	24000	2015.07
922	多久古文書	佐賀藩多久領 寺社家由緒書＜史料選書４＞	1200	2015.07
923	西島　太郎	松江藩の基礎的研究＜近世史41＞	8400	2015.07
924	根本　誠二	天平期の僧と仏	3400	2015.07
925	木本　好信	藤原北家・京家官人の考察＜古代史11＞	6200	2015.08
926	有安　美加	アワシマ信仰	3600	2015.08
927	全集刊行会	浅井了意全集：仮名草子編５	18800	2015.09
928	山内　治朋	伊予河野氏＜国衆18＞	4800	2015.09
929	池田　仁子	近世金沢の医療と医家＜近世史42＞	6400	2015.09
930	野本　寛一	牛馬民俗誌＜著作集４＞	14800	2015.09
931	四国地域史	「船」からみた四国＜ブックレットH21＞	1500	2015.09
932	阪本・長谷川	熊野那智御師史料＜史料叢刊９＞	4800	2015.09
933	山崎　一司	「花祭り」の意味するもの	6800	2015.09
934	長谷川ほか	修験道史入門	2800	2015.09
935	加賀藩ﾈｯﾄﾜｰｸ	加賀藩武家社会と学問・情報	9800	2015.10
936	橋本　裕之	儀礼と芸能の民俗誌	8400	2015.10
937	飯澤　文夫	地方史文献年鑑2014	25800	2015.10
938	首藤　善樹	修験道聖護院史要覧	11800	2015.10
939	横山　昭男	明治前期の地域経済と社会＜近代史22＞	7800	2015.10
940	柴辻　俊六	真田幸綱・昌幸・信幸・信繁	2800	2015.10
941	斉藤　　司	田中休愚「民間省要」の基礎的研究＜近世史43＞	11800	2015.10
942	黒田　基樹	北条氏房＜国衆19＞	4600	2015.11

戦国史研究叢書　②後北条領国の地域的展開（品切）

①	黒田　基樹	戦国大名北条氏の領国支配	5900円	1995.08
③	荒川　善夫	戦国期北関東の地域権力	7600円	1997.04
④	山口　　博	戦国大名北条氏文書の研究	6900円	2007.10
⑤	大久保俊昭	戦国期今川氏の領域と支配	6900円	2008.06
⑥	栗原　　修	戦国期上杉・武田氏の上野支配	8400円	2010.05
⑦	渡辺　大門	戦国期赤松氏の研究	7900円	2010.05
⑧	新井　浩文	関東の戦国期領主と流通	9500円	2012.01
⑨	木村　康裕	戦国期越後上杉氏の研究	7900円	2012.04
⑩	加増　啓二	戦国期東武蔵の戦乱と信仰	8200円	2013.08
⑪	井上　恵一	後北条氏の武蔵支配と地域領主	9900円	2014.10
⑫	柴　　裕之	戦国織豊期大名徳川氏の領国支配	9400円	2014.11

論集 戦国大名と国衆

①	黒田　基樹	武蔵大石氏	2800円	2010.05
②	黒田・浅倉	北条氏邦と武蔵藤田氏	2500円	2010.07
③	浅倉　直美	北条氏邦と猪俣邦憲	3000円	2010.09
④	黒田　基樹	武蔵三田氏	2500円	2011.01
⑤	丸島　和洋	甲斐小山田氏	3200円	2011.07
⑥	柴　　裕之	尾張織田氏	3500円	2011.11
⑦	黒田　基樹	武蔵成田氏	3800円	2012.01
⑧	鈴木　将典	遠江天野氏・奥山氏	4000円	2012.03
⑨	浅倉　直美	玉縄北条氏	4800円	2012.06
⑩	天野　忠幸	阿波三好氏	4800円	2012.10
⑪	大西　泰正	備前宇喜多氏	4800円	2012.12
⑫	黒田　基樹	岩付太田氏	4000円	2013.04
⑬	丸島　和洋	信濃真田氏	4800円	2014.03
⑭	丸島　和洋	真田氏一門と家臣	4800円	2014.04
⑮	黒田　基樹	武蔵上田氏	4600円	2014.11
⑯	木下　　聡	美濃斎藤氏	3000円	2014.12
⑰	村井　良介	安芸毛利氏	5500円	2015.05
⑱	山内　治朋	伊予河野氏	4800円	2015.09
⑮	黒田　基樹	北条氏房	4600円	2015.11

戦国史研究叢書 刊行の辞

戦国史に関する研究は、近年、まれにみる活況を呈していると言えよう。学会誌・論集などに発表される研究成果は、数え上げることができないほどおびただしい。しかも、優秀な研究者によって、注目される論考が蓄積されている。こうした現状の中で、特に、新進気鋭の研究者の研究成果を、一冊の著書として出版する機会を作るために、この戦国史研究叢書の刊行を企画した。

その一つの理由は、研究者個人の論文が著書としてまとめられることによって、その研究成果の把握を容易にし、戦国史研究のさらなる発展のためにも有意義なことと考えるからである。二つ目には、多くの前途ある研究者の研究成果を著書として出版することにより、学界から正当な評価を受ける機会が与えられることである。

この企画実現のため、私達は種々検討を重ねて立案したが、幸い、岩田書院の岩田博氏の御理解と御協力を得ることができた。この叢書が、各位の御賛同を得て、学界に寄与できるよう、また著者自身、この出版を契機として充実した研究生活がつづけられるよう、願って止まない。

平成七年四月

戦国史研究叢書を刊行する会

代表 佐脇 栄智

著者紹介

鈴木 将典（すずき まさのり）

1976年　東京都生まれ
2009年　駒澤大学大学院人文科学研究科歴史学専攻博士後期課程修了
現　在　江東区芭蕉記念館学芸員　博士（歴史学）

主要論著
『戦国大名と国衆8　遠江天野氏・奥山氏』（編著、岩田書院、2012年）
「豊臣政権下の信濃検地と石高制」（『信濃』62巻3号、2010年）
「明智光秀の領国支配」
（戦国史研究会編『織田権力の領域支配』岩田書院、2011年）
「三河国衆としての深溝松平氏」
（久保田昌希編『松平家忠日記と戦国社会』岩田書院、2011年）
「織田・豊臣大名細川氏の丹後支配」（『織豊期研究』16号、2014年）

戦国大名武田氏の領国支配　　戦国史研究叢書14

2015年（平成27年）12月　第1刷　400部発行　　**定価［本体8,000円＋税］**
著　者　鈴木 将典

発行所　有限会社岩田書院　代表：岩田　博　　http://www.iwata-shoin.co.jp
〒157-0062 東京都世田谷区南烏山4-25-6-103　電話03-3326-3757 FAX03-3326-6788
組版・印刷・製本：新日本印刷

ISBN978-4-86602-936-8 C3321 ¥8000E

索　　引

※本書で頻出する「武田氏」「武田領国」、および引用史料や表・図中の人名・地名・事項名は採録していない。
※歴史人物名の氏族・無姓者、および地名・寺社名には＜　＞で国名・所属を示した。

1　歴史人物名

あ行

2　研究者名

あ行

か行

さ行

3 地名・寺社名

さ行

た行

4　事項名

あ行

か行

さ行